HEINRICH AUGUST WINKLER

DEUTUNGSKÄMPFE

HEINRICH AUGUST WINKLER

DEUTUNGSKÄMPFE

Der Streit um die deutsche Geschichte

Historisch-politische Essays

C.H.BECK

www.chbeck.de
Umschlaggestaltung: Kunst oder Reklame, München
Umschlagabbildung: Kaiser Wilhelm II. nimmt am 9. Februar 1894 die Parade des Regiments «Garde du Corps» im Berliner Lustgarten ab. Nach einem Gemälde von Carl Röchling, © bpk-Bildagentur
Satz: Janß GmbH, Pfungstadt
Druck und Bindung: Druckerei C.H.Beck, Nördlingen
Printed in Germany
ISBN 978 3 406 77405 8

myclimate

klimaneutral produziert
www.chbeck.de/nachhaltig

Für Dörte

INHALT

III. DAS GETEILTE DEUTSCHLAND

IV. NACH DEM MAUERFALL

ANHANG

VORWORT

Dieser Band enthält Aufsätze aus sieben Jahrzehnten. In allen geht es um deutsche Geschichte, und zwar vorwiegend die des 19. und 20. Jahrhunderts. Über viele der Themen, von denen im Folgenden die Rede ist, wurde lange Zeit und wird zum Teil noch heute gestritten. Nicht selten schlugen sich die Kontroversen in Form von Buchbesprechungen nieder. Auch dies findet in dem vorliegenden Band seinen Ausdruck.

Einige der Texte, vor allem einige aus den 1970er Jahren, handeln von der damaligen Gegenwart, die inzwischen ihrerseits zu einem Teil der deutschen Geschichte geworden ist. Erörtert werden in diesen Aufsätzen zum einen hochschulpolitische Konflikte im Gefolge der studentischen Rebellion von 1968, zum anderen «linke» und «rechte» Versuche, die Geschichte der nationalsozialistischen Diktatur aus tagespolitischen Gründen umzuschreiben.

Gemeinsam ist den in diesem Band vorgelegten Texten das Bemühen, das jeweilige Thema in allgemeinverständlicher Sprache in größere Zusammenhänge einzuordnen und seine Bedeutung für die Gegenwart herauszuarbeiten. Immer wieder geht es dabei um die Korrektur von Legenden und die Unterscheidung von Geschichtswissenschaft und Geschichtspolitik (das Letztere ein Begriff, der in Deutschland erstmals während des «Historikerstreits» von 1986 um die Einzigartigkeit des nationalsozialistischen Judenmords in die Debatte eingeführt wurde). Dass einige Zitate und Argumente mehr als einmal auftauchen, liegt in der Natur der Sache.

Der normative Ausgangspunkt aller Aufsätze ist derselbe: Es ist der Versuch, die deutsche Öffnung gegenüber der politischen Kultur des Westens voranzutreiben – einer Kultur des demokratischen Pluralismus, der sich Deutschland, ungeachtet seiner Zugehörigkeit zum alten Okzident, bis weit ins 20. Jahrhundert hinein mit verhängnisvollen Folgen immer wieder widersetzt hat. *Nicht* in diesem Band enthalten sind meine Interventionen zu Fragen der deutschen Einheit und der europäischen Integration. Ihnen ist ein weiterer Aufsatzband vorbehalten, dessen Erscheinen für das nächste Jahr geplant ist. Die Rechtschreibung ist in allen Beiträgen die der Erstveröffentlichung.

I.
DEUTSCHLAND VOR 1918

1. WANDLUNGEN DES DEUTSCHEN NATIONALISMUS

Vortrag vor der Polnischen Akademie der Wissenschaften in Warschau am 7. Juni 1979

Die Geschichte des deutschen Nationalismus ist bisher überwiegend als die Geschichte seiner Denker behandelt worden. Im Vordergrund standen Ideen und nicht Interessen. Die Methoden der Forschung waren geistes- und nicht sozialgeschichtlich, eher phänomenologisch als analytisch.

Die Mängel dieses Ansatzes liegen auf der Hand. Der amerikanische Historiker Robert Berdahl hat 1972 einige der Fragen genannt, die bis heute nicht befriedigend beantwortet sind: «In welchem Verhältnis standen Idee und politische Realität? Auf welche Weise wurden die Gedanken einer intellektuellen Elite zur Erfahrung einer ganzen Nation? Oder – falls die frühen Nationalisten nur Gefühle artikulierten, die weniger deutlich von einem breiten Spektrum der Bevölkerung empfunden wurden – welche neuen Erfahrungen wurden dann durch die nationalistischen Ideen vermittelt? Schließlich: Wie läßt sich erklären, daß zwischen 1800 und 1848 der Nationalismus als politische Bewegung zunehmend Anklang fand?»

Berdahl befaßt sich mit der Zeit des deutschen Vormärz. Aber sein Unbehagen am bisherigen Forschungsstand läßt sich verallgemeinern. Wenn wir die Entstehung und die Wandlungen des deutschen Nationalismus erklären wollen, müssen wir nach seinen gesellschaftlichen Voraussetzungen fragen. Welche Funktionen hatte der deutsche Nationalismus, wer waren seine Trägerschichten? Haben Funktionen und Trägerschichten sich im Lauf der Zeit geändert – und wenn ja, warum?

Ich möchte zu zeigen versuchen, daß der sozialgeschichtliche Ansatz eine bessere Periodisierung des deutschen Nationalismus erlaubt als der geistesgeschichtliche. Überdies scheint mir, daß die sozialgeschichtliche Perspektive den deutschen Nationalismus erst international vergleichbar macht – daß sie das Typische und das national Spezifische des Phänomens «Nationalismus» schärfer zu unterscheiden hilft. Schließlich eröffnet diese Methode die Chance, Erklärungsversuche der systematischen Sozialwissenschaften aufzunehmen, kritisch zu überprüfen und einen Beitrag zu einer historischen Theorie des Nationalismus zu leisten.

Ich werde mich vor allem drei Problemen widmen. Erstens werde ich auf die Phase eingehen, in der der deutsche Nationalismus ein Ausdruck der bürgerlichen Emanzipation oder, anders gewendet, eine Modernisierungsideologie des aufstrebenden Bürgertums war. Zweitens will ich die Gründe und Folgen jenes Funktionswandels des Nationalismus erörtern, der aus einer «linken» eine «rechte» Ideologie machte. Drittens möchte ich mich der Frage zuwenden, warum es nach dem Zweiten Weltkrieg in Deutschland, und nicht nur dort, einen Funktionsverlust des Nationalismus gegeben hat.

I.

Meine erste These lautet: Vom Vormärz bis in die Reichsgründungszeit war die nationale Parole in erster Linie ein Ausdruck bürgerlicher Emanzipationsbestrebungen. Die Forderung nach nationaler Einheit richtete sich gegen den landsässigen Adel als den Träger der partikularstaatlichen Zersplitterung. Das Bürgertum dagegen begriff sich selbst als die gesellschaftliche Verkörperung der deutschen Einheit, wobei die Bildungsschicht stärker auf die vor allem von ihr hervorgebrachte deutsche Nationalkultur hinwies, während die industriellen und kommerziellen Unternehmer die politische Einigung Deutschlands primär aus den Notwendigkeiten eines nationalen Marktes ableiteten. Das zweite Argument trat im Zuge der Industrialisierung immer mehr in den Vordergrund. Durch die Schaffung eines deutschen Nationalstaates sollte nicht zuletzt die wirtschaftliche Rückständigkeit gegenüber dem industriell fortgeschrittenen England abgebaut werden. Insofern war der frühe Nationalismus eine Modernisierungsideologie. Die ökonomische Herausforderung durch England hat den deutschen Nationalismus mindestens ebenso nachhaltig geprägt wie die politische Herausforderung durch das napoleonische Frankreich.

Wie stark das Bewußtsein, England wirtschaftlich unterlegen zu sein, Nationalismus hervorbrachte, läßt sich an den bekannten wirtschaftspolitischen Forderungen Friedrich Lists – seinem Programm eines nationalen Erziehungszollsystems – und den von ihm beeinflußten Schutzzöllnern zeigen. Aber auch die erstarkende freihändlerische Bewegung hielt einen deutschen Nationalstaat für eine conditio sine qua non des wirtschaftlichen Fortschritts. In dem Maß, wie sich nach 1848 die freihändlerischen Kräfte durchsetzten, verloren die «großdeutschen» zugunsten der «kleindeutschen» Nationalisten an Boden: Das Programm des wirtschaftlichen Liberalismus ließ sich nur mit Preußen und gegen das Habsburgerreich verwirklichen.

Der vormärzliche deutsche Nationalismus war ebensowenig pazifistisch wie irgendein anderer Nationalismus. List war nicht der einzige, der umfangreichen Annexionen das Wort redete. Der romantische Traum vom Völkerfrühling, von der Internationale der Nationalisten, wurde durch den tatsächlichen Verlauf der Revolutionen von 1848/49 zerstört: Nationale Gegensätze waren ein wesentlicher Grund ihres Scheiterns. Anders als die Revolutionäre von 1789 hielten es die wenigsten Liberalen noch für notwendig, nach der humanitären Legitimation der eigenen nationalen Forderungen und damit nach ihrer Vereinbarkeit mit den Interessen anderer zu fragen. Wo eine solche Legitimation versucht wurde, wie von Marx und Engels, diente sie vor allem dazu, zwischen «revolutionären» und «konterrevolutionären» Völkern – und das hieß: zwischen berechtigten und unberechtigten nationalen Bewegungen – zu unterscheiden. Zur ersten Kategorie gehörten die Polen, zur zweiten die Tschechen, Slowaken und Südslawen.

Die Frage, was denn «des Deutschen Vaterland» sei, beantworteten die Liberalen von 1848 überwiegend taktisch. Wo die Deutschen Angehörige einer fremden Nationalität assimiliert hatten (wie im Fall der Masuren), beriefen sich die Abgeordneten der Paulskirche auf die subjektive Entscheidung der Betroffenen. Waren Deutsche (wie in Elsaß und Lothringen) von einer anderen Nation assimiliert worden, galt der «objektive»

Grundsatz «soweit die deutsche Zunge klingt». Im Zweifelsfall mußte behauptet werden, was schon im Besitz eines deutschen Staates war. Der Großteil der Provinz Posen sollte ungeachtet der Sprache und des Willens der Bewohner nach dem Beschluß der deutschen Nationalversammlung zu Deutschland gehören. Eines aber verstand sich für die bürgerlichen Liberalen aller Schattierungen von selbst: «National» und «fortschrittlich» waren zwei Seiten ein und derselben Medaille.

Noch um 1860 sah sich das liberale Bürgertum so sehr als den eigentlichen Träger der nationalen Einheit, daß der Demokrat Hermann Schulze-Delitzsch 1861 der neugegründeten Partei der «entschiedenen Liberalen», der Deutschen Fortschrittspartei, am liebsten den Namen «Nationale Partei» gegeben hätte, «weil dies nicht bloß die deutsche Politik, sondern die ganzen übrigen Tendenzen der Partei gegenüber der dynastischen» einschließe. Zur gleichen Zeit bezeichnete die *National-Zeitung*, das Organ des rechten Flügels der Fortschrittspartei, die territoriale Zersplitterung Deutschlands als eine Folge der «Grundlagen des feudalen Staatswesens», während «im deutschen Bürgertum ... die Spaltung der Nation überwunden» sei. «Wir sprechen hier», so fügte das liberale Blatt hinzu, «vom Bürgertum, und nicht vom Volk überhaupt, um die soziale Seite des Kampfes, welche die politische Doktrin oft zu sehr aus den Augen verloren hat, schärfer zu betonen.»

Die Revolution von 1848/49 und der preußische Verfassungskonflikt der Jahre 1862 bis 1866 führten die Liberalen im engeren Sinn, die politischen Vertreter des besitzenden und gebildeten Bürgertums, zu dem Schluß, daß sie weder die «Freiheit», d. h. einen stärkeren bürgerlichen Einfluß auf den Staat, noch die «Einheit» im frontalen Kampf gegen die alten Gewalten erzwingen konnten. Für eine revolutionäre Kraftprobe schien es den Liberalen einerseits zu früh, weil die Bevölkerung des platten Landes in Ostelbien größtenteils noch den Junkern folgte. Für eine bürgerliche Revolution war es aber andererseits in liberaler Sicht auch schon wieder zu spät, weil das Proletariat in zunehmendem Maß nicht mehr hinter der Politik der bürgerlichen Liberalen stand.

Die preußischen Liberalen sahen sich durch die territoriale Zersplitterung Deutschlands diskriminiert, weil dieser Zustand den feudal-militärischen Charakter des alten Preußen verstärkte und das Bürgertum schwächte. Das nicht-preußische Deutschland – so das liberale Urteil –

verließ sich darauf, daß Preußen im Ernstfall die militärischen Leistungen erbringen würde, auf die die Mittel- und Kleinstaaten verzichteten. Der liberale Politiker Max von Forckenbeck drückte das 1859 so aus: «Ohne eine andere Gestaltung der deutschen Verhältnisse ist m(eo) v(oto) für die Dauer auch die Existenz einer vernünftigen und freien Verfassung Preußens eine Unmöglichkeit. Bleiben die deutschen Verhältnisse so, wie sie sind, so wird und muß in Preußen nur der Militärstaat weiter ausgebildet werden ...» Und die Berliner *National-Zeitung* schrieb im August 1864, wenn fortwährend der kriegerische Beruf des Staates als der dringendste und höchste gelte, gewinne weder das preußische Volk noch seine Volksvertretung an Freiheit. «Es kommt dahin, daß alle, welche für die bürgerlichen Aufgaben des Staates Sinn behalten, den Ehrentitel von ‹Schwätzern› empfangen, und nur die Leistung und der Gehorsam des Soldaten heißen nützlich für den Staat.»

Je geringer die Chancen für eine Durchsetzung der liberalen Forderungen im preußischen Partikularstaat wurden, desto mehr erhob sich der nationale Gedanke zum Inbegriff des allgemeinen Fortschritts. So paradox es klingt: Das Denken in machtstaatlichen Kategorien war ein Ausdruck der innenpolitischen Ohnmacht des preußischen Bürgertums, das nationale Pathos ein Reflex seiner gesellschaftlichen Insuffizienz. «Von der Einheit zur Freiheit», so müsse der Weg der Liberalen verlaufen, proklamierte im August 1865 die *National-Zeitung*. Ein Jahr später entschied sich der rechte Flügel des «entschiedenen Liberalismus» im Zeichen dieser Erwartung definitiv für eine partielle Zusammenarbeit mit Bismarck und damit für eine Vertagung von Forderungen, die eine De-Facto-Parlamentarisierung Preußens bedeutet hätten. Zwölf Jahre lang prägte der Pakt zwischen den Nationalliberalen und dem aufgeklärten Repräsentanten des Ancien régime die deutsche Innenpolitik. Die nationale Parole hatte in dieser Zeit – von 1866 bis 1878 – für den Nationalliberalismus vor allem eine Funktion: Sie diente der Absicherung des eigenen Anspruchs, die legitime Mehrheit zu sein. Sie war das ideologische Vehikel eines Bürgertums, das eines seiner beiden Hauptziele, die nationale Einheit, zwar prinzipiell erreicht hatte, aber weiterhin von innen bedroht sah und nur durch die Abwehr dieser (vermeintlichen oder wirklichen) Gefahren seinen politischen Einfluß erweitern zu können meinte. Die innenpolitische Stoßrichtung des liberalen Nationalismus war zu dieser Zeit eine dreifache: Er wandte sich einmal gegen die feudalen Trägerschichten des «spezifischen Preußentums» und die übrigen «Partikularisten», zum anderen gegen die katholischen «Ultramontanen» und schließlich gegen die Sozialisten.

Zu dem traditionellen antifeudalen Moment im liberalen Nationalismus waren im Zeichen des Kulturkampfes die antiklerikale und unter dem Eindruck der Pariser Kommune die antisozialistische Komponente getreten. Während die antifeudale Stroßrichtung noch mit Modernisierungstendenzen verbunden war, spiegelte die antisozialistische Begründung der nationalen Parole – die Abwehr des proletarischen Internationalismus – bereits das bürgerliche Interesse an der Erhaltung des Status quo wider. Eine Zwischenstellung nahm der Antiklerikalismus ein. Er stand einerseits in der Tradition liberalen Aufklärungs- und Fortschrittsdenkens und wurde subjektiv als Kampf gegen mittelalterliche Rückständigkeit empfunden. Andererseits desavouierten die Machtmittel, mit denen der übernationale politische Katholizismus – in den Worten der *National-Zeitung* vom 21. Oktober 1877: die «schwarze Schar der vaterlandslosen Römlinge» – bekämpft wurde, gerade die liberalen Prinzipien, mit denen der Kampf begründet wurde. Insofern war der Kulturkampf durchaus ein Vorspiel für die Unterdrückung der sozialdemokratischen Bewegung nach 1878. Da das antiklerikale Element im bürgerlichen Nationalismus zwischen 1870 und 1878 eindeutig im Vordergrund stand, kann man die These von der historischen Ambivalenz des liberalen Antiklerikalismus auf den liberalen Nationalismus jener Jahre insgesamt übertragen. Dieser Nationalismus trug wohl noch die Züge einer Modernisierungsideologie, aber zugleich war er bereits in einem solchen Maß von Majorisierungsängsten geprägt, daß er partiell in Illiberalismus umschlug.

II.

Der Funktionswandel des Nationalismus, der sich beschleunigt in den späten 1870er Jahren vollzog, ist 1888 von dem freisinnigen Reichstagsabgeordneten Ludwig Bamberger auf eine knappe Formel gebracht worden: «Das nationale Banner in der Hand der preußischen Ultras und der sächsischen Zünftler ist die Karikatur dessen, was es einst bedeutet hat, und diese Karikatur ist ganz einfach so zustande gekommen, daß die überwundenen Gegner sich das abgelegte Gewand des Siegers angeeignet und dasselbe nach ihrer Fasson gewendet, aufgefärbt und zurechtgestutzt haben, um als die lachenden Erben der nationalen Bewegung darin einherstolzieren zu können.»

Bambergers sarkastisches Urteil läßt sich in die Form einer zweiten These bringen: Der Nationalismus, bis in die Reichsgründungszeit eine Parole des liberalen Bürgertums, die sich gegen die feudalen und konservativen Kräfte richtete, wurde seit den späten 1870er Jahren zunehmend ein ideologisches Instrument der Rechten, mit dem die Linke aller Schattierungen – die Linksliberalen ebenso wie die Sozialdemokraten – bekämpft wurde. Die sozialen Träger des neuen rechten Nationalismus waren neben schutzzöllnerischen Industriellen Kräfte, die der nationalen Bewegung bis dahin eher ferngestanden hatten: preußische Großgrundbesitzer und wettbewerbsmüde Kleinproduzenten.

Eine wesentliche Voraussetzung des politischen Umschwungs der späten 1870er Jahre – das Ende des Wirtschaftsliberalismus und der innenpolitischen Vorherrschaft des Liberalismus, der Beginn einer Ära der Schutzzölle und des konservativ-nationalliberalen Zusammenspiels – war die Wirtschaftskrise von 1873, die den Auftakt zur «Großen Depression» der Jahre 1873 bis 1896 bildete: einer Periode häufiger Konjunktureinbrüche, überdurchschnittlicher Geldverknappung und einer vorwiegend pessimistisch gestimmten Wirtschaftsmentalität. Schuld an der Krise waren – so hieß es in der Propaganda der Rechten – die Liberalen, namentlich das liberale jüdische Bankkapital, die «goldene Internationale».

Infolge rückläufiger Wachstumsraten mußten sich die Verteilungskämpfe verschärfen. Die Krise gab den Sozialdemokraten und der marxistischen Lehre vom Klassenkampf Auftrieb. Wer sich vom Proletariat sozial abheben wollte, der mußte sich zum Nationalismus bekennen: Die ideologische Abgrenzung vom marxistischen Internationalismus war nicht nur beim selbständigen «alten Mittelstand», sondern auch beim «neuen Mittelstand» der Angestellten eine Frage des Überlebens als «Stand». Der Nationalismus der Mittelschichten hatte vor allem die Funktion, ebendiese Abgrenzung von den «vaterlandslosen Gesellen» des sozialistischen Proletariats zu gewährleisten. Der Nationalismus bestätigte die Mittelschichten in ihrem Anspruch, die «Normalmoral» der Gesellschaft zu verkörpern (M. Rainer Lepsius). National sein hieß seit den späten 1870er Jahren nicht mehr antifeudal, sondern antiinternational und, sehr häufig, antisemitisch sein.

Zwar lebte auch nach der sogenannten «inneren Reichsgründung» von 1878/79 die liberale Variante des Nationalismus fort, aber sie stand nun unter einem bisher ungekannten Legitimationsdruck von rechts. Als 1878 die Schutzzöllner deutsche Kolonien in Übersee forderten, nicht zuletzt als «Sicherheitsventil für den grollenden Vulkan der sozialen Frage», wurde dem aus Freihandelskreisen das Ziel einer verstärkten «deutschen Kolonisation» in Posen entgegengesetzt. Die Schutzzöllner konterten erwartungsgemäß, beide Formen von Kolonisation seien durchaus miteinander vereinbar.

So sehr sich die Linksliberalen mit dem historischen Fortschritt im Bunde fühlten, gegen die ungebrochene Macht der alten Herrschaftsschichten vermeinten sie mit rein binnenpolitischen Mitteln nicht aufkommen zu können. So wie einst im preußischen Verfassungskonflikt die späteren Nationalliberalen den Kampf gegen Österreich begrüßt hatten, weil er dem innerstaatlichen Machtkampf neue Dynamik verleihen könne, so glaubte dreißig Jahre später der liberale Soziologe Max Weber, nur auf dem Weg über eine prestigeträchtige deutsche Weltpolitik seien die verkrusteten Strukturen des von den Junkern politisch dominierten Obrigkeitsstaates aufzubrechen. Nichts belegt die Selbstbehauptungskraft des deutschen Ancien régime schlagender als die verzweifelten Kampfmittel, zu denen seine «entschieden liberalen» Kritiker ihre Zuflucht nahmen.

Die Wendung vom linken zum rechten Nationalismus war keine deutsche Besonderheit. Die meisten Länder wandten sich in der Zeit der «Großen Depression» dem Schutzzoll zu, und die industriell besonders entwickelten suchten verstärkt, innere Konflikte nach außen abzulenken – namentlich durch die Eroberung von Kolonien in Übersee. Aber anders als im Westen Europas waren die Traditionen des früheren liberalen Nationalismus in Deutschland nicht stark genug, um im Zeitalter des Imperialismus ein wirksames Korrektiv zum rechten Nationalismus bilden zu können.

Der deutsche Nationalismus hatte, anders als der französische, keine Phase durchlaufen, in der er als Bannerträger von Menschheitsidealen auftreten konnte. Vielmehr war er im Kampf gegen Napoleons Fremdherrschaft entstanden, die sich auf ebendiese Ideale berief. Deutschland hatte im 19. Jahrhundert, politisch gesehen, keine «Epoche des Liberalismus» erlebt. Die Weimarer Republik hatte ein viel schwächeres soziales Fundament als die alten Demokratien des Westens. Dieselben Schichten, die unter dem Eindruck der Weltwirtschaftskrise ab 1929 in Deutschland das Massenreservoir einer faschistischen Bewegung, des Nationalsozialismus, formten, blieben in den hochindustrialisierten Demokratien Westeuropas und Nordamerikas mehrheitlich ihren überkommenen Parteien treu.

Was machte den Nationalsozialismus für die Mittelschichten, aus denen sich das Gros seiner Massenbasis rekrutierte, und für erhebliche Teile der agrarischen, militärischen und industriellen «Machtelite» so anziehend? Die Bewegung Hitlers versprach, die überkommene gesellschaftliche Ordnung grundsätzlich zu erhalten und das demokratische System zu zerschlagen, das ebendiese Ordnung zu gefährden schien. Nur in einem Land mit langer obrigkeitsstaatlicher Tradition konnten offen demokratiefeindliche Parolen eine Mehrheit gewinnen. Mit ihrem extremen Nationalismus vermochten die Nationalsozialisten die Unvereinbarkeit der Versprechungen zu verdecken, die sie den unterschiedlichen sozialen Schichten machten. Der Führerkult hatte ebenso die Funktion, der sozial heterogenen Basis einen gemeinsamen Bezugspunkt zu geben – und Hitler war der einzige charismatische Führer, über den die deutsche Rechte verfügte.

Die soziale Funktion des Nationalismus war Hitler selbst bewußt. Seine Devise von 1924 – «Der marxistische Internationalismus wird nur gebrochen werden durch einen fanatisch extremen Nationalismus von höchster sozialer Ethik und Moral» – kann durchaus «funktional» interpretiert werden. Dennoch geht eine bloß funktionalistische Deutung des Nationalsozialismus in die Irre. Die nationalsozialistische Politik, die in letzter Instanz die Politik Hitlers war, läßt sich nicht aus Interessen mächtiger Wirtschaftsgruppen ableiten. Diese Politik war auch nicht bloß eine raffinierte Sozialtechnologie. Hätte Hitler den Antisemitismus nur benutzt, um die Aggressionen des Kleinbürgertums vom Kapital auf die jüdischen Sündenböcke abzulenken, hätte er die Juden nicht töten dürfen. Und wenn der Antisemitismus, wie manche Autoren der «neuen Linken» behaupten, nur ein Stück sozialer Manipulation war – warum dann der Versuch, das millionenfache Verbrechen vor dem deutschen Volk geheimzuhalten? Eine sozial integrierende Funktion hat sich Hitler von der «Endlösung der Judenfrage» offenbar nicht versprochen.

Der Nationalsozialismus ist wohl das extremste Beispiel einer verselbständigten Ideologie, das die Geschichte kennt. Es bedurfte einer hochgradigen Militarisierung der deutschen Gesellschaft durch den Ersten Weltkrieg, der als nationales Trauma nachwirkenden Niederlage von 1918, einer durch die Weltwirtschaftskrise hervorgerufenen «Panik im Mittelstand» und des tradierten Antiliberalismus in den gesellschaftlichen Führungsgruppen, um die «Machtergreifung» der Nationalsozialisten möglich zu machen. Und es bedurfte einer Gruppe «militärischer Desperados» (Wolfgang Sauer), durch den Ersten Weltkrieg gesellschaftlich entwurzelter Existenzen, die zutiefst bürgerliche Ängste mit einer tiefen Verachtung des Bürgertums verbanden, um den Nationalismus bis zur letzten denkbaren Konsequenz zu treiben. Am Ende stand die nihilistische Negation aller konkreten Interessen im Zeichen nationalistischer und rassistischer Wahnideen. Der Nationalismus diente nicht nur dazu, die Massen zu manipulieren, sondern er verblendete auch diejenigen, die sich für Meister der Manipulation hielten.

III.

Meine dritte These lautet: Der Nationalismus hat nach dem Zweiten Weltkrieg in Westeuropa im allgemeinen und in Westdeutschland im besonderen als Integrationsideologie nicht mehr dieselbe Rolle gespielt wie nach dem Ersten Weltkrieg. Neben der Desavouierung durch den Nationalsozialismus haben grundlegende Veränderungen der weltpolitischen Konstellation und neue ökonomische Bedingungen zum Funktionsverlust des Nationalismus in der westlichen Welt beigetragen.

Auf den ersten Blick scheint es, als habe es nach dem Zweiten Weltkrieg einen besonders günstigen Nährboden für einen neuen deutschen Nationalismus gegeben: Die Teilung Deutschlands, die Flucht und Vertreibung von Millionen Deutschen aus dem Osten des Reiches und aus Staaten, die der Nationalsozialismus zu Opfern seiner Aggression gemacht hatte, waren geeignet, nationalistischer Agitation Auftrieb zu geben. Dennoch war der Widerhall nationalistischer Parolen in der Bundesrepublik Deutschland insgesamt viel geringer als in der Weimarer Republik. Ich sehe hierfür vor allem drei Gründe.

Erstens: Der Nationalsozialismus hat den Nationalismus auch bei einem großen Teil derjenigen Schichten desavouiert, die geholfen haben, ihn an die Macht zu bringen. Bereits während des «Dritten Reiches» sahen sich insbesondere viele mittelständische Anhänger des Nationalsozialismus um die Hoffnungen betrogen, die sie in die Machtübernahme Hitlers gesetzt hatten. Die Konsumgenossenschaften wurden erst im Krieg aufgelöst; die verhaßten Warenhäuser, ebenfalls eine alte Zielscheibe von Angriffen des Kleingewerbes, blieben bis zum Ende des «Dritten Reiches» bestehen. Viel mehr noch als die nationalsozialistische Wirtschaftspolitik hat das Erlebnis des Krieges und der Kriegsfolgen im Sinne einer nationalen Ernüchterung gewirkt. Anders als nach dem Ersten Weltkrieg gab es nach 1945 keine wirklich repräsentative gesellschaftliche Kraft, die bestritt, daß der von Deutschland verlorene Weltkrieg von der deutschen Führung ausgelöst worden war. Nur Randgruppen verbreiteten in der zweiten Nachweltkriegszeit eine Kriegsunschuldlüge. Die Trümmer der Städte, das Elend der Heimatvertriebenen, die Not des ganzen Volkes sprachen eine beredte Sprache: Sie zeugten von dem Preis, den nationale Verblendung gefordert hatte. Es gab und gibt nach 1945 nationalistische Gruppen und Parolen. Aber was mir rückblickend erklärungsbedürftig erscheint, ist nicht so sehr die Existenz solcher Gruppen und Parolen als vielmehr die Tatsache, daß ihre Resonanz begrenzt war und eine abnehmende Tendenz aufweist. Eine Erklärung dafür, daß der Nationalismus in der Bundesrepublik eine geringere Anziehungskraft besitzt als in den meisten größeren westeuropäischen Staaten, liegt gewiß in der Erfahrung jener Katastrophe, in die der extreme deutsche Nationalismus geführt hat.

Zweitens: Die Nationalsozialisten haben der verbreiteten Angst vor sozialem Abstieg das Versprechen des nationalen Wiederaufstiegs entgegengesetzt. 1945 war der soziale Abstieg für die meisten Deutschen eine vollendete Tatsache. Soziale Ängste wurden weniger durch ein Gefühl der inneren als eines der äußeren Bedrohung hervorgerufen. Dieses Bewußtsein war keine gute Voraussetzung für eine Politik nationalistischer Isolierung, wohl aber für die Politik der westlichen Integration. Eben darin liegt zu einem guten Teil der Erfolg des katholischen Rheinländers und notorischen Antinationalisten Konrad Adenauer begründet – aber auch die Chance der Sozialdemokraten, sich als «nationale» Partei, als Partei der deutschen Einheit, zu profilieren. Daß die gemäßigte Linke eine nationale Politik befürwortete, während die gemäßigte Rechte eine übernationale Politik betrieb, ist, wie der Schweizer Publizist Fritz René Allemann schon 1956 bemerkte, ein wichtiger Unterschied zwischen «Bonn» und «Weimar». Aber die Politik der westlichen Integration war nur möglich, weil die westlichen Siegermächte das westliche Deutschland schon wenige Jahre nach dem Krieg als politischen Partner akzeptierten – auch dies eine fundamentale Differenz zur Weimarer Republik. Anders als 1918 hatten 1945 die Sieger Deutschland besetzt und damit einen ungleich tieferen Bruch mit der politischen, militärischen und gesellschaftlichen Kontinuität verursacht, als es ihn nach dem Ersten Weltkrieg gab. Die rasche Rehabilitierung des westdeutschen Nachfolgestaates des Deutschen Reiches durch die Westalliierten hat nationalistischen Ressentiments gegen ebendiese Mächte den Boden weithin entzogen.

Drittens: Extremer Nationalismus hat immer auch die Rolle einer Kompensationsideologie gespielt. Wie der amerikanische Psychologe Daniel Katz bemerkt hat, kann Nationalismus für breite Schichten als «gesteigertes psychisches Einkommen» («enhanced psychic income») wirken: als ein über kollektives Prestige vermittelter Ausgleich für materielle Entbehrungen. Der Nationalismus erlaubt die Projektion von Haß und Feindschaft auf «out-groups»; er trägt dazu bei, persönliche Frustration durch kollektive Erfolgserlebnisse auszugleichen, und er hilft, libidinöse Wünsche auf Gruppensymbole zu übertragen. Eine der wichtigsten Erkenntnisse von Katz liegt darin, daß unter spezifischen Bedingungen ein besonders starker Bedarf an Nationalismus besteht und umgekehrt Nationalismus unter anderen Bedingungen an gesellschaftlicher Bedeutung verlieren kann: «Wenn die Menschen ein erfülltes und reiches Leben als Individuen führen könnten, würden sie kein Verlangen nach der Größe ihrer Gruppe haben.»

Mir scheint, daß diese Einsicht nicht nur für die Analyse des deutschen Nationalismus wichtig ist. Ganz offenbar hat der wirtschaftliche Wohlstand der Bundesrepublik wesentlich zur Schwächung des Nationalismus beigetragen: Symbolische Ersatzbefriedigungen, wie sie der Nationalismus vermittelt, sind weniger gefragt, wenn die Chancen der materiellen Bedürfnisbefriedigung groß sind. Vieles spricht für die These W. W. Rostows, daß Gesellschaften, die in das Stadium des «Massenkonsums» eingetreten sind, für aggressiven Nationalismus weniger anfällig sind als Gesellschaften, die sich erst in dem früheren Stadium der «wirtschaftlichen Reife» befinden – in Rostows Terminologie eine Phase, die unmittelbar dem industriellen «take-off» folgt.

Bei allen Bedenken, die man gegen die Theorie von den «Stadien des wirtschaftlichen Wachstums» geltend machen kann, scheint es doch evident zu sein, daß es zwischen wirtschaftlicher und gesellschaftlicher Entwicklung einerseits und Nationalismus andererseits eine enge Beziehung gibt. Ein Blick auf die Länder der «Dritten Welt» von heute bestätigt die Erkenntnis, zu der die Beobachtung der frühen europäischen Nationalismen führt: Nationalismus zielt meist darauf ab, wirtschaftliche Rückständigkeit zu überwinden. Aber neben der materiellen Rückständigkeit ist einseitige politische Abhängigkeit oder Diskriminierung ein dem Nationalismus förderlicher Faktor. Einen Funktionsverlust des Nationalismus gibt es mithin wohl nur dort, wo eine Gesellschaft nicht das Bewußtsein wirtschaftlicher Rückständigkeit und einseitiger politischer Abhängigkeit hat. Wenn dem so ist, dann sind pauschale Verurteilungen von fremdem Nationalismus aus dem Munde westlicher «beati possidentes» das Gegenteil von historischer Einsicht.

Der *moderne* Nationalismus ist im späten 18. und frühen 19. Jahrhundert entstanden aus dem Bedürfnis nach einer umfassenden Loyalität, die an die Stelle erschütterter alter Loyalitäten – der universalkirchlichen wie der regionalen und ständischen – treten konnte. In einem vergleichsweise kleinen, privilegierten Teil der Welt hat der Nationalismus als Integrationsideologie ausgedient. Die Bundesrepublik Deutschland gehört zu dieser Gruppe von Ländern. Gleichzeitig ist sie nach wie vor konfrontiert mit dem Problem der nationalen Identität der Deutschen. Für die überwältigende Mehrheit der Deutschen steht heute fest, daß es keine Lösung ihres nationalen Problems auf Kosten anderer Völker geben darf. Die Wiederherstellung eines souveränen deutschen Nationalstaates würde von vielen Völkern als Bedrohung empfunden werden und ist darum kein realistisches politisches Ziel. Nur die Fortsetzung des Weges, den die Bundesrepublik mit der Ostpolitik der sozialliberalen Koalition eingeschlagen hat, kann zu Lösungen führen, die für die Deutschen und ihre Nachbarn einen Fortschritt bedeuten würden.

Die Geschichte des deutschen Nationalismus zeigt, wohin eine Politik nationaler Überhebung ein Volk gebracht hat. In extremer Form illustriert das deutsche Beispiel aber auch das zerstörerische Potential, das jedem aggressiven Nationalismus innewohnt. Der Nationalismus hat sich als eine Ideologie erwiesen, die zur materiellen Gewalt wird, sobald sie die Massen ergreift. Das liegt vor allem daran, daß der Nationalismus sowohl dem verbreiteten Bedürfnis entgegenkommt, sich über die eigenen Bedürfnisse zu erheben, als auch der Neigung, sich über diese Bedürfnisse zu täuschen. Beide Eigenschaften sind, wie die Erfahrung zeigt, kaum voneinander zu trennen. Das Interesse an Verhältnissen, in denen es keinen Bedarf mehr an Nationalismus gibt, wird mithin durch nichts stärker begründet als durch die Geschichte des Nationalismus selbst.

2. DER DEUTSCHE SONDERWEG: EINE NACHLESE

1981

Wenige Themen waren in der Geschichtswissenschaft der «alten» Bundesrepublik so umstritten wie die Denkfigur eines «deutschen Sonderwegs» in der neueren und neuesten Geschichte. Im Kern ging es dabei um die Frage, wann Deutschland begonnen hatte, sich fundamental anders zu entwickeln als große westeuropäische Staaten wie Frankreich oder Großbritannien. Geschah das erst mit der Herrschaft des Nationalsozialismus, also 1933, wie eher konservative Historiker meinten, oder schon sehr viel früher, wie manche ihrer liberalen und linken Kritiker argumentierten? In den Mittelpunkt der Kontroverse rückte seit den 1960er Jahren der historische Ort des deutschen Kaiserreichs von 1871 und damit das Problem der Kontinuität zwischen Bismarckreich und «Drittem Reich».

Anfang der achtziger Jahre unternahmen zwei junge britische Historiker, die sich selbst der politischen Linken zuordneten, Geoff Eley und David Blackbourn, den Versuch, die aus ihrer Sicht in der westdeutschen Geschichtswissenschaft inzwischen vorherrschende linksliberale, betont kritische Bewertung der politischen Entwicklung Deutschlands seit dem letzten Drittel des 19. Jahrhunderts unter anderem dadurch zu entkräften, dass sie die vor- und antidemokratischen Züge des britischen Regierungssystems und der britischen Politik im Zeitalter des Imperialismus hervorhoben. Um diesem Revisionsversuch, seine Resonanz in Deutschland und einige weitere Beiträge zum Problem einer deutschen Sonderentwicklung geht es im folgenden Aufsatz. Dass ich die Akzente in einigen Punkten, nicht zuletzt in Sachen deutscher Nationalstaat, inzwischen anders setze und stärker als damals die Ungleichzeitigkeit der Demokratisierung des deutschen Kaiserreichs – frühe Einführung des allgemeinen Männerwahlrechts und späte Einführung der parlamentarischen Verantwortlichkeit der Regierung – betone, wird aus einigen der später entstandenen und besonders aus dem letzten der in diesem Band abgedruckten Beiträge deutlich werden.

Es ist schwer, keine Satire zu schreiben. Zwei junge englische Historiker, von denen einer sich ausdrücklich als Vertreter eines marxistischen Ansatzes bezeichnet, werden seit geraumer Zeit von konservativen deutschen Publizisten mit Lob überschüttet. Geoff Eley und David Blackbourn sprechen aus, was hierzulande viele denken, aber nur wenige zu schreiben wagen: Deutschland hat sich, sieht man einmal vom Nationalsozialismus ab, gar nicht so anders entwickelt als andere kapitalistische Länder auch; der angebliche deutsche Sonderweg im 19. Jahrhundert ist eine Erfindung angelsächsischer Soziologen, auf die eine ganze Generation umerzogener und unkritischer deutscher Historiker hereingefallen ist. Da nahezu gleichzeitig ein eher konservativer amerikanischer Politologe, David Calleo, in einem Buch über das «deutsche Problem» zu einem ganz ähnlichen Ergebnis kam, gibt es wohl keinen Zweifel mehr: Die «eingebildeten Leiden der Deutschen» – so die Überschrift von Eberhard Straubs Rezension beider Werke in der *FAZ* vom 27. Januar 1981 – können vergessen werden. Wir sind wieder wer, und das auch rückwirkend. Das «Dritte Reich» war offenbar doch nur ein historischer Betriebsunfall. Der heiligen Lanze gleich, welche die Wunden heilt, die sie schlägt, haben uns die Angelsachsen von dem Brandmal des Makels wieder befreit, das sie uns 1945 im Überschwang des Sieges aufgedrückt hatten.

In Heft 63/64 von *Criticon*, der «deutschen Zeitschrift für konservatives Denken», frohlockte Hans-Dietrich Sander über den kompetenten Freispruch vor der Geschichte, der zugleich ein moralisches Todesurteil über die deutschen Historiker war. Denn sie tragen, meint Sander, die Hauptschuld an der Geschichtslosigkeit der Bundesrepublik. Ihre Unterwerfung unter die Ideen von 1945 hat bekanntlich «aus der Geschichte der Deutschen Reiche eine Spottgeburt aus Dreck und Feuer gemacht» und, was weniger bekannt ist, Sander an der rechtzeitigen Entlarvung dieser Machenschaften gehindert. «Die Unterworfenen duldeten keinen Nachwuchs, von dem sie zu befürchten gehabt hätten, er käme hinter ihre würdelosen Schliche. Es wurde mit jeder neuen Lehrstuhlbesetzung schlimmer – bis eines Tages die unvermeidlichen Rechnungen präsentiert wurden.» Zum Rechnungsausgleich reicht aber die Umbesetzung von Lehrstühlen keineswegs aus; vielmehr darf auch «die aus ihren Fugen springende Demokratie» nicht länger sakrosankt bleiben. Sie nämlich hat sowohl in den Vereinigten Staaten als auch in der Bundesrepublik die politische Identität zerstört: «bei den Amerikanern mittels Bewältigung der Sklaverei und bei den Deutschen mittels Bewältigung des Dritten Reiches».

Zumindest einer der beteiligten Autoren wird sich bei solcher Art Anerkennung unwohl fühlen. David Blackbourn hält es für notwendig, gegen Ende seines Essays ausdrücklich zu betonen, daß sein Ansatz «Historiker mit apologetischen Neigungen wenig ermutigen» könne. Aber geahnt haben muß er den Beifall von der falschen Seite schon, sonst hätte er seine Sorge schwerlich zu Protokoll gegeben. Auch für Eley kann der leidenschaftliche Zuspruch von rechts nicht ganz überraschend kommen. Da er bei seinem Rundschlag kaum einen bundesdeutschen Historiker ausläßt, bei dem sozialliberale Tendenzen zu vermuten sind, sprach von Anfang an einiges für die Annahme, daß ihm Dank und Lob nicht gerade aus dieser Ecke zuteil werden würden.

Was sind nun die Kernthesen, die seit dem Herbst 1980 soviel Furore machen? In seiner Replik auf Hans-Ulrich Wehlers Rezension im *Merkur* nennt Eley die Verwechslung von Begriffen wie «bürgerlich», «liberal» und «demokratisch» einen Hauptmangel der von ihm angegriffenen Geschichtsschreibung. Nun könnte man Eley für diesen Hinweis dankbar sein, wenn er da einen wunden Punkt gefunden hätte. Bei näherem Zusehen zeigt sich aber, daß die Historiker, die sich mit der Geschichte des deutschen Liberalismus im 19. Jahrhundert befaßt haben, hierin mit Eley ganz einig sind. Keiner von ihnen ist auf die Idee verfallen, die Unterschiede zwischen «Liberalen» und «Demokraten» zu verwischen, und den Nachweis, daß es um den liberalen Anspruch, das ganze Bürgertum zu vertreten, nicht gut bestellt war, hätte Eley gerade bei jenen Autoren finden können, denen er diese Erkenntnis besonders nachdrücklich ins Stammbuch schreibt – als seine ureigenste Entdeckung, versteht sich.

Viel origineller ist eine zweite These Eleys. Deutschland braucht nicht länger darüber zu klagen, daß es anders als England und Frankreich keine erfolgreiche bürgerliche Revolution hatte. Es hatte sie nämlich durchaus, und nur einige uneinsichtige deutsche Historiker wollen dies nicht wahrhaben. Die bürgerliche Revolution Deutschlands war jene «Revolution von oben», die Bismarck zwischen 1864 und 1871 ins Werk setzte. Damals wurde Eley zufolge die Vorherrschaft der Bourgeoisie sichergestellt, und was will man mehr von einer «bürgerlichen Revolution»? Auch ohne Guillotine wurde das Kaiserreich ein moderner bürgerlicher Klassenstaat, der sich nicht wesentlich vom viktorianischen England und von Frankreichs Dritter Republik unterschied.

Hätte Eley recht, wäre die These vom deutschen Sonderweg widerlegt. Denn das Fehlen einer erfolgreichen bürgerlichen Revolution bildet gewissermaßen ihr Herzstück. Die deutschen Historiker, die Eley im Visier hat, behaupten nun freilich meist gar nicht, daß Deutschland seine bürgerliche Revolution schuldhaft versäumt habe und daß es, wenn es nur gewollt hätte, England viel ähnlicher geworden wäre. Vielmehr gilt ihr Interesse überwiegend den objektiven Bedingungen, die einer bürgerlichen Revolution in Deutschland entgegenstanden. Aber es stimmt schon, daß das Ausbleiben einer erfolgreichen bürgerlichen Revolution oder, anders gewendet, die Langlebigkeit des deutschen Obrigkeitsstaates eines der großen Themen der neueren deutschen Geschichtsforschung ist und daß dieses wissenschaftliche Interesse eine politische Ursache hat: die Erfahrung der «deutschen Katastrophe» der Jahre 1933 bis 1945. Die neue und zutreffende Sicht von Bismarcks «Revolution von oben» verstellen sich die deutschen Historiker, wenn wir Eley glauben dürfen, dadurch, daß sie der Politik zuviel und der Ökonomie zuwenig Beachtung schenken. Wie gebannt starren sie auf «vorindustrielle Traditionen», und von denen vermag Eley nicht viel zu erkennen. Umgekehrt überschätzen sie angeblich gewaltig Britanniens Liberalität. Der Unterschied zwischen England und Deutschland scheint Eley minimal. Im Kaiserreich hätten zu Beginn dieses Jahrhunderts die Wahlerfolge der Sozialdemokraten viele Großunternehmer dazu gebracht, die politische Allianz mit den Großgrundbesitzern fortzusetzen und auf einen schroff antiparlamentarischen Kurs zu gehen; jenseits des Kanals habe sich das Parlament als Mittel zum selben Zweck, der Bändigung der Arbeiterbewegung, bewährt. In Eleys eigenen Worten: «In England erwiesen sich zu dieser Zeit parlamentarische Regierungsformen als großartiges Mittel zur Eindämmung des Sozialismus; in Deutschland drohten sie, zu dessen Gunsten zu wirken.»

Was Eley nachweisen möchte, ist klar: In Deutschland und England betrieben die Unternehmer kapitalistische Interessenpolitik. Ich wüßte nicht, wer ihm da widersprechen wollte. Und welcher deutsche Historiker wäre so töricht, die industrielle Bourgeoisie der Wilhelminischen Ära als unterdrückte Klasse oder soziale *quantité négligeable* darzustellen? Aber ganz beiläufig erwähnt Eley einen Bundesgenossen der deutschen Unternehmer (oder vielmehr eines Teils von ihnen, der Schwerindustriellen): die Klasse der Rittergutsbesitzer. Ostelbiens Grundaristokratie fand im zeitgenössischen Westeuropa keine Entsprechung. Wäre es anders gewesen, hätten sich konservative Industriegruppen in England und Frankreich mit der Interessenvertretung ihrer Junker sicherlich genauso arrangiert wie der Centralverband deutscher Industrieller mit dem Bund der Landwirte.

Doch die Verhältnisse, die waren nicht so. In Westeuropa hatte der feudale Großgrundbesitz seine gesellschaftliche Bedeutung weithin verloren, in Deutschland bestand er fort und kontrollierte große Teile des zivilen und militärischen Staatsapparates. Infolgedessen konnten sich industrielle Führungsgruppen an herrschaftsgewohnte vorindustrielle Kräfte anlehnen. Sie hatten gegenüber der Arbeiterbewegung die Chance der sozialen Rückversicherung bei Großgrundbesitz, Militär und Bürokratie. Die traditionellen Machteliten in Staat und Gesellschaft halfen den konservativ gewordenen Teilen des Bürgertums, das Drängen auf Parlamentarisierung und Demokratisierung abzuwehren.

Wenn deutsche Historiker von «vorindustriellen Faktoren» im Kaiserreich sprechen, meinen sie vor allem diese Konstellation und ihr ideologisches Ambiente. Während England und Frankreich parlamentarisch regiert wurden, hatte Bismarck, der aufgeklärteste aller preußischen Junker, dem parlamentarischen System einen Riegel vorgeschoben. Die langfristigen Wirkungen, die das «System Bismarck» auf das politische Bewußtsein des deutschen Bürgertums und sein Verhältnis zur Arbeiterschaft hatte, können schlechterdings nicht überschätzt werden. Aber Eley denkt anders. England und Deutschland waren beides kapitalistische Länder, und der Rest ist Nebensache. Daß das eine Land parlamentarische Regierungsformen hatte, das andere nicht – was besagt das schon? Eleys Philosophie, in einem Satz zusammengefaßt, lautet: In der Nacht des Kapitalismus sind alle nationalen Katzen grau.

Blackbourn argumentiert viel gelassener und sachkundiger als Eley. Sein eigenes Forschungsgebiet ist Württemberg in der Wilhelminischen Ära, und von daher liegt es für ihn nahe, die Bürgerlichkeit der Epoche zu betonen. Das Bild der deutschen Gesellschaft des Kaiserreichs wird durch ihn facettenreicher, wenn man so will: ziviler. Das ist gewiß verdienstvoll. Unbewußt schließt er jedoch von Württemberg auf Deutschland, und das führt ihn zu vorschnellen Verallgemeinerungen. In der Tat lagen Welten zwischen der bürgerlichen Gesellschaft des deutschen Südwestens, des Rheinlands, der Hansestädte und dem platten Land Ostelbiens. Aber zu Deutschland gehörten beide Welten, und eher ließe sich eine Geschichte Großbritanniens ohne Schottland oder der Vereinigten Staaten von Amerika ohne die Südstaaten schreiben als eine Geschichte des deutschen Kaiserreiches ohne Ostelbien. Nicht nur Eley und Blackbourn, sondern auch ihren deutschen Gefolgsleuten fehlt es einfach an lebendiger Anschauung: Sie können sich nicht vorstellen, wie das Sozialgefüge eines pommerschen oder ostpreußischen Gutsbezirks aussah, und im Grunde wissen sie nicht, was Preußen für Deutschland bedeutete. Ihr historisches Deutschlandbild ist geprägt von dem Deutschland, das sie kennen – dem westlichen Rest des Reiches.

Ein anderer Mangel kommt hinzu. Keiner der Historiker, für die die «vorindustriellen Faktoren» mittlerweile zum Reizwort geworden sind, hat sich intensiver mit der Sozialgeschichte der Weimarer Republik befaßt. Das ist kein Zufall. Denn wer immer die Auflösung der ersten deutschen Demokratie studiert, stößt auf die Schlüsselrolle der wirtschaftlich geschwächten, aber politisch immer noch mächtigen preußischen Großgrundbesitzer. Von dem Anteil, den diese Kaste an der Zerstörung der Republik und an Hitlers Machtübernahme hatte, gingen Alexander Gerschenkrons und Hans Rosenbergs bahnbrechende Studien über die Geschichte der ostelbischen Grundaristokratie aus. Diesen Autoren war noch ganz gegenwärtig, was manche jüngeren Historiker erst noch mühsam lernen müssen: daß eine vorindustrielle Gesellschaftsklasse, die es heute gar nicht mehr gibt, noch vor einem halben Jahrhundert den Schalthebeln der politischen Macht zeitweilig näher war als die Großindustrie.

Die beiden englischen Historiker erwecken mitunter den Eindruck, als trügen aus der Sicht der von ihnen attackierten deutschen Kollegen die Junker die Alleinschuld am deutschen Verhängnis. Davon kann natürlich keine Rede sein. Es stimmt zwar nicht, wenn Eley die neuere Richtung der deutschen Geschichtswissenschaft pauschal mit dem Etikett «Kehriten» kennzeichnet – auf den 1933 verstorbenen Eckart Kehr anspielend, der die deutsche Flottenpolitik in der Ära Tirpitz aus den Interessen der wichtigsten gesellschaftlichen Gruppen zu erklären versuchte und damit das traditionelle Dogma vom «Primat der Außenpolitik» auf den Kopf stellte. Aber die deutschen Historiker haben ihren Kehr zumindest gelesen. So wissen sie, daß nicht das Junkertum, sondern das besitzende und gebildete Bürgertum die wichtigste soziale Triebkraft des deutschen Imperialismus war und daß die ostelbischen Großgrundbesitzer erst auf dem Umweg über Getreidezölle für die Flottenpolitik gewonnen wurden. Wie man ein «Kehrit» und gleichzeitig ein Gegner dieser Hauptthese Kehrs sein kann, bleibt Eleys Geheimnis.

David Calleo spielt daher durchaus zu Recht Kehr gegen Schumpeter aus, der den modernen Imperialismus für eine zutiefst unbürgerliche Sache hielt und statt dessen aus den atavistischen Instinkten einer vorindustriellen Kriegerkaste ableiten wollte. Aber neu ist diese Einsicht Calleos nun wiederum nicht, wie es mir überhaupt schwerfällt, in den historischen Partien des Buches einen einzigen wirklich originellen Gedanken zu entdecken. Der Freiburger Historiker Gerhard Ritter war schon 1948 in seiner aus konservativer Sicht verfaßten Schrift «Europa und die deutsche Frage» bei etwa denselben Positionen angelangt. Die Literatur, die Calleo zur Untermauerung seiner Thesen herangezogen hat, mag für eine Überblicksvorlesung ausreichen; für ein Buch über das «deutsche Problem» sind seine Lesefrüchte entschieden zu wenig.

Calleos Botschaft ist im Grunde einfach: «Das kaiserliche Deutschland war nicht einmalig aggressiv, nur einmalig unbequem.» Der Nachzügler Deutschland wurde von der Außenwelt zum Aggressor gestempelt; äußerer Druck ließ am Ende unter Hitler die Barbarei siegen. «Vielleicht hätte das Kaiserreich, wie Hitler meinte, Österreich in sich aufnehmen und früher auf eine Entscheidung mit Rußland drängen sollen. Eine große territoriale Sphäre im Osten hätte dem merkantilistischen Deutschland den Raum und die Ruhe gegeben, die es brauchte. 1914 aber war es zu spät. Deutschlands Handelsexpansion mußte den Zusammenschluß Frankreichs und Rußlands mit Großbritannien zur Folge haben. Am Ende war das kaiserliche Deutschland zu aggressiv, um noch friedlich akzeptiert zu werden, und vielleicht nicht aggressiv genug, um durch das Schwert Sicherheit zu erlangen.»

Daß der Imperialismus auch gesellschaftliche und geistige Hintergründe hatte, ist Calleo natürlich nicht entgangen. «Imperialismus war in der internationalen Arena der Ausdruck faustischer Faszination von unbegrenzter Macht und unbegrenztem Wachstum, ein Zeichen für den allgemeinen Verlust des Maßes, der alle modernen Gesellschaften befallen hatte.» Das klingt sehr tief, aber auch sehr unbestimmt. Calleos kulturphilosophische Spekulationen sind so ominös wie sein Räsonieren über den versäumten Lebensraumkrieg des Kaiserreiches fatal ist. Über die Gründe, weshalb Deutschland 1933 in die Barbarei stürzte, erfährt der Leser so gut wie nichts. Die Weimarer Republik wird von Calleo praktisch übersprungen: Hitler betritt die Bühne als eine Art diabolus ex machina. Es bleibt mir unerfindlich, warum selbst angesehene deutsche Historiker dieses, um das mindeste zu sagen, nicht eben tiefschürfende Buch bemerkenswert freundlich aufgenommen haben.

Aber vielleicht sollte man Calleo zugute halten, daß er in erster Linie einen politischen Zweck verfolgt: Er will einem amerikanischen Publikum vor Augen führen, daß die Nachkriegsordnung bereits sehr brüchig geworden ist und den Deutschen, nach seiner Ansicht, eines Tages auch wieder ganz andere Optionen offenstehen könnten als die atlantische – eine «national-bolschewistische» Politik nicht ausgeschlossen. Solche Überlegungen sind möglicherweise symptomatisch für das, was heute mancherorts an der amerikanischen Ostküste gedacht wird. Aber über vage Spekulationen geht Calleo in den aktuellen Passagen seines Buches nicht hinaus.

Von einem ganz anderen Kaliber als Calleos Mutmaßungen über Deutschland ist eine knappe Analyse, die der Kölner Historiker Andreas Hillgruber dem deutschen Problem gewidmet hat. Der Verlag zitiert auf der Rückseite des Einbands eine Besprechung der *Deutschen Tagespost*, wonach «Hillgruber hier mit dem Klischee von der ‹Einbahnstraße› der deutschen Geschichte der letzten hundert Jahre» aufräume. Der Rezensent dieses Blattes muß ein anderes Buch gelesen haben als ich. Hillgruber vermittelt ein Bild der deutschen Geschichte zwischen 1871 und 1945, in dem von Anfang an das Zwangsläufige und Verhängnisvolle überwiegt. Wenn manchen Sozialhistorikern oft vorgeworfen wird, sie stellten die deutsche Geschichte allzu deterministisch, ja teleologisch unter dem Blickwinkel des Jahres 1933 dar, dann müßten dieselben Kritiker dem Außenpolitiker Hillgruber eine ganz ähnliche Perspektive vorhalten.

Gewiß: Hillgruber zählt am Ende ein paar Jahre auf, an denen die Entwicklung vielleicht auch anders hätte verlaufen können, aber er führt die denkbaren Alternativen eigentlich nirgendwo aus. Da der Autor immer wieder die Zielvorstellungen der sozialen Führungsgruppen als Triebkraft der Außenpolitik herausarbeitet, muß man folgern: Eine qualitativ andere Außenpolitik wäre nur bei einer radikalen Änderung der gesellschaftlichen Machtverhältnisse möglich gewesen.

Hillgruber sagt es nicht so direkt, aber seine Analyse läßt keinen anderen Schluß zu: Ein Deutschland, das Weltmacht sein wollte, *mußte* scheitern. Einerseits konnte sich Europa mit der konservativen Reichsgründung Bismarcks gerade noch und auf jeden Fall sehr viel eher abfinden als mit den expansiven Plänen der Frankfurter Paulskirche. Andererseits machte es die wirtschaftliche und gesellschaftliche Entwicklung Deutschlands nach 1871 ganz unwahrscheinlich, daß sich Bismarcks Erben mit der halbhegemonialen Stellung zufriedengeben würden, die der Reichsgründer Deutschland 1871 verschafft hatte. Die deutsche Nationalstaatsgründung war ökonomisch überfällig und doch politisch fatal. Der Konflikt mit Europa war vorprogrammiert, wenn Deutschland sich die gleiche Art von Handlungsfreiheit sichern wollte, über welche die alten Nationalstaaten verfügten. Anders als Calleo tröstet Hillgruber seine Leser nicht mit bequemen Formeln wie der, das kaiserliche Deutschland sei auch nicht aggressiver gewesen als die übrigen großen Nationen. Er behält stets die geographische Lage Deutschlands im Auge und weiß daher, daß, wenn zwei dasselbe tun, es noch lange nicht dasselbe ist. Mit illusionsloser Schärfe spricht er nicht nur von den «weltpolitischen Ambitionen der großbürgerlichen sozialen Führungsschicht der Wilhelminischen Ära», sondern auch von dem Anteil, den die von dieser Zeit geprägten «alten sozialen Führungsgruppen» an der Politik des «Dritten Reiches» hatten. Konservative Apologeten werden an Hillgruber kaum eine Stütze finden.

Ob die deutschen Historiker jemals zu den sozialen Führungsgruppen zählten, ist zweifelhaft – zur geistigen Elite der Nation rechneten sie sich allemal. Der Bochumer Historiker Bernd Faulenbach hat sie zum Gegenstand eines umfangreichen Buches gemacht. Genau gesagt, geht es ihm um das Bild von der deutschen Geschichte des 19. Jahrhunderts, das die Historiker der Weimarer Republik entworfen haben. Wäre dieses Werk vor der Drucklegung Eley und Blackbourn zu Gesicht gekommen, eine ihrer Thesen hätte schwerlich das Licht der Welt erblickt: Der deutsche Sonderweg ist keine Konstruktion angelsächsischer Soziologen, die nach dem Zweiten Weltkrieg von linksliberalen deutschen Historikern kanonisiert wurde, sondern er war lange zuvor schon ein Glaubensbekenntnis des deutschen Bildungsbürgertums, formuliert von einer überwiegend konservativen Historikerschaft. Allerdings haben die Vorzeichen mittlerweile gewechselt. Was bis 1945 als Königsweg in die Moderne gepriesen wurde, gilt uns heute eher als eine schwere Hypothek der deutschen Geschichte.

Für die deutschen Historiker stand nach 1918 ein Ziel über allem anderen: Sie wollten die «Kriegsschuldlüge» der Alliierten widerlegen. Das hatte die methodische Konsequenz, daß sie sich mehr noch, als sie es wohl ohnehin getan hätten, der Diplomatiegeschichte widmeten und darüber die Sphäre von Wirtschaft und Gesellschaft vernachlässigten. Aber neben die außenpolitische Rechtfertigung des Kaiserreiches trat alsbald auch die innenpolitische. Daß Bismarck dem Reichstag die Kontrolle über die Außenpolitik ganz und über das Militärwesen sehr weitgehend vorenthalten hatte, erschien angesichts der machtpolitischen Unerfahrenheit des deutschen Bürgertums nur logisch. Überhaupt war ja Deutschland von außen so bedroht, daß es sich ein freiheitliches System wie das englische gar nicht leisten konnte. Der «Primat der Außenpolitik» erheischte den nationalen Machtstaat, und der war mit einer parlamentarischen Verfassung kaum zu vereinbaren.

Der Verklärung des deutschen Sonderwegs bis 1918 entsprach kühle Distanz zur Weimarer Republik. Die parlamentarische Demokratie galt den meisten Historikern bestenfalls als unvermeidbares Notdach; nur wenige deuteten sie als überfällige Anpassung an die politischen Normen des Westens. Dem Abbau der parlamentarischen Demokratie unter den Präsidialregierungen seit 1930 zollten nicht nur ausgesprochen «rechte» Historiker, sondern auch «Vernunftrepublikaner» wie Friedrich Meinecke Beifall. Den Aufstieg Hitlers wünschte und förderte nur eine kleine Minderheit, aber solange es schien, als wolle der neue Reichskanzler nur die Klassengegensätze überwinden und Deutschland in den Kreis der großen Mächte zurückführen, brachten ihm die meisten Geschichtswissenschaftler durchaus Sympathien entgegen.

Faulenbach interpretiert die Rechtfertigung des deutschen Sonderwegs auch als sozialpsychologisches Phänomen. Die Historiker entstammten in der Regel dem Bildungsbürgertum, einer durch Revolution und Geldentwertung zutiefst verunsicherten Schicht. Sie teilten und artikulierten die Ängste und Hoffnungen der meisten Akademiker. Wenn sie Massenkultur und Massendemokratie kritisierten, begründeten sie damit zugleich den Anspruch des gebildeten Bürgertums, als Elite anerkannt zu werden. Auch der Nationalismus der Historiker hatte seine gesellschaftlichen Wurzeln. Wenn Deutschland wieder zu nationalem Ansehen gelangte, hob sich das Selbstgefühl der Bildungsschicht. Denn welche andere Gruppe hätte mit gleichem Recht von sich sagen können, sie sei von Anfang an Träger des nationalen Gedankens gewesen?

Die Belege, die Faulenbach für seine These anführt, sind fast erdrückend. Die politischen Folgen, die die Mythisierung des deutschen Sonderweges hatte, liegen offen zutage: Die herrschende Lehre der deutschen Geschichtswissenschaft nährte das ohnehin weitverbreitete Unbehagen an der parlamentarischen Demokratie und trug damit zum Scheitern der Weimarer Republik bei. Faulenbach hält den deutschen Historikern einen äußerst selbstkritischen Spiegel vor, und das ist angesichts vieler Anzeichen von korporativer Selbstgerechtigkeit ein großes Verdienst. Aber seine gelehrte Untersuchung, eine von Rudolf Vierhaus angeregte Dissertation, hätte an intellektuellem Reiz doch noch erheblich gewonnen, wenn er systematischer zwischen wissenschaftlich begründbaren Argumenten und politischer Ideologie unterschieden hätte. Die konservative Kritik an den außenpolitischen Illusionen der Frankfurter Paulskirche ist ja nicht schon deswegen falsch, weil sie von einem konservativen Standpunkt aus geäußert wurde und wird. Und die von Hillgruber wieder aufgegriffene ältere These, Europa habe sich allenfalls noch mit der Reichsgründung

Bismarcks, nicht aber mit den ausufernden Nationalstaatsplänen von 1848 abfinden können, scheint mir schlechterdings nicht widerlegbar. Von da aus ergibt sich die grundsätzliche Frage, ob die linksliberale Kritik des deutschen Sonderwegs nicht überhaupt über die außenpolitischen Dimensionen der deutschen Frage bislang allzu schnell hinweggegangen ist.

Wenn die deutschen Historiker der Weimarer Republik einigermaßen typische Vertreter des gebildeten Bürgertums waren – und wer wollte daran zweifeln? –, dann legt Faulenbachs Werk aber noch eine andere Schlußfolgerung nahe. Die konservativen deutschen Publizisten, die uns unter Berufung auf Eley und Calleo verkünden, es habe gar keine Abweichung Deutschlands vom Pfad der westeuropäischen Geschichte gegeben, begehen geistigen Vatermord. Ihre Vorläufer waren ganz anderer Ansicht: Sie haben den deutschen Sonderweg bis zum bitteren Ende als den rechten Weg gerühmt. Der Jubel für Eley und Calleo, die das nicht zu wissen scheinen, zeigt also nicht nur Freude über die vermeintliche nationale Rehabilitierung Deutschlands an, er macht auch einen sozialpsychologischen Verdrängungsvorgang sichtbar.

Mancher gebildete Bürger hört es gern, wenn sein Milieu kollektiv von jeder Schuld am Nationalsozialismus freigesprochen wird. In diese Richtung zielte vor einiger Zeit die bekannte Parole, eigentlich sei der Nationalsozialismus eine Spielart des Sozialismus gewesen, und auf denselben Effekt ist die Behauptung abgestellt, die Jahre von 1933 bis 1945 seien eine Art Revolution der Unterschichten gewesen, während derer die Bildungsschicht tyrannisiert und wenn nicht in den aktiven Widerstand, so doch in die innere Emigration getrieben wurde (dies etwa der Tenor des Artikels von Friedrich Karl Fromme «Ein Stoiber, Staub aufwirbelnd» in der *Frankfurter Allgemeinen Zeitung* vom 18. Oktober 1979). Ist es wirklich erforderlich, daran zu erinnern, daß in allen Schaltstellen des «Dritten Reiches» und zumal in den obersten Rängen der SS Akademiker saßen? Ist schon ganz aus dem Bewußtsein verschwunden, daß der Antisemitismus vor 1933 in keiner sozialen Schicht mehr Anklang gefunden hat als im gebildeten Bürgertum und bei den Studenten? Repräsentativer als die radikalen Antisemiten waren gewiß die maßvolleren Gegner der westlichen Demokratie. Aber diese Gegnerschaft leugnen zu wollen, wäre ein Akt intellektueller Unredlichkeit. Weimar ist auch an seinem Bildungsbürgertum gescheitert.

Die Ausgangsfrage jener Historiker und Soziologen, die in kritischer Absicht von einem deutschen Sonderweg sprechen, lautete und lautet heute noch: Warum war Deutschland das einzige hochindustrialisierte Land, das im Zuge der Weltwirtschaftskrise nach 1929 sein demokratisches System aufgab und durch eine totalitäre Diktatur von rechts ersetzte? Die Antworten gehen weit auseinander, aber sie haben doch einen gemeinsamen Nenner: Deutschland war zu spät eine Demokratie geworden. Ohne die Weltwirtschaftskrise hätte Weimar vermutlich noch lange überleben können, aber ohne das fortwirkende Erbe der obrigkeitsstaatlichen Vergangenheit hätte die erste deutsche Demokratie wohl auch die Weltwirtschaftskrise überstanden. Daß Deutschland *vor* 1918 nicht parlamentarisch, sondern autoritär regiert wurde, hat seine politische Entwicklung *nach* 1918 entscheidend bestimmt. Wer wie die neueren revisionistischen Autoren hinter diese Einsicht zurückfällt, hat bei aller Gelehrsamkeit im Detail von der deutschen Geschichte nicht viel begriffen.

Deutschland unterschied sich von Frankreich und England viel weniger als etwa Rußland. Es gab eine Fülle von gesellschaftlichen und kulturellen Gemeinsamkeiten zwischen Deutschland und Westeuropa. Im Gegensatz zum Zarenreich war Deutschland von den großen europäischen Emanzipationsbewegungen – von der Reformation über die Aufklärung bis zum bürgerlichen Liberalismus und zum demokratischen Sozialismus – tief erfaßt worden. Und auch von den Ländern der Pyrenäenhalbinsel gilt, daß sie sich leichter von Europa abkapseln konnten als Deutschland. Aber gerade auf dem Hintergrund der Gemeinsamkeiten fallen die Unterschiede auf. Die Nähe zu Westeuropa berechtigt dazu, von einem deutschen Sonderweg zu sprechen.

Die deutsche Abweichung vom Westen sprang erst im 20. Jahrhundert aller Welt in die Augen, aber begonnen hatte sie lange zuvor. Während in Westeuropa die Nationalstaaten im Mittelalter entstanden, formten sich in der Mitte Europas viele Territorialstaaten heraus. Während sich in Frankreich und England große Teile des Bürgertums und auch des Adels gegen den Absolutismus des Königs auflehnten, scharten sich in den protestantischen deutschen Territorien die Bürger um den Landesherrn als den Verteidiger des neuen Glaubens. Während in Frankreich eine Revolution von unten den Absolutismus und die Überreste des Feudalismus hinwegfegte, setzten aufgeklärte Monarchen und Beamte in Deutschland auf rechtzeitige Reformen, ja auf eine Art Revolution von oben. «Revolutionen machen in Preußen nur die Könige», hat Bismarck einmal bemerkt, und revolutionäre Qualitäten bescheinigten seiner eigenen Politik Altkonservative, Liberale und Marxisten in seltener Eintracht.

Aber eine *bürgerliche* Revolution war es eben nicht, was Bismarck wollte und zuwege brachte. Das liberale Bürgertum Deutschlands erstrebte Einheit und Freiheit – und damit mehr als die französischen Revolutionäre von 1789. Denn die fanden den Nationalstaat ja schon vor, in dessen Rahmen sie dem «Dritten Stand» zu seinem Recht verhelfen wollten. Die doppelte Aufgabe, die sich die liberale Bewegung in Deutschland setzte, erwies sich als historische Überforderung. Die Einheit, wie sie die Paulskirche wollte, konnte Europa nicht verkraften; den liberalen Vorstellungen von Freiheit widersprach das Interesse der alten Führungsschichten. Deren Widerstand revolutionär zu brechen, war 1848 mißlungen – und einen zweiten Versuch gab es nicht.

Welche Chancen hätte ein liberaler *appel au peuple* denn auch gehabt? Die Bevölkerung des platten Landes in Ostelbien stand in Treue fest zu König und Gutsherr, und die Arbeiter hörten immer weniger auf die bürgerlichen Liberalen. Bismarck gab dem liberalen Bürgertum die nationale Einheit, und das Drängen auf mehr Freiheit, auf ein de facto parlamentarisches System, ließ in dem Maß nach, wie die liberalen Ängste vor einer Majorisierung durch politischen Katholizismus und marxistische Sozialdemokratie wuchsen. Nachträglich erwies sich die «Revolution von oben» als ein Klassenkompromiß zwischen den Führungsschichten des alten Preußen und dem liberalen Bürgertum. Die Getreidezölle verhalfen dem kaum noch wettbewerbsfähigen ostelbischen Großgrundbesitz zum Überleben auf Kosten der übrigen Gesellschaft – und Deutschland zu einem schier unlösbaren Strukturproblem.

Die Gelehrten streiten darüber, ob die Sozialdemokraten 1918/19, als ihnen unverhofft die Macht in den Schoß fiel, mit den Relikten des Kaiserreichs konsequenter hätten aufräumen können. Wahrscheinlich war ihr Handlungsspielraum viel größer, als sie selbst glaubten. Aber für eine Umwälzung großen Stils fehlten alle Voraussetzungen. Als hochindustrialisiertes Land brauchte Deutschland 1918 nach seiner militärischen Niederlage ein erhebliches Maß an administrativer Kontinuität. Außerdem hatte Deutschland damals auf Reichsebene schon fast ein halbes Jahrhundert lang das allgemeine Wahlrecht genossen – mit der Folge, daß auch das Gros der Arbeiter eine revolutionäre Erziehungsdiktatur als einen historischen Rückschritt empfunden hätte. Im Fall Ostelbiens rächte es sich aber auch, daß die Sozialdemokraten als traditionelle Marxisten ganz auf den «Grundwiderspruch» zwischen industriellem Kapital und industrieller Arbeit fixiert waren. Die Welt des Ritterguts war für sie ein Buch mit sieben Siegeln. Das ostelbische Problem blieb also ungelöst. Es erwies sich bald als eine der schwersten Hypotheken, die das Kaiserreich der Republik überlassen hatte.

Faßt man die Befunde der sozialgeschichtlichen Forschung und die Quintessenz von Hillgrubers Analyse zusammen, so ergibt sich folgender Schluß: Die Demokratie konnte in Deutschland keine dauerhaften Wurzeln schlagen, solange die Führungsschichten des Kaiserreiches ihre Machtpositionen ungeschmälert zu behaupten vermochten. Mit der Außenpolitik aber, die diese Eliten betrieben oder – nach 1933 – ermöglichten, konnten sich auf die Dauer Europa und die Welt nicht abfinden.

Hillgruber nennt das Jahr 1945 eine «weltgeschichtliche Zäsur». Mit Recht, denn damals wurde die «Weltgeschichte Europas» durch die Vorherrschaft der Flügelmächte, der Vereinigten Staaten und der Sowjetunion, abgelöst. Das Deutsche Reich gehört wohl definitiv der Vergangenheit an. Weder die Weltmächte noch Europa *können* (und die Deutschen selbst *sollten* nicht) wünschen, daß das derzeitige Gleichgewicht in Europa der Gefahr einer neuen deutschen Hegemonie weicht. Hoffnungen auf die Restauration eines deutschen Nationalstaates, gleichviel ob sie von rechts oder links kommen, wären also eitel.

Soll die Bundesrepublik deshalb auf den Begriff der deutschen Nation verzichten? Ich meine: nein. Bis heute sind die Folgen der Niederlage von 1945 höchst ungleich verteilt. Innerdeutsch gesehen, sind die Bundesbürger die Gewinner und die Deutschen in der DDR die Verlierer des Zweiten Weltkrieges. Daraus ergibt sich für die Bundesdeutschen die moralische Pflicht, zugunsten von Verhältnissen zu wirken, die ihre Landsleute in der DDR eher akzeptieren können als den bisherigen inneren Status quo ihres Regimes. Diese Pflicht läßt sich, wie mir scheint, am besten auf den Begriff der nationalen Solidarität bringen.

Der deutsche Sonderweg ist 1945 zu Ende gegangen. Das ostelbische Problem ist durch die Sowjetunion radikal gelöst worden. Auch im

Westen Deutschlands war der Bruch mit der Vergangenheit sehr viel tiefer als 1918: Ein Vergleich zwischen der Weimarer und der Bonner «Machtelite» zeigt das zur Genüge. Die deutsche Abweichung vom Westen zu verklären, wie es bis 1945 geschah, gibt es nicht den geringsten Anlaß. Aber wer den historischen deutschen Sonderweg nicht wahrhaben will, wird erneut in die Irre gehen.

3. EINE REVOLUTION VON OBEN

DER «DEUTSCHE KRIEG» VON 1866 ALS HISTORISCHE ZÄSUR

Juli 2016

«Casca il mondo» (Die Welt bricht zusammen), soll der Kardinalstaatssekretär Giacomo Antonelli, der «Außenminister» von Papst Pius IX., ausgerufen haben, als er am 3. Juli 1866 die Eilmeldung erhielt, bei Königgrätz in Ostböhmen seien die Truppen der Österreicher und Sachsen von den Preußen besiegt worden. Drastischer konnte die tiefe Zäsur nicht beschrieben werden, die der Ausgang jener Schlacht, einer der größten des 19. Jahrhunderts, für die deutsche und die europäische Geschichte bedeutet.

Am 3. Juli vor 150 Jahren wurde der «deutsche Krieg» von 1866 entschieden. Königgrätz (oder, wie man in Frankreich lieber sagte, Sadowa) steht für das Ausscheiden Österreichs aus Deutschland, für das Ende des 1815 auf dem Wiener Kongress gegründeten Deutschen Bundes – jenes Zusammenschlusses der deutschen Fürsten und freien Städte, der einen Ersatz schaffen sollte für das 1806 unter dem Druck Napoleons aufgelöste Heilige Römische Reich deutscher Nation. Der 3. Juli 1866 markiert den Höhe- und Endpunkt des «deutschen Dualismus», des historischen Gegensatzes zwischen dem protestantischen Hohenzollernstaat und dem katholischen Habsburgerreich.

Damit verschoben sich die Kräfteverhältnisse in Deutschland und Europa radikal. Ohne den Sieg der Preußen über die Österreicher und ihre Verbündeten aus den deutschen Mittelstaaten hätte es die Gründung des ersten deutschen Nationalstaates, des deutschen Kaiserreichs von 1871, nicht gegeben, von der der damalige konservative Oppositionsführer im britischen Unterhaus, Benjamin Disraeli, am 9. Februar 1871 sagte, sie sei «ein größeres politisches Ereignis als die Französische Revolution des vergangenen Jahrhunderts», weil sie das «Gleichgewicht der Macht» völlig zerstört habe. Königgrätz war ein Schlüsselereignis: Die deutsche und die europäische Geschichte hätten einen anderen Verlauf genommen, wäre es nicht zu dieser Schlacht gekommen oder hätten damals die österreichischen Vorderlader den Sieg über die preußischen Zündnadelgewehre davongetragen.

Dem deutschen Krieg von 1866 war 1864 der Krieg des Deutschen Bundes gegen Dänemark vorausgegangen. Ausgelöst hatte diesen Krieg Dänemark mit der völkerrechtswidrigen Annexion des Herzogtums Schleswig, das ebenso wie das Herzogtum Holstein durch eine Personalunion mit der dänischen Krone verbunden war, aber, anders als Holstein, nicht dem Deutschen Bund angehörte. Eine Folge der deutschen Niederlage im Krieg von 1864 war, daß Holstein im Jahr darauf unter österreichische und Schleswig unter preußische Verwaltung kam: eine provisorische Regelung, die im Januar 1866 zu einem schweren Konflikt zwischen Berlin und Wien führte. Am 7. Juni 1866 rückten preußische Truppen in Holstein ein. Eine Woche später beschloss der Bundestag in Frankfurt, das einzige Organ des Deutschen Bundes, auf Antrag Österreichs die Mobilmachung des Bundesheeres, soweit es nicht von Preußen gestellt wurde. Der Antrag wurde von allen Mittelstaaten mit Ausnahme Badens, das sich der Stimme enthielt, angenommen, worauf Preußen den Bundesvertrag für erloschen erklärte. Am 16. Juni marschierten preußische Truppen, nachdem Ultimaten verstrichen waren, in Sachsen, Hannover und Kurhessen ein. Am 21. Juni, wenige Stunden nach der Kriegserklärung an Österreich, überschritten andere preußische Verbände die Grenze zum österreichischen Böhmen.

Der Streit um die Zukunft der beiden Herzogtümer Schleswig und Holstein war nur das auslösende Moment, nicht die tiefere Ursache des Krieges von 1866. Unter der Führung Otto von Bismarcks, der seit dem September 1862 an der Spitze der Berliner Regierung stand, war Preußen immer weniger bereit, sich mit der nachgeordneten Rolle abzufinden, die Österreich, die Präsidialmacht des Deutschen Bundes, ihm zuzugestehen bereit war. Als Bismarck erst am 9. April, dann, in ausgefeilter Form, am 10. Juni 1866 im Bundestag den Antrag auf eine Reform der Bundesverfassung einbringen ließ, hoffte er, damit die öffentliche Meinung Deutschlands auf die Seite Preußens ziehen zu können. Tatsächlich war das, was der preußische Ministerpräsident vorschlug, geradezu revolutionär: Er forderte, ganz im Sinne der Liberalen und Demokraten von 1848/49, die Wahl eines deutschen Parlaments auf der Grundlage des allgemeinen gleichen Wahlrechts für Männer, wie es die Reichsverfassung der deutschen Nationalversammlung in der Frankfurter Paulskirche vom März 1849 vorgesehen hatte.

Doch Bismarcks Initiative stieß auf verbreitete Ablehnung. Die Übernahme liberaler Forderungen durch einen Regierungschef, der seit vier Jahren die vom König gewünschte Heeresreform gegen den erklärten Willen des Abgeordnetenhauses, also unter Bruch der Verfassung, betrieb, wirkte alles andere als glaubwürdig. Die Konfrontation mit Österreich war hingegen in Preußen durchaus populär, und das nicht nur im Lager der regierungstreuen konservativen Minderheit. Am 30. Juni 1866, neun Tage nach Kriegsbeginn, hieß es etwa in der Berliner *National-Zeitung*, einem der führenden Blätter der größten liberalen Partei, der Deutschen Fortschrittspartei: «Wenn auch kein volksfreundliches Ministerium bei uns am Ruder ist, den Österreichern gegenüber vertritt Preußen dennoch die deutsche Volksfreiheit, gleichwie im Dreißigjährigen Krieg die starren Lutheraner und Reformierten die Geistesfreiheit vertraten und retteten …»

In Wien sah man das naturgemäß anders. «Wofür Österreich nun zum Schlag ausholt», schrieb am 19. Juni 1866 die *Neue Freie Presse* in einem Kommentar zum Kaiserlichen Kriegsmanifest, «das ist die Idee der Freiheit in der Föderation; wogegen es jetzt seine Hiebe richtet, das ist der scheußliche, alles Recht vergiftende Cäsarismus, diese Seuche unserer Tage.» Im sogenannten «dritten Deutschland», den Mittel- und Kleinstaaten, war die öffentliche Meinung gespalten. Sympathien für Preußen gab es vor allem im evangelischen Norddeutschland. In den überwiegend katholischen Gebieten Bayerns, Württembergs und Badens war die Unterstützung für Österreich am stärksten. Die konfessionelle Spaltung spielte, wenn es um die Frage ging, für welche Seite man in dem Krieg von 1866 Partei ergreifen sollte, eine herausragende Rolle. Von militanten Protestanten wurde der preußische Sieg folgerichtig emphatisch gefeiert. So meinte etwa die *Protestantische Kirchenzeitung*, ein dem liberalen Deutschen Protestantenverein nahestehendes kulturkämpferisches Blatt, mit der Schlacht von Königgrätz habe «endlich der dreißigjährige Krieg seinen Abschluss gefunden» und der Sieg Preußens den «Ultramontanismus», also die Orientierung an Rom, «im deutschen Lande ein für allemal gebrochen; denn nicht Österreichs Macht und Tendenzen allein sind aus Deutschland hinausgewiesen, sondern auch das Papsttum hat mit ihm seine letzte weltliche Stütze in Europa eingebüßt.»

Aber so sehr sich auch die durchwegs nichtstaatlichen Kriegsideologen, vor allem auf evangelischer und liberaler Seite, um eine religiöse Sinnstiftung des dramatischen Geschehens bemühten: Ein Religionskrieg war der Krieg von 1866 nicht. Es war ein von Bismarck gewollter und geplanter Krieg um die Vorherrschaft Preußens in Deutschland – ein Krieg, bei dem, anders als bei einem reinen Kabinettskrieg, religiöse Parolen dazu dienten, Loyalitätsgefühle zu mobilisieren und so den Glauben an die Legitimität der eigenen Sache zu verstärken. «Erfinden» musste man den religiösen Hintergrund dieser höchst weltlichen Auseinandersetzung freilich nicht. Er war ebenso allgegenwärtig wie die Erinnerung an den Dreißigjährigen Krieg, die Urkatastrophe der deutschen Geschichte.

Die konfessionellen Verhältnisse der deutschen Staaten wirkten bewusstseins-, stil- und politikprägend. Preußen bildete ja keine Ausnahme, in einer bestimmten Hinsicht aber doch einen Sonderfall. Durch den Übertritt des brandenburgischen Kurfürsten Johann Sigismund vom lutherischen zum reformierten Glauben im Jahr 1613 war, in den Worten des Ökonomen und Wirtschaftshistorikers Alfred Müller-Armack, des Vaters des Begriffs «Soziale Marktwirtschaft», «dem lutherischen Lande eine calvinistische Spitze aufgesetzt» worden. Eine calvinistisch geprägte Staatsdynamik von oben traf auf eine lutherisch geformte Gehorsamsbereitschaft von unten: eine weltgeschichtlich einzigartige Konstellation.

Bismarck, selbst Lutheraner und kein Calvinist, sah sich in einer Tradition, die er während des preußischen Verfassungskonflikts der Jahre 1862 bis 1866 gegenüber Napoleon III., dem Kaiser der Franzosen, in die Worte fasste: «Revolutionen machen in Preußen nur die Könige.» Er mochte dabei an Friedrich den Großen und an die Zeit der Stein-Hardenbergischen Reformen zu Beginn des 19. Jahrhunderts denken, aber er dürfte auch seine eigene Politik gemeint haben. Was Bismarck zwischen 1862 und 1871 ins Werk setzte, war nicht weniger als eine «Revolution von oben». «Soll Revolution sein, so wollen wir sie lieber machen als erleiden»: Zu diesem Motto bekannte er sich am 11. August 1866, wenige Wochen nach Königgrätz, in einem Telegramm an den General Edwin von Manteuffel.

Von einer «Revolution» oder einer «Revolution von oben» sprachen schon 1866 viele Zeitgenossen der unterschiedlichsten Couleur, als einer der ersten der aus der Schweiz stammende, damals in Heidelberg lehrende Jurist Johann Caspar Bluntschli, der Vorsitzende des Deutschen Protestantenvereins. Er sah bereits am 23. Juni 1866 im deutschen Krieg «nichts anderes als die deutsche Revolution in Kriegsform, geleitet von oben statt von unten». Sein Landsmann, der berühmte Historiker Jacob Burckhardt, nannte wenig später die «große deutsche Revolution» von 1866 eine «abgeschnittene Krisis ersten Ranges. Ohne dieselbe wäre in Preußen das bisherige Staatswesen mit seinen starken Wurzeln wohl noch vorhanden, aber eingeengt und beängstigt durch die konstitutionellen und negativen Kräfte des Innern; jetzt überwog die nationale Frage die konstitutionelle bei weitem.»

Daß die nationale Frage nunmehr Vorrang vor der konstitutionellen hatte, zeigte sich schon am 3. Juli 1866. Am gleichen Tag, an dem die preußischen Truppen den historischen Sieg von Königgrätz errangen, fanden in Preußen Wahlen zum Abgeordnetenhaus statt. Sie brachten den regierungstreuen Konservativen, die den Wahlkampf mit patriotischen Parolen bestritten hatten, hohe Stimmengewinne und den liberalen Verteidigern der Verfassung schwere Verluste. Der rechte Flügel der am weitesten links stehenden liberalen Partei, der Deutschen Fortschrittspartei, zog daraus die Konsequenz, der Einheit Deutschlands einstweilen Vorrang vor der Liberalisierung Preußens einzuräumen, und gründete wenig später die Nationalliberale Partei, die sich zu ebendiesem Prinzip bekannte.

«Ist nicht die Einheit selbst ein Stück Freiheit?», fragte einer der prominentesten Sprecher der Nationalliberalen, Ludwig Bamberger, im Dezember 1866 in einem Aufruf an die Wähler in Rheinhessen anlässlich der Landtagswahlen in Hessen-Darmstadt. Sein Parteifreund Hans Viktor von Unruh, wie Bamberger ein einstiger achtundvierziger Demokrat, bescheinigte am 1. Dezember 1866 im preußischen Abgeordnetenhaus der Außenpolitik Bismarcks dieselbe Tendenz wie der friderizianischen Politik, und die sei nicht konservativ, sondern revolutionär gewesen. In diesem Sinne sei auch die Politik des Grafen Bismarck «nicht konservativ, sondern, wenn Sie wollen, revolutionär ... Ich billige diese Tendenz der

Bismarckschen Politik ganz vollkommen …, ich halte sie für unbedingt notwendig für das Interesse Preußens, für die Zukunft Preußens und auch für das Interesse Deutschlands; aber konservativ, meine Herren, ist diese Politik nicht.»

Als «revolutionär» empfanden auch viele der Unterlegenen von 1866 Bismarcks Politik. Im Herbst jenes Jahres schrieb der österreichische Generalstabschef von Hess an den preußischen Generalfeldmarschall Graf Friedrich von Wrangel: «Nun ist die Revolution von oben durch Euch in Mode gekommen. Wehe Euch doppelt, wenn sie Euch nach weggespültem Rechtsgefühl in der Flut der Zeiten einmal selbst ergreift. Dann seid Ihr verloren.» Ein katholischer Publizist aus Bayern, der Redakteur der «Historisch-politischen Blätter für das katholische Deutschland», Joseph Edmund Jörg, der spätere Vorsitzende der Bayerischen Patriotenpartei, fand, durch die Sprengung des Deutschen Bundes sei über das deutsche Volk «eine Zerstörung seiner politischen Basis und eingewöhnten Lebensbedingungen gekommen, wie seit tausend Jahren nicht mehr.»

Der Mann, der Ende 1866 an die Spitze der bayerischen Regierung trat (und knapp drei Jahrzehnte später, von 1894 bis 1900, als zweiter Nachfolger Bismarcks das Amt des deutschen Reichskanzlers ausüben sollte), Fürst Chlodwig zu Hohenlohe-Schillingsfürst, kam zu einem gänzlich anderen Urteil. «Ich betrachte die jetzige Katastrophe mit großer Ruhe», notierte er am 13. Juli 1866, zehn Tage nach Königgrätz, in sein Tagebuch. «Sie war unvermeidlich, weil der Gegensatz zwischen Österreich und Preußen zum Austrag und zur Entscheidung kommen musste; und es war besser jetzt als zehn Jahre später. Sie ist aber heilsam, weil sie viele verrottete Zustände in Deutschland aufräumt und namentlich den Mittel- und Kleinstaaten ihre Nichtigkeit und Erbärmlichkeit recht klar ad hominem (ganz persönlich, H.A.W.) demonstriert. Daß das für die Dynastien ein Unglück ist, gebe ich zu, für die Völker ist es ein Glück.»

Dem Deutschen Bund, der im Gefolge des Krieges von 1866 aufgelöst wurde, trauerte Hohenlohe nicht nach. Er hatte gute Gründe für diese Einschätzung. Eine Zukunft hätte der Deutsche Bund nur gehabt, wenn drei Voraussetzungen erfüllt gewesen wären. Erstens wäre zwischen den beiden Großmächten Österreich und Preußen ein hohes Maß an wechselseitiger Rücksichtnahme notwendig gewesen. Zweitens hätte das sogenannte «Dritte Deutschland» oder die Trias, das heißt die Gesamtheit der Mittelstaaten, einigermaßen einig auftreten müssen. Drittens hätte der Deutsche Bund den Freiheitsideen der Zeit angemessenen Raum gewähren müssen. In dem halben Jahrhundert, in dem der Deutsche Bund, wenn auch mit einer Unterbrechung während der Revolution von 1848/49, bestand, nämlich von 1815 bis 1866, waren die ersten beiden Bedingungen nur zeitweilig und seit 1850 mit abnehmender Tendenz gegeben, die dritte zu keiner Zeit. Der Deutsche Bund war gegen den liberalen Zeitgeist, gegen die Ideen der beiden atlantischen Revolutionen des späten 18. Jahrhunderts, der Amerikanischen Revolution von 1776 und der Französischen Revolution von 1789, also gegen die politischen Konsequenzen der Aufklärung gegründet worden. Um ihn gegen die bürgerliche Einheits- und Freiheitsbewegung dauerhaft aufrechtzuerhalten, hätte nach 1866 auch schärfste politische Repression nicht mehr ausgereicht.

Der Ausgang des deutschen Krieges ermöglichte Bismarck jenen Pakt mit der deutschen Nationalbewegung, den er vor Königgrätz nicht hätte schließen können. Seine «Revolution von oben» war die preußische Antwort auf die Revolution von 1948, die letztlich an ihrer ehrgeizigen Doppelforderung, Freiheit und Einheit, gescheitert war. Bismarck verwirklichte etappenweise, durch die Kriege gegen Dänemark, Österreich und schließlich 1870/71 gegen Frankreich, die Einheitsforderung der Achtundvierziger im «kleindeutschen» Sinn, also ohne Österreich und unter Führung Preußens, die Freiheitsforderung von 1848 aber erfüllte er nur teilweise. Er führte zwar 1867 im neugegründeten Norddeutschen Bund und 1871 im Deutschen Reich das allgemeine, gleiche Wahlrecht für Männer ein – eine fortschrittliche Errungenschaft, auf die liberale Mustermonarchien wie Großbritannien oder Belgien noch lange warten mussten. Eine parlamentarische Verantwortung der Regierung aber lehnten nicht nur er und sein Monarch, Wilhelm I., sondern auch die anderen deutschen Staaten ab. Zu einer parlamentarischen Monarchie wurde Deutschland erst im Oktober 1918 im Schatten seiner Niederlage im Ersten Weltkrieg: eine fatale Konstellation, die sich als schwere Vorbelastung der ersten deutschen Demokratie, der Republik von Weimar, und einer der tieferen Gründe ihres Scheiterns erweisen sollte.

Daß der rechte Flügel des deutschen Liberalismus, an seiner Spitze die Nationalliberale Partei, seit 1867 rund zwölf Jahre lang mit Bismarck zusammenarbeitete, beruhte auf nüchternem Kalkül. Während die Habsburgermonarchie sich über die Jahrhunderte hinweg aus Deutschland hinausentwickelt hatte, war Preußen gewissermaßen in Deutschland hineingewachsen. Zu Beginn der Revolution von 1848 hatten die deutschen Liberalen und Demokraten noch geglaubt, zu einem deutschen Nationalstaat müssten auch die deutschsprachigen Teile des Habsburgerreiches gehören. Doch nach dem Sieg der Gegenrevolution in Wien im Oktober 1848 gewann die Einsicht an Boden, die der Greifswalder Paulskirchenabgeordnete Georg Beseler, ein gebürtiger Schleswig-Holsteiner, im Januar 1849 auf die Formel brachte: «Das Warten auf Österreich ist das Sterben der deutschen Einheit.» Als «Bürger-» oder «Bruderkrieg» empfand man den Krieg von 1866 vielfach im katholischen Süddeutschland und in den Reihen der entschiedenen Demokraten bis hin zu August Bebel und Wilhelm Liebknecht in Sachsen. Unter den norddeutschen Liberalen tat das kaum noch jemand. Und anders als vielen der Besiegten wäre es diesen auch nicht in den Sinn gekommen, das Ergebnis des Krieges als Spaltung Deutschlands zu beklagen.

Die Wandlung von «Großdeutschen» zu «Kleindeutschen» war eine der Voraussetzungen für das Zusammenspiel zwischen Bismarck und den Nationalliberalen. Die andere war die Bereitschaft des preußischen Ministerpräsidenten, den (von ihm geleugneten) Verfassungsbruch der Jahre 1862 bis 1866 zu heilen: Am 14. August 1866 ersuchte er das Abgeordnetenhaus um «Indemnität», das heißt um die nachträgliche Billigung des vierjährigen budgetlosen Regiments. Das war weder ein Schuldeingeständnis noch ein Versprechen, künftig nicht wieder so zu handeln wie in der «Konfliktszeit», wohl aber ermöglichte Bismarck auf diese Weise die Rückkehr zur konstitutionellen Normalität. Das Indemnitätsgesetz, eine Art rückwirkendes Ermächtigungsgesetz und ein typischer «dilatorischer Formelkompromiss» im Sinne des Staatsrechtlers Carl Schmitt, legte den Grund für die inneren Machtverhältnisse der Hohenzollernmonarchie bis zu ihrem Untergang in der Revolution von 1918/19.

Die deutsche Nationalbewegung war nicht die einzige, die 1866 den Sieg Preußens über Österreich begrüßte. Auch die nationalgesinnten Kräfte in dem 1861 gegründeten Königreich Italien taten es. Am 8. April 1866 hatte Preußen ein geheimes, auf drei Monate befristetes Offensiv- und Defensivbündnis mit Italien geschlossen. Es widersprach dem Bundesrecht ebenso wie der gleichfalls geheime Vertrag, den Österreich am 12. Juni 1866 mit Napoleon III. schloss. Wien sicherte sich darin die Neutralität Frankreichs für den Fall eines Krieges mit Preußen. Für diese Zusage musste Österreich einen hohen Preis zahlen: Es stimmte dem Verzicht auf das immer noch habsburgische Venetien zu, falls es auf dem deutschen Kriegsschauplatz siegen sollte. Im Falle eines Sieges in Italien sollte es dort beim Status quo bleiben. Außerdem willigte Österreich in die Umwandlung der preußischen Rheinprovinz in einen formal unabhängigen, tatsächlich von Frankreich abhängigen Staat ein.

Tatsächlich konnten die Österreicher den Italienern im Juni und Juli 1866 zu Lande und zur See schwere Niederlagen zufügen. Aber schon vor Königgrätz hatte Franz Joseph Frankreich die Abtretung von Venetien angeboten und Napoleon III. um Vermittlung gebeten. Am 5. Juli kam der Kaiser der Franzosen dieser Bitte nach und dehnte sie auf Preußen aus, dem er zwar einen Machtzuwachs nördlich der Mainlinie, aber auch nicht mehr als das zugestehen wollte. Bismarck war überzeugt, daß ein Krieg mit Frankreich Preußens Kräfte zu diesem Zeitpunkt überfordert hätte, und war deshalb zur Verständigung mit Napoleon bereit. Er begnügte sich mit der Annexion von Hannover, Kurhessen, Nassau und der Freien Stadt Frankfurt, die sich auf die Seite Österreichs gestellt hatten, mit der Angliederung Schleswig-Holsteins sowie der Bildung einer preußisch geführten Union nördlich des Mains, des im Januar 1867 gegründeten Norddeutschen Bundes. Er sicherte zwar den süddeutschen Staaten den Fortbestand ihrer Unabhängigkeit und Österreich die territoriale Integrität ohne Venetien zu. Die Abtretung von linksrheinischen Gebieten an Frankreich lehnte Bismarck dagegen entschieden ab.

Im Oktober 1866 konnte Italien sich Venetien einverleiben und sich diesen Erwerb plebiszitär bestätigen lassen. Zur Vollendung des italienischen Nationalstaates fehlte nun nur noch der Kirchenstaat, der seit 1849 unter dem Schutz einer französischen Garnison stand. Sein Gebiet konnte das Königreich Italien erst im September 1870, im Gefolge des Deutsch-Französischen Krieges, seinem Territorium hinzufügen – und im Sommer 1871 seine Hauptstadt von Florenz nach Rom verlegen.

Das besiegte Österreich hätte Bismarck auch dann schonend behandelt, wenn er nicht von Napoleon III. dazu gedrängt worden wäre. Als er gegen den erbitterten Widerstand König Wilhelms I. im Präliminarfrieden von Nikolsburg Ende Juli und später, Ende August 1866, im Prager Frieden seine Vorstellungen durchsetzte, hatte er ein klares Ziel vor Augen: Er wollte Österreich, nachdem es gleichzeitig seine Machstellung in Deutschland und Oberitalien eingebüßt hatte und so zu einer Großmacht minderen Ranges als Preußen geworden war, nicht weiter demütigen, sondern sich die Möglichkeit offenhalten, den Kaiserstaat, mit dem Deutschland so vieles verband, als künftigen Bundesgenossen wiederzugewinnen – was dann 13 Jahre später, durch den Zweibund von 1879, geschah.

Die Habsburgermonarchie gab sich nach dem Ende des Deutschen Bundes eine neue Gestalt. Sie begann mit der Suche nach einem Ausgleich mit Ungarn, die im Dezember 1867 in die Errichtung der «Kaiserlichen und Königlichen» Doppelmonarchie Österreich-Ungarn mündete. Im gleichen Monat erhielt Österreich eine Verfassung, die Cisleithanien, die nichtungarische Reichshälfte, endgültig zu dem machte, was Preußen schon seit Ende 1849 war: eine konstitutionelle Monarchie.

Nicht alle Entscheidungen von 1866 waren von langer Dauer. Die liberale Nationalbewegung Deutschlands sah im Norddeutschen Bund von Anfang an nur ein Provisorium, das es so rasch wie möglich zugunsten eines deutschen Nationalstaates zu überwinden galt. Bismarck agierte vorsichtiger und tat den entscheidenden Schritt in diese Richtung erst, als ihm Napoleon III. im Sommer 1870 durch das demütigende Ansinnen, der König von Preußen solle für alle Zukunft auf die Kandidatur eines Prinzen aus dem Haus Hohenzollern für den spanischen Königsthron verzichten, die Chance bot, die öffentliche Meinung und die Regierungen Süddeutschlands auf die Seite Preußens zu ziehen. Für das übrige Europa war die kleindeutsche Lösung, wie Bismarck sie zwischen 1866 und 1871 verwirklichte, allemal ein erträglicheres Übel als ein großdeutscher Nationalstaat unter Einschluss des deutschsprachigen Österreich. Die Möglichkeit, dass Bismarcks Nachfolger mit der Macht des Deutschen Reiches weniger besonnen umgehen würden als der erste Reichskanzler, mochten manche Zeitgenossen vorhersehen. Die gängige Einschätzung der anderen europäischen Mächte war dies in den ersten beiden Jahrzehnten des Kaiserreichs nicht.

Von den Großdeutschen des Jahres 1866 wollten längst nicht alle sich mit dem Ergebnis des Krieges abfinden. In Österreich galt das vor allem für die «Alldeutsche Bewegung» um den radikalen Antisemiten Georg

Ritter von Schönerer, dem es schon 1882 gelungen war, die Deutschliberale Partei in ihrem Linzer Programm auf einen deutschnationalen Kurs festzulegen. Aber auch auf der politischen Linken blieb der großdeutsche Gedanke lebendig. Als Ende 1918 die Habsburger- wie die Hohenzollernmonarchie untergingen, traten in Österreich wie in Deutschland die Sozialdemokraten, nach eigener Einschätzung die wahren Erben der Revolution von 1848, als die entschiedensten Vorkämpfer der einen, großdeutschen Republik auf: ein Anliegen, mit dem sie angesichts der ablehnenden Haltung der Siegermächte des Ersten Weltkriegs, vor allem Frankreichs, nur Schiffbruch erleiden konnten. Zwei Jahrzehnte später, 1938, vollzog der geborene Österreicher Adolf Hitler den «Anschluss» seiner Heimat an das Deutsche Reich. Die sieben Jahre, die darauf folgten, reichten aus, um den großdeutschen Gedanken für immer zu diskreditieren.

124 Jahre nach dem deutschen Krieg von 1866 und 119 Jahre nach der Reichsgründung von 1871 wurde die kleindeutsche Lösung noch einmal bestätigt: durch die völkerrechtliche Grundlage des wiedervereinigten Deutschland, den Zwei-plus-Vier-Vertrag von 1990. Er fügte zusammen, was nach den beiden Weltkriegen vom ersten deutschen Nationalstaat noch übrig war. Es gibt also gute Gründe, sich der Entscheidungen zu erinnern, die im Sommer 1866, vor 150 Jahren, fielen. Sie prägten die Folgezeit, und sie wirken auch heute noch nach.

4. UND ERLÖSE UNS VON DER KRIEGSSCHULD

DIE DEUTSCHE BEGEISTERUNG FÜR CHRISTOPHER CLARKS «SCHLAFWANDLER» LÄSST TIEF BLICKEN

Juli 2014

I.

Ein Effekt bewegt Deutschland: der Clark-Effekt. Seit fast einem Jahr hält sich das Buch des australischen, in England lehrenden Historikers Christopher Clark «Die Schlafwandler. Wie Europa in den Ersten Weltkrieg zog» in den Bestsellerlisten. Nicht anders als das sechs Jahre zuvor auf deutsch erschienene Preußenbuch des Autors ist auch sein neues Werk glänzend geschrieben. Es beruht auf umfangreichen Archivstudien in acht Ländern. Es hellt die südosteuropäische Vorgeschichte des Ersten Weltkriegs umfassend auf und wirft nicht nur auf die serbische Politik im Vorfeld des Attentats von Sarajewo neues Licht, sondern auch auf die aktive Rolle, die Russland und Frankreich bei der Anhäufung von Konfliktstoff an der Südwestgrenze des Habsburgerreiches spielten. Dass die Krise von 1914 außerordentlich komplex war, ist eine der zentralen Aussagen Clarks. Er belegt sie höchst eindrucksvoll.

Der Erfolg des Buches in Deutschland hat aber noch einen anderen Grund. Was Clark über die Berliner Politik in der Julikrise von 1914 schreibt, ist von einem hohen Maß an Verständnis, ja Sympathie geprägt. Der «Blankoscheck», den das Deutsche Reich am 6. Juli, acht Tage nach der Ermordung des Wiener Thronfolgerpaars in Sarajewo, dem Zweibundpartner Österreich-Ungarn ausstellte, war nach dem Urteil der meisten Historiker eine fatale Wendung auf dem Weg in den Ersten Weltkrieg: Er ermöglichte erst jenes österreichische Ultimatum an Serbien vom 23. Juli, das die entscheidende Eskalation brachte. Clark hingegen sieht in der Berliner Vollmacht für Wien «eigentlich keine risikofreudige Strategie, sondern eine Strategie mit dem Ziel, das wahre Ausmaß der von Russland ausgehenden Bedrohung zu sondieren».

Die Überwältigung der zivilen Reichsleitung in Berlin durch das Militär in den Wochen vor Kriegsausbruch leugnet Clark, wenn er pauschal feststellt: «In Russland, Deutschland und Österreich, Großbritannien und Frankreich blieb die militärische Planung letztlich den politischen und strategischen Zielen der zivilen Führungen untergeordnet.» Er attestiert dem «Vorkriegssystem», es habe 1914 in einer Konstellation gesteckt, «aus der Krieg der einzige Ausweg war». Eine Kriegsschuldfrage stellt sich für ihn folglich gar nicht mehr. «Die Krise, die im Jahr 1914 zum Krieg führte, war die Frucht einer gemeinsamen politischen Kultur.»

Deutschland wäre, wenn Clark recht hätte, in Sachen Verantwortung für den Ersten Weltkrieg gewissermaßen aus dem Schneider. Zwar vertritt kaum noch jemand die These von einer Alleinschuld Deutschlands, wohl aber wird in der einschlägigen Literatur häufig von der Hauptverantwortung Deutschlands oder der beiden Mittelmächte Deutschland und Österreich-Ungarn gesprochen. Dass Clark mit seiner Behauptung von der immanenten Kriegslogik des Vorkriegssystems die Schuldfrage beiseite schiebt, erklärt die überwältigende Zustimmung, auf die er in Deutschland, und *nur* hier, stößt. Er hat ein großes, überwiegend älteres und konservativ gestimmtes bildungsbürgerliches Publikum gefunden, in dem manche ihn geradezu wie einen Erlöser feiern. Er gilt inzwischen vielen als Befreier von jener nationalen Selbstdemütigung, der sich Deutschland unterzogen hat, als sich vor einem halben Jahrhundert die Thesen des Hamburger Historikers Fritz Fischer, des Autors des 1961 erschienenen Buches «Griff nach der Weltmacht» und des acht Jahre später publizierten, von Übertreibungen und Einseitigkeiten nicht freien Folgebandes «Krieg der Illusionen», über die kriegerischen Ambitionen des wilhelminischen Reiches in der Geschichtswissenschaft und der Öffentlichkeit durchzusetzen begannen.

Clarks Beispiel hat Schule gemacht. Der Berliner Politikwissenschaftler Herfried Münkler schließt sich in seinem, in vieler Hinsicht höchst bemerkenswerten Buch «Der große Krieg» bei der Behandlung der Julikrise seinem australischen Kollegen an. Er nennt die deutsche Politik im

Sommer 1914 «waghalsig», «verantwortungslos» aber sei sie keineswegs gewesen. Zum deutschen Blankoscheck an Österreich bemerkt er, Berlin habe auf Risiko gespielt, «um die Gefahr eines eskalierenden Krieges zu bannen, und eröffnete Wien die Möglichkeit eines begrenzten Militärschlags gegen Serbien, um einen Krieg gegen Russland mit allen zu erwartenden Weiterungen zu verhindern». Fritz Fischer, dem Münkler, stark vergröbernd, die These von der Alleinschuld Deutschlands am Ersten Weltkrieg unterstellt, ist aus seiner Sicht der Urheber eines Geschichtsbildes, das es auch aus aktuellen politischen Gründen zu überwinden gilt, nämlich der Auffassung: «Weil wir historisch schuldig sind, müssen, ja dürfen wir außenpolitisch nirgendwo mitmachen; wir kaufen uns lieber frei, wenn es darum geht, Europa an den Krisenrändern zu stabilisieren» (so Münkler in einem Interview mit der *Süddeutschen Zeitung*).

Eine Gruppe von drei jüngeren Historikern und eine Publizistin – Dominik Geppert, Sönke Neitzel, Cora Stephan und Thomas Weber – fühlte sich durch Clark und Münkler ermutigt, Anfang 2014 in einem gemeinsamen Artikel für die Tageszeitung *Die Welt* erleichtert festzustellen: «Die Schuldfrage, in deutscher Selbstbezogenheit lange Zeit der zentrale Begriff, ob als Skandalon oder als Selbstbezichtigung, spielt … keine entscheidende Rolle mehr.» Der Erste Weltkrieg sei der Beginn vieler Schrecken gewesen, darunter der «Moralisierung des Krieges». Die multipolare Welt von heute erfordere mehr denn je, «die realpolitische, nicht die moralische Antwort auf das Weltgeschehen». Anders als Münkler verbinden die Vier von der «Welt» ihren Beitrag zur Revision früherer Kriegsschuldthesen nicht mit einem Plädoyer für mehr außenpolitische Verantwortung, sondern mit einer Absage an die supranationale Einbindung Deutschlands: Die hierzulande beliebte Vorstellung von der friedensstiftenden europäischen Einigung beruhe, sofern sie das Nationale überwinden wolle, auf falschen Prämissen – der seit den sechziger Jahren «unter deutschen Politikern, in Schulen und Redaktionsstuben verbreiteten Weltsicht …, Deutschland habe nicht nur den zweiten, sondern auch den ersten der beiden Weltkriege angezettelt.»

Noch bündiger fertigt ein anderer Autor, Jörg Friedrich, die Moralisten in Wissenschaft und Öffentlichkeit ab. «Die ‹Schuld am Weltkrieg› gehört zum Propagandasektor», schreibt er in seinem Buch «14/18. Der Weg nach Versailles». In einem Interview mit dem Magazin *Cicero* nennt

Friedrich das deutsche Publikum schuldverliebt. «Aber schuld ist jemand an einem Verkehrsunfall, nicht an dem gegenseitigen Abschlachten von Abermillionen Leuten.» Schuld sei keine historische Kategorie. «Niemand fragt, wer schuld gewesen sein soll an der Reformation oder der Völkerwanderung. Das ist Quatsch.»

II.

Die Revisionisten in Sachen 1914 von Clark bis Friedrich unterscheiden sich in vielem. Gemeinsam ist ihnen, soweit es um die Vorgeschichte des Ersten Weltkrieges geht, eine altmodisch wirkende Konzentration auf die Diplomatiegeschichte, die Geschichte der «Haupt- und Staatsaktionen». Von den politischen Systemen und den Gesellschaften der beteiligten Großmächte ist so gut wie gar nicht die Rede. Diese Blickverengung hat ihren Preis. Sie erschwert einen Vergleich der Kriegsbereitschaft bei den einzelnen Nationen. In allen Ländern, deren Armeen sich seit August 1914 im Kampf befanden, gab es «Kriegsparteien». Aber sie waren nicht überall gleich stark, und entsprechend unterschiedlich war der Grad der Militarisierung der Gesellschaft und des politischen Denkens. Die Frage, warum das so war und was es bedeutete, wird von den Revisionisten nicht gestellt, um nicht zu sagen: verdrängt.

Dass die Kriegspartei in Deutschland sehr viel stärker war als in Großbritannien und Frankreich, hatte Gründe, die weit in die Vergangenheit zurückreichen. Deutschland war keine parlamentarische, sondern eine konstitutionelle Monarchie. Der Reichskanzler war dem Kaiser, nicht dem Reichstag verantwortlich. Die militärische Kommandogewalt des Königs von Preußen, der in Personalunion Deutscher Kaiser war, bedurfte nicht der ministeriellen Gegenzeichnung. Damit ragte ein Stück Absolutismus in das Verfassungsrecht und die Verfassungswirklichkeit des Kaiserreichs hinein.

Der Aufstieg der Sozialdemokraten, die schon seit 1890 die stärkste Partei waren und nach den Reichstagswahlen vom Januar 1912 auch zur stärksten Fraktion wurden, erfüllte die herrschenden Schichten mit großer Sorge. Manche Politiker und Publizisten der Rechten hielten einen

Krieg für den einzigen Ausweg, um die Gefahr eines weiteren Linksrucks und einer Demokratisierung des Kaiserreichs dauerhaft zu bannen. 1911, während der zweiten Marokkokrise, schrieb etwa das «Deutsche Armeeblatt»: «Für die inneren Verhältnisse wäre ein großzügiger Waffengang auch recht gut, wenn er auch den einzelnen Familien Tränen und Schmerzen bringt.» In der *Post*, der führenden Zeitung der freikonservativen Deutschen Reichspartei, war am 26. August 1911 zu lesen: «In weiten Kreisen herrscht die Überzeugung, dass ein Krieg nur vorteilhaft sein kann, indem unsere prekäre politische Lage geklärt und die Gesundung vieler politischer und sozialer Zustände herbeigeführt wird.» Als August Bebel, der Vorsitzende der SPD, am 9. November 1911 diese Stimmen im Reichstag zitierte, um anschließend vor der Katastrophe eines Weltkrieges, dem «großen Kladderadatsch», zu warnen, verzeichnete das Protokoll mehrfach «Lachen» und «große Heiterkeit» und den Zuruf von rechts: «Nach jedem Krieg wird es besser.»

Reichskanzler Theobald von Bethmann Hollweg teilte nicht die Meinung der Kriegspartei, dass ein Krieg Deutschland aus seiner innenpolitischen Sackgasse führen würde. Anders als die Konservativen, der Alldeutsche Verband und der Deutsche Wehrverein befürchtete er von einem Krieg vielmehr eine weitere Stärkung der Sozialdemokratie, ja den Sturz der Monarchie. Er lehnte auch, anders als die maßgeblichen Militärs und die Parteien und Agitationsverbände der Rechten, einen Präventivkrieg gegen die Mächte der Tripleentente, also Russland, Frankreich, Großbritannien, bis in den Sommer 1914 hinein ab. Nach dem Attentat von Sarajewo aber änderte er seine Linie. Er gab dem Drängen des Militärs nach und tat, was die Kriegspartei von ihm erwartete: Mit dem Blankoscheck an Österreich nahm er bewusst das Risiko in Kauf, dass aus dem Konflikt zwischen Wien und Belgrad sich binnen kurzem ein Weltkrieg entwickeln konnte.

Die Gründe für sein Umschwenken hat Bethmann Hollweg am 24. Februar 1918, wenige Monate nach seinem Sturz als Reichkanzler, in einem Gespräch mit dem Abgeordneten Conrad Haußmann von der Fortschrittlichen Volkspartei zumindest angedeutet. «Ja, Gott, in gewissem Sinn war es ein Präventivkrieg. Aber wenn der Krieg über uns hing, wenn er in zwei Jahren noch viel gefährlicher und unentrinnbarer gekommen wäre und wenn die Militärs sagen, jetzt ist es noch möglich, ohne zu unterliegen, in zwei Jahren nicht mehr. Ja, die Militärs.» Den ehemaligen Regierungschef plagten Skrupel und Zweifel. Der Krieg wühle in ihm, er frage sich, ob er sich hätte vermeiden lassen, was er, Bethmann Hollweg, hätte anders machen können. «Alle Völker haben eine Schuld, auch Deutschland hat eine große Mitschuld.»

Im Gegensatz zu den revisionistischen Historikern von heute wich der Kanzler des Jahres 1914 der Schuldfrage rückblickend also nicht aus. Er begnügte sich nicht mit dem Hinweis auf die Rolle der Kriegspartei in Russland und die Ermutigung, die ihr seitens des französischen Präsidenten Raymond Poincaré zuteil wurde. Er berief sich auch nicht auf irgendwelche unüberwindlichen Zwänge. Er handelte im Juli 1914 nach eigenem Zeugnis nicht als «Schlafwandler», sondern, entgegen seiner Natur wie ein Vabanquespieler. Indirekt räumte er ein, dass Deutschland im Juli 1914 eine krisenverschärfende Politik betrieben hatte, und er nannte die treibende Kraft beim Namen: die Militärführung.

Anders als Clark und Münkler es darstellen, machte sich in Deutschland die Politik mithin im entscheidenden Augenblick zum Vollzugsorgan der Militärinteressen. Clarks These von der «gemeinsamen politischen Kultur» im Europa des Jahres 1914 bedarf folglich der Korrektur. Die entscheidende deutsche Besonderheit arbeitet Jörn Leonhard in seinem Buch «Die Büchse der Pandora. Geschichte des Ersten Weltkriegs» prägnant heraus: In Deutschland fehlte, anders als in Großbritannien und in Frankreich, «ein funktionierendes ziviles Gegengewicht, eine wirksame Kontrolle des Militärs», weshalb hier «ein Vakuum entstehen konnte, in dem panikartige Einkreisungsvorstellungen und die schnelle Festlegung auf bestimmte Reaktionsmuster ein Übergewicht gewinnen konnten … Mit seiner Politik bis zum 23. Juli, Druck auf die Wiener Regierung auszuüben, um die gegebene Situation auszunutzen und mit den Serben abzurechnen, kam Deutschland ohne Zweifel eine besondere Verantwortung in der Julikrise zu.»

III.

Die Abwehr moralischer Fragen und Urteile durch einige der jüngeren Revisionisten erinnert auffallend an Ideenkämpfe vergangener Zeiten. Im Ersten Weltkrieg stellten die deutschen Kriegsideologen der universalistischen Moral der westlichen Demokratien ein Denken entgegen, das aus den Tiefen der deutschen Kultur schöpfte und Normen mit weltumspannendem Anspruch wie Freiheit, Gleichheit, Brüderlichkeit zurückwies. «Realpolitik», ein deutscher Begriff aus den 1850er Jahren, der längst in viele andere Sprachen eingewandert war, bedeutete in seinem Mutterland inzwischen nur noch Machtpolitik, verbunden mit einer entschiedenen Absage an die angeblich heuchlerischen Ideale des Westens wie Menschenrechte und Demokratie. An diese Denkmuster knüpfte nach 1918 die intellektuelle Rechte der Weimarer Republik, die sogenannte «Konservative Revolution», an: eine Bewegung, auf deren Denkerzeugnisse im Bedarfsfall später auch die Nationalsozialisten zurückgriffen.

Die Errichtung der ersten deutschen Demokratie, die Republik von Weimar, war bekanntlich eine Folge der deutschen Niederlage im Ersten Weltkrieg. Erst gegen Ende des Krieges hatten sich die gemäßigten Kräfte in Bürgertum und Arbeiterschaft, vertreten durch das katholische Zentrum und die linksliberale Fortschrittliche Volkspartei auf der einen, die Sozialdemokratie auf der anderen Seite, zu jener Zusammenarbeit durchgerungen, ohne die eine parlamentarische Demokratie undenkbar gewesen wäre. Die Geburt der Demokratie aus der Niederlage war die schwerste Vorbelastung des Weimarer Staates und eine der tieferen Ursachen seines Scheiterns. In der revisionistischen Literatur zum Ersten Weltkrieg taucht dieser Zusammenhang gar nicht auf. Vermutlich haben die Autoren, die im Schlepptau von Christopher Clark argumentieren, sich die Frage bisher gar nicht gestellt, welche Folgerungen sich aus ihrer Deutung der Julikrise für das Verständnis der weiteren deutschen Geschichte ergeben.

Wer jeden Zusammenhang zwischen der Demokratieabwehr der deutschen Eliten vor 1914 und Deutschlands Weg in den Ersten Weltkrieg leugnet, wird versucht sein, in alter Manier «Versailles», den Friedensvertrag von 1919, zur Ursache allen folgenden Übels zu erklären. (Im Untertitel und im letzten Kapitel von Friedrichs Buch klingt das bereits deutlich an.) Wenn Deutschland nur am Zweiten Weltkrieg schuld ist, am Ersten aber nicht oder jedenfalls nicht mehr als alle anderen, ist es kein weiter Schritt mehr zu der Behauptung, dass Hitler eben der große «Betriebsunfall» der deutschen Geschichte war. Das schreibt bisher keiner der Revisionisten. Aber wenn es richtig ist, dass der «Clark-Effekt» sich wesentlich aus tiefsitzenden nationalapologetischen Bedürfnissen erklärt, dann liegt die Vermutung nahe, dass diese Folgerung bereits von vielen Deutschen gezogen wird.

Was die Revisionisten zur Ortsbestimmung der Gegenwart beitragen, ist höchst anfechtbar. Münkler hat recht, wenn er Deutschland davor warnt, jedwede Beteiligung an humanitären Interventionen und friedenserhaltenden Maßnahmen unter Hinweis auf seine schuldbeladene Vergangenheit abzulehnen. Deutschland würde sich vielmehr erneut schuldig machen, sollte es unter Berufung auf die Menschheitsverbrechen des Nationalsozialismus einen neuen Sonderweg für sich beanspruchen: das Recht und die Pflicht, sich auch bei krassen Verletzungen der Menschenrechte wie Völkermord anders zu verhalten als seine westlichen Verbündeten, nämlich beiseite zu stehen. Aber aus gegenwartspolitischen Erwägungen heraus den Deutschen eine weniger selbstkritische Betrachtung ihres Anteils an der Auslösung des Ersten Weltkriegs zu empfehlen, wie Münkler es tut, läuft auf eine Umdeutung der Geschichte in volkspädagogischer Absicht hinaus.

Noch abwegiger sind die nationalen, ja nationalistischen Töne, die die vier «Welt»-Autoren anschlagen. Wenn sie den deutschen Befürwortern der supranationalen Einigung Europas unterstellen, sie wollten, soweit sie konsequent sind, letztlich ein Europa ohne Nationen, bedienen sie Stimmungen und Ressentiments, an die seit einiger Zeit auch die AfD und zuweilen auch die CSU appellieren. Das Postulat einer Geschichtsschreibung «ohne normativen Ballast», wie es einer der Verfasser des «Welt»-Manifests, Sönke Neitzel, unlängst in anderem Zusammenhang aufgestellt hat, führt vollends in die Irre. Eine Geschichtswissenschaft, die dieser Devise folgt, würde entweder in plattem Positivismus enden oder bei jenem spezifisch deutschen Verständnis von «Realpolitik», das mit dazu beigetragen hat, Deutschland auf den Weg in den Ersten Weltkrieg zu führen. Es ist Zeit für eine Selbstrevision der Revisionisten.

II.
ZWISCHEN DEN WELTKRIEGEN

1. DIE MÄR VON DER GUTEN REVOLUTION

STEFAN HEYMS «RADEK»: EIN DIENST AM MYTHOS

April 1995

Darf man Autoren für die Klappentexte ihrer Bücher haftbar machen? Im Interesse von Stefan Heym wollen wir annehmen, daß er nicht gegengelesen, geschweige denn verfaßt hat, was über den Helden seines neuesten Werkes auf der Innenseite des Schutzumschlags geschrieben steht: «Karl Radek», heißt es da, «verkörperte das Pathos und die Tragik eines freiheitlichen Sozialismus.» Radek, 1885 im galizischen Lemberg als Karl Sobelsohn geboren, vor dem Ersten Weltkrieg einige Jahre lang, bis zu seinem spektakulären Ausschluß 1912, Mitglied der SPD, Mitstreiter Lenins vor und nach der russischen Oktoberrevolution von 1917, Deutschlandexperte der Kommunistischen Internationale, zeitweiliger Gefolgsmann Trotzkis und schließlich Opfer der Stalinschen Schauprozesse – Radek war ein, wenn nicht der intellektuelle Propagandist der Weltrevolution, ein Förderer, vielleicht gar der Erfinder des deutschen «Nationalbolschewismus», ein geschätzter Gesprächspartner von deutschen Militärs, Diplomaten und Industriellen, ein Umstürzler und Bohemien, jüdischer Internationalist und weltläufiger Verfechter der sowjetischen Staatsräson. Aber ein freiheitlicher Sozialist? Mit dem gleichen Recht könnte man Stalin einen engagierten Sozialreformer nennen.

Ein spannendes Leben in einer aufregenden Zeit: Es verwundert fast, daß Radek erst jetzt zum Helden eines Romans avanciert. Heym konnte ins Volle greifen, weil an Quellen kein Mangel herrscht. Er brauchte dem vorhandenen Stoff nicht viel hinzuzufügen, um beim Leser ein Gefühl der Dramatik zu erzeugen. Er mußte nur erzählen, und das kann er. Er erzählt die Geschichte einer schillernden Gestalt aus der zweiten Reihe jener Weltbewegung, der sich Heym zeit seines Lebens verbunden fühlte. Er porträtiert einen politischen Intellektuellen, der mehr als einmal seinen besseren Einsichten zuwiderhandelt, um es mit den Mächtigen nicht zu verderben. Heym läßt Trotzki aussprechen, was offenkundig ist: Radek habe «eine opportunistische Ader». Die schließliche Unterwerfung unter Stalin erstaunt dann kaum noch. Heym zeichnet das Wechselspiel von Zerstörung und Selbstzerstörung eines Charakters nach, spart dabei auch peinliche Details nicht aus und bewahrt dennoch seinem Helden, der in Wirklichkeit keiner war, bis zuletzt die Sympathie.

Keine Heroisierung Radeks also – aber reicht das aus, um von einem gelungenen historischen Roman zu sprechen? Die Zuneigung, die Heym dem «kleinen Lolek» aus Lemberg entgegenbringt, gilt natürlich zu allererst seiner Sache, und das ist noch immer die der kommunistischen Weltbewegung. Die wollte, das steht für den Autor fest, die Befreiung der leidenden unterdrückten werktätigen Massen, was aber nur gelingen konnte, wenn sich das Proletariat der entwickelten Industrieländer, an vorderster Stelle Deutschlands, dem revolutionären Beispiel der russischen Arbeiter und Bauern anschloß. Das geschah nicht – vor allem, weil in Deutschland im November 1918 die Sozialdemokraten an die Regierung kamen, die bekanntlich zur «Machtfrage» ein etwas anderes Verhältnis hatten als die Bolschewiki. Heym spricht zwar nicht vom «Verrat» der Sozialdemokratie, aber der Vorwurf des historischen Versagens, an die Adresse Friedrich Eberts und seiner Freunde gerichtet, ist unüberhörbar.

Heyms Glaube an die gute Sache Lenins und seiner Revolution ist von keinerlei Zweifeln angekränkelt. Im Dialog mit Radek läßt er Lenin während des Ersten Weltkrieges, noch im Schweizer Exil, sagen, wie der Friede herzustellen wäre: «Durch die Umwandlung des Krieges in einen Bürgerkrieg. In Rußland und in jedem anderen Lande.» Das war die Politik Lenins, und nichts deutet darauf hin, daß Heym sie nicht auch heute noch richtig findet. Im revolutionären Sinne korrekt war offenbar auch die Sprengung der freigewählten russischen Konstituante durch die Bolschewiki im Januar 1918, der entscheidende Schritt zur Errichtung der Parteidiktatur. «Die Auflösung der Konstituante durch eine Handvoll Matrosen hatte Radek zu seinem Bedauern verpaßt», lesen wir bei Heym. «Aber», so tröstete er sich, «man konnte nicht überall präsent sein, wo die widersprüchlichen Kräfte der Geschichte aufeinander prallten …»

Mitunter überdehnt Heym die dichterische Freiheit bei der Schilderung historischer Ereignisse ziemlich stark. Ganz zu Recht hebt er hervor, daß Radek, der sich seit Dezember 1918 illegal in Berlin aufhielt, im Januar 1919, am Vorabend des ‹Spartakusaufstands›, den Zeitpunkt für eine kommunistische Revolution in Deutschland noch nicht für gekommen hielt und dies auch die deutschen Kommunisten wissen ließ. Aber für Radeks angebliche Empfehlung an Karl Liebknecht, dieser «solle die Proteststreiks einstellen lassen und dafür Neuwahlen fordern», wird Heym uns den Beleg wohl schuldig bleiben. Das eigentliche Ziel der Erhebung war ja gerade die Verhinderung der Wahlen zur Verfassunggebenden Deutschen Nationalversammlung, die auf den 19. Januar 1919 angesetzt waren und an diesem Tag auch stattfanden. Auf ihrem Gründungsparteitag Ende Dezember 1918 hatte die KPD beschlossen, die Wahlen zu boykottieren – was einem Votum für den außer- und antiparlamentarischen Weg zur Macht gleichkam.

«Zeichnen heißt weglassen», hat Max Liebermann einmal bemerkt. Heym folgte dieser Devise auf sehr eigenwillige Weise: Was er wegläßt, ist manchmal das Wesentliche. Mit ein paar lapidaren Sätzen erwähnt er die berühmteste Rede, die Radek je gehalten hat: jene Ansprache auf einer Konferenz des Erweiterten Exekutivkomitees der Kommunistischen Internationale in Moskau am 21. Juni 1923, in der der Deutschlandexperte einem von den Franzosen erschossenen Anhänger der Nationalsozialisten, dem Freikorpskämpfer Albert Leo Schlageter, seine Reverenz erwies. Der posthume Gruß an Schlageter, diesen «Märtyrer des deutschen Nationalismus» und «mutigen Soldaten der Konterrevolution», war mehr als ein Versuch, eine «Bindung herzustellen … zur radikalen Rechten», wie Heym, gewollt undeutlich, schreibt. In Wirklichkeit sahen Radek und die Führer der Komintern im Sommer 1923, auf dem Höhepunkt der französisch-belgischen Ruhrbesetzung, die einmalige Chance gekommen, einen revolutionären Volkskrieg gegen das imperialistische Frankreich zu entfesseln. Natürlich sollte dieser Krieg nicht zum Triumph der deutschen Nationalisten führen, sondern alsbald in die proletarische Weltrevolution umschlagen. Aber als zeitweilige taktische Verbündete waren in diesem Kampf sogar die deutschen Faschisten willkommen.

Von diesen offensiven Zielsetzungen der Komintern, die ganz die Handschrift Radeks trugen, erfahren Heyms Leser nichts. Unerwähnt bleiben auch die antisemitischen Tiraden, mit denen kommunistische Redner im Zeichen der «Schlageter-Linie» die Anhänger der extremen Rechten zu ködern suchten. Der Nationalbolschewismus war weniger harmlos, als Heym ihn darstellt. Was Radek im Sommer und Herbst 1923 im Auftrag der Komintern betrieb, war ein bewußtes Spiel mit dem Feuer – einem Feuer, das sich zum Weltbrand ausweiten sollte. Wäre der «deutsche Oktober», der kommunistische Umsturzplan vom Herbst 1923, gelungen, hätte Radek, kurzfristig jedenfalls, zu den Siegern der Geschichte gehört. Aber die Revolution wurde abgeblasen, weil die deutschen Arbeiter keine Neigung zu putschistischen Abenteuern verspürten.

Die Schuld am Debakel der deutschen Kommunisten schob die Komintern Radek zu, und damit begann sein Abstieg. Zur gleichen Zeit und aus dem gleichen Grund sank der politische Kurswert Trotzkis und der von ihm vertretenen Linie der «Weltrevolution», die der russischen Revolution möglichst auf dem Fuß folgen sollte. Das Scheitern des «deutschen Oktober» von 1923 gab Stalin Auftrieb, der zu der Erkenntnis gelangt war, daß sich die Bolschewiki einstweilen ganz auf den «Aufbau des Sozialismus in einem Lande», der Sowjetunion nämlich, konzentrieren mußten. Die Nationalisierung der russischen Revolution ging, so stellt es sich für Heym dar, mit ihrer Pervertierung einher, und daß der Internationalist Radek zu den Opfern von Stalins Terror gehörte, lag in der Logik dieses Prozesses.

Ein politischer Schriftsteller wie Heym kann kein unpolitisches Buch schreiben, und so ist es nicht allzu schwer, die politische Botschaft seines «Radek» zu entschlüsseln: Es ist der Mythos von der ursprünglich guten russischen Revolution, die zum Opfer ihrer Isolierung wurde. Ein gerüttelt Maß an Schuld daran, daß diese Revolution nicht zum Auftakt der internationalen Befreiung des Proletariats wurde, trifft die deutschen Sozialdemokraten, die schon vor dem Ersten Weltkrieg aufgehört hatten, Revolutionäre und Internationalisten zu sein. Stalin als Strafe für das Versagen der SPD: So plakativ würde das Heym nicht sagen, aber denken darf sich der Leser des «Radek» so etwas schon. Woraus folgt, daß es die revolutionäre Tradition von allen stalinistischen Entartungen zu reinigen und vor den Versuchungen des sozialdemokratischen Opportunismus abzuschirmen gilt. Vielleicht kommen ja auch wieder bessere Tage für die gute Sache.

An diesem Deutungsmuster ist nichts neu; es entspricht ganz dem, was man im *Neuen Deutschland* und im Programm der Partei nachlesen kann, für die Heym im Oktober 1994 in den Deutschen Bundestag eingezogen ist. Heym bedient wie die PDS ein Bedürfnis, das im Osten Deutschlands stärker verbreitet ist als im Westen, das es aber auch hier gibt: das Bedürfnis nach «linker» Selbstvergewisserung, wozu auch eine «linke» Lesart der Geschichte, zumal der deutschen, gehört. In diesem Begriff von «links» ist der des Kommunismus im Hegelschen Sinn aufgehoben, also bewahrt und nicht ausgegrenzt. Selbstkritik ist inbegriffen, setzt sich aber eine klare Grenze: Wer die Legitimität der Revolution vom Oktober 1917 in Frage stellt, scheidet aus jener «Linken» aus, die seit dem Scheitern des real existierenden Sozialismus um ein neues Selbstverständnis ringt.

Ein gebrochener Held wie Karl Radek leistet der Sache der postkommunistischen Selbstvergewisserung heute bessere Dienste als ein strahlender. Denn vor dem müßte man sich ja womöglich schämen. Wenn aber ein Autor wie Heym den «kleinen Lolek» allen seinen Fehlern und Schwächen zum Trotz nicht verwirft, mögen manche Leser auch etwaige eigene Sünden im Dienst der guten Sache weniger schwer drücken. An den Mythos der guten Revolution freilich muß man schon glauben, um sich von Radek erbauen zu lassen. Radeks bravouröse Abfuhr für arrogante deutsche Generäle bei den Friedensverhandlungen in Brest-Litowsk, sein politischer Salon im Untersuchungsgefängnis von Moabit, wo er 1919 die Träger großer Namen zur Audienz empfing, seine Amouren mit attraktiven Revolutionärinnen wie Ruth Fischer und Larissa Reissner: Heym weiß die Radek-Saga unterhaltsam aufzubereiten.

Aber das ist es dann auch: Revolutionsfolklore für die letzten Gläubigen der Revolution. Aufklärung über die tieferen Gründe für das Scheitern der Sache, der sich Karl Radek verschrieben hatte, erhalten wir von Heym nicht. Der Mythos der guten Revolution hätte sonst vielleicht Schaden genommen.

2. «ZWISCHEN ALLEN STÜHLEN»

VICTOR KLEMPERERS TAGEBÜCHER AUS DER ZEIT DER WEIMARER REPUBLIK WERFEN EIN SCHLAGLICHT AUF DIE OFT GAR NICHT SO «GOLDENEN» ZWANZIGER JAHRE

Oktober 1996

«Allmählich geht es mir auf, welch neues unüberwindliches Hindernis der Antisemitismus für mich bedeutet. Und ich bin Kriegsfreiwilliger gewesen! Nun sitze ich, getauft und national, zwischen allen Stühlen ...» Man schreibt den 27. September 1919. Victor Klemperer, Privatdozent der Romanistik an der Universität München, vertraut zwei Wochen vor seinem 38. Geburtstag seinem Tagebuch an, was er vor dem Vergessen bewahren will, damit er vielleicht später, gestützt auf dieses Material, Lebenserinnerungen zu Papier bringen kann.

Nun also die Jahre 1918 bis 1932: Die Tagebücher Klemperers aus der Zeit des «Dritten Reiches» waren ein großer Erfolg; seine Autobiographie unter dem Titel «Curriculum Vitae», die den Bogen von 1881, dem Geburtsjahr des Verfassers, bis zum Untergang des deutschen Kaiserreiches schlägt, fand viel Beachtung. Jetzt schließt der Aufbau-Verlag die Lücke: In zwei dicken Bänden legt er eine gekürzte Fassung von Klemperers Tagebüchern aus den Jahren der Weimarer Republik vor.

Für den Zweck der Veröffentlichung hat Klemperer, daran läßt er keinen Zweifel, seine Tagebücher nicht geschrieben. Hätte er eine Publikation im Sinn gehabt, wäre wohl ein anderer, weniger privater Text entstanden. Über die eigenen Depressionen und die seiner Frau wollte Klemperer gewiß kein großes Publikum unterrichten, auch nicht über jeden Arzt- oder Zahnarztbesuch. Der historische Quellenwert der Aufzeichnungen steigt aber gerade dadurch, daß ihr Autor ohne «Schere im Kopf» gearbeitet hat und auch nicht selbst über Weglassungen zu entscheiden hatte. Das Ergebnis ist das unretuschierte Selbstportrait eines deutschen Hochschullehrers jüdischer Herkunft in der Zeit zwischen dem Ersten Weltkrieg und der Machtübertragung an Hitler und zugleich sehr viel mehr als das: Klemperers Tagebücher vermitteln ein facettenreiches und tiefenscharfes Bild vom Innenleben deutscher Universitäten, von der Gesellschaft und der Kultur der zwanziger Jahre, vom Verhältnis der Akademiker zur ersten deutschen Republik.

Ende November 1918, einige Wochen nach dem Sturz der Monarchie, hofft er, daß «irgendein General des rückkehrenden Feldheeres» den «Soldaten- und Arbeiter-Unrat, diese Diktatur der Sinnlosigkeit und Ignoranz», herausfegen wird. Der habilitierte Romanist fragt sich, wenn er an die Franzosen denkt, «warum ein so niedriges, so gemeines Volk eine solche herrliche Literatur» hervorbringen konnte. Er spürt in sich «eine solche Verachtung des Volkes ..., einen solchen Ekel vor allem Volk überhaupt» und befürchtet: «Demokratie in jeder Form ist noch viel blöder als Despotie. Blöder ist nicht das rechte Wort: verlogener, gemeiner, dümmer, sinnloser, unberechtigter ...»

Im Januar 1919 wählt Klemperer trotzdem die Deutsche Demokratische Partei, und er wird das bis zum Ende der Republik immer wieder tun. Im Mai 1919 sucht er den Dekan seiner Münchner Fakultät, einen Alldeutschen, auf, redet ihm auch wohl etwas nach dem Munde, hat dabei aber kein schlechtes Gewissen: «Denn ein bißchen näher als dem linken Extrem stehe ich dem rechten doch.» Ein paar Monate später nennt er das «Entsetzlichste an den deutschen Zuständen», daß er keine Partei findet, die ihn ansprechen könnte. Eine Richtung, die ihn besonders abstößt, gibt es jetzt aber: «Die Nationalen betreiben den Antisemitismus immer widerlicher und abstoßender.» Am 14. März 1920, einen Tag nach dem Beginn des Kapp-Lüttwitz-Putsches in Berlin, wünscht er sich die «Staatsstreichsleute herzlich gern an die Wand gestellt» und bekennt, seine «Neigung nach rechts» habe wegen des nationalistischen «Rummels» um den Grafen Arco, den Mörder des sozialistischen bayerischen Ministerpräsidenten Kurt Eisner, wie auch wegen des «ständigen Antisemitismus sehr gelitten».

«Der Antisemitismus treibt mich immer mehr linkswärts», notiert Klemperer im April 1920, und im Juni 1922, nach der Ermordung des

Reichsaußenministers Walther Rathenau durch Rechtsradikale, schreibt er: «Der widerwärtig gemeine Mord hat mich weit nach links gedrängt. Fraglos sind es wieder Corpsstudenten, Offiziere, ist es wieder das Mördernest München. Manchmal ersehne ich eine Guillotine. Im Allgemeinen bin ich politisch abgestumpft, von beiden extremen Parteien angeekelt und von der Mitte kalt gelassen. Dieser Mord war eine kleine Aufpeitschung.» Einige Wochen später fließt ihm der unvollendete Satz in die Feder: «Wäre nur Nationalismus nicht so wider-widerwärtig mit Antisemitismus verknüpft.» In diesem Fall, darf man vermuten, wäre Klemperer weniger weit nach «links» gerückt – nicht bis zur linksliberalen, aber durchaus nationalen Deutschen Demokratischen Partei eines Theodor Heuss, sondern vielleicht nur bis zur rechtsliberalen Deutschen Volkspartei Gustav Stresemanns.

Anfang 1919 meint Klemperer zwei Menschen in sich wohnen zu sehen: den «homo doctus» und den «homo politicus». Doch im Grund bleibt er der unpolitische Deutsche, der er bei Kriegsende war. In der Revolutionszeit besucht er in München einige politische Versammlungen, schreibt auch für eine Leipziger Zeitung Berichte darüber. Der Höhepunkt seines politischen Engagements ist erreicht, als er anläßlich der Reichstagswahl vom Dezember 1924 zusammen mit anderen Hochschullehrern einen Aufruf zur Wahl der Deutschen Demokratischen Partei unterzeichnet. Als diese Partei sich im Sommer 1930 mit dem antisemitischen Jungdeutschen Orden zur Deutschen Staatspartei zusammenschließt, gibt Klemperer seine Stimme bei der Reichstagswahl vom 14. September ausnahmsweise und sehr ungern den Sozialdemokraten. Zwischen Hakenkreuz und Sowjetstern gebe es keinen Unterschied des Niveaus, notiert er im Mai 1932. Er liest keine überregionale Zeitung, weil ihm dazu, wie er im Februar 1932 schreibt, Zeit und Geld fehlen. Und im September desselben Jahres, die Nationalsozialisten sind inzwischen die mit Abstand stärkste Partei, hält er fest: «Die Politik selber verfolge ich angenehm gekitzelt und doch stumpf. Sympathie habe ich für keinen, buchstäblich keinen der jetzt Ringenden.»

Klemperer, seit Anfang 1920 Ordinarius an der Technischen Hochschule Dresden, fiel mit dieser Zuschauerhaltung kaum aus dem professoralen Rahmen. Dem sozialgeschichtlichen Quellenwert seines Tagebuches tut das keinen Abbruch – im Gegenteil: Ein «politischer Professor» hätte vermutlich weniger repräsentative Aufzeichnungen verfaßt. Seinen kulturgeschichtlichen Reiz verdankt das Tagebuch vor allem der Tatsache, daß Klemperer ein leidenschaftlicher Kinogänger war, der seine Eindrücke genau protokollierte. Dabei beschränkte er sich nicht auf anspruchsvolle Filme. Es durften vielmehr auch «blödsinnige Lustspiele» sein, Filme wie «Mädchen mit der Maske», «Die Tänzerin Navarro», «Die Herrin von Monbijou» und «Das Gift im Weibe». Klemperer spricht von seiner «Kinomanie», die ihn ins Lichtspielhaus treibt, «selbst wenn man Schund spielt». Filme verhelfen ihm nicht nur zur «Ablenkung», sie sind nicht nur «Ersatz für Theater, Oper, Konzert und Reise», sondern dienen ihm auch als Droge gegen Depressionen: «Was anderen der Alkohol, ist mir Kaffee und Kino.» Erst als der Tonfilm den Stummfilm zu verdrängen beginnt, läßt die Leidenschaft etwas nach.

Da Klemperer in die unterschiedlichsten Kinos geht, kennt er ihre Soziologie: die Häuser, die vorwiegend von Arbeitern, und jene, die eher vom bürgerlichen Publikum aufgesucht werden. Zur zweiten Kategorie gehören die Fridericus-Filme der Ufa. «So oft die Grenadiere marschieren, und nur dann, wurde stark geklatscht», vermerkt Klemperer im März 1922. «Ich war in großer Gefühlsverwirrung. Auch mich faßte die vernichtete deutsche Größe mit vielem Schmerz an. Ich konnte ein paarmal kaum die Tränen unterdrücken. Und doch wußte ich: es sind die ekelhaftesten Hakenkreuzler, die unreifsten Elemente, die schlimmsten Teutschen, die da klatschen.»

Einen «linken» Kontrapunkt zu den Fridericus-Filmen, die Klemperer durchaus freundlich aufnahm, bildete die amerikanische Verfilmung von Erich Maria Remarques Antikriegsroman «Im Westen nichts Neues». Nach massiven Störaktionen der Nationalsozialisten verbot die Filmoberprüfstelle im Dezember 1931 den Film wegen «Gefährdung des deutschen Ansehens». Ein halbes Jahr später durfte eine erheblich entschärfte Fassung in geschlossenen Aufführungen gezeigt werden. Eine solche sah Klemperer im Juli 1931. Er war von dem Film, den er als «Kunstwerk, Dokument und Erinnerung» empfand, erschüttert und von den Zuschauern beeindruckt: «Das Publikum ganz und gar sozialistisch-kommunistisch, aber ganz still.»

Die großen internationalen Erfolgsfilme freilich übersprangen die Klassengrenzen: Charlie Chaplin und Marlene Dietrich begeisterten Proletarier und Akademiker. Klemperers Tagebuch dokumentiert den beginnenden Siegeszug einer neuen Massenkultur, gegen die sich kein Milieu mehr abschotten konnte, auch das der «Gebildeten» nicht. In einem anderen Bereich von Freizeit, der Urlaubsgestaltung, erwiesen sich die überkommenen Milieus dagegen als ziemlich widerstandsfähig. Wie im Kaiserreich hatte jedes Ostseebad auch noch in der Zeit der Weimarer Republik seine eigene Klientel. Von der Badeverwaltung Hiddensee erhielt Klemperer im Sommer 1926 auf Anfrage einen Prospekt, der ihn darüber belehrte, «daß Juden Vitte grundsätzlich meiden». Auf Usedom war Ahlbeck damals «das große, mehr proletarische Bad». Im «deutschnationalen» Bansin sah Klemperer nur die schwarzweißroten Farben der Kaiserzeit, im «Ostseeghetto» Heringsdorf, wo er mehrfach zur Sommerfrische weilte, daneben auch viele schwarzrotgoldene Fahnen – und sogar einige koschere Restaurants.

Die Hochburgen der Juden- und der Demokratiefeindschaft waren die Hochschulen der Weimarer Republik, wobei die Studenten die Professoren in beiderlei Hinsicht übertrafen. Am 18. Januar 1923, unmittelbar nach der Besetzung des Ruhrgebiets durch französische und belgische Truppen, sollte Klemperer, damals Dekan seiner Fakultät, den offiziellen Festvortrag zum Reichsgründungstag halten. Es gab hinter den Kulissen Versuche antisemitischer Professoren, eine Rede des «Juden» Klemperer zu verhindern; die Studentenschaft erklärte, sie wolle angesichts der Ruhrbesetzung keinen wissenschaftlichen Vortrag hören, sondern nur eine «patriotische Ansprache», umrahmt von Liedern und Versen. Der Rektor, der antisemitische Demonstrationen fürchtete, gab nach. Klemperer hielt seine Rede «Der Einfluß deutschen Geistes auf Frankreich» im Rahmen seiner Vorlesung.

Ein Lehrstuhl an einer Technischen Hochschule war nichts, was Klemperer auf Dauer hätte zufriedenstellen können. Doch alle Hoffnungen auf ein «großes Katheder» an einer Universität zerschlugen sich. Klemperer erklärte sich Berufungslisten, auf denen sein Name nicht erschien, meist mit antisemitischen Vorbehalten – häufig wohl, aber nicht immer zu Recht. Als Anfang 1930 nicht er, sondern Ernst Robert Curtius einen Ruf nach Heidelberg erhielt, fühlte er sich «bis zur Verzweiflung» gedemütigt. «Der Sohn eines Rabbiners bin ich, und er ist der Sohn des Präsidenten der preußischen evangelischen Landessynode. Und er ist von

Anfang an mein Konkurrent gewesen, und immer der Sieger.» Schon sieben Jahre zuvor hatte Klemperer in einem Brief an seinen Doktorvater Karl Vossler Curtius als einen «Schädling» bezeichnet, den er immer aufs äußerste bekämpfen werde. Tatsächlich war Curtius einer der größten Romanisten des 20. Jahrhunderts, ein universal gebildeter Gelehrter und einer der wenigen Professoren, die sich offen zur Republik von Weimar bekannten.

Selbstüberschätzung und Selbstzweifel gingen ineinander über. Es quälte Klemperer, daß es mit seinem Spanisch, das er erst als Ordinarius zu lernen begann, nicht weit her war und daß er, der Kenner der französischen Literatur des 18., 19. und 20. Jahrhunderts, nicht wirklich fließend Französisch sprechen konnte. «Was ist Ruhm?» fragt er sich unter dem frischen Eindruck einer unfreundlichen Rezension aus Argentinien und eines beiläufigen Hinweises auf ihn in der deutschen Schulausgabe eines französischen Klassikertextes und antwortet: «Angepöbelt jenseits des Ozeans, verschwiegen hier, und dritten Orts zur Rechtfertigung eines Schulunternehmens herangezogen.»

Zur gedrückten Stimmung trugen die fast chronischen Geldnöte bei: Immer wieder mußte der älteste Bruder, ein wohlhabender Arzt, aushelfen. Der Antisemitismus in der deutschen Gesellschaft, der gehobenen vor allem, tat das Seine, Klemperers Gemüt zu verdüstern. «Und jetzt stößt mich alles in Deutschland zurück zu den Juden», schreibt er im August 1927. «Aber wenn ich Zionist würde, käme ich mir noch lächerlicher vor, als wenn ich Katholik würde.»

1912 war Klemperer (ein zweites Mal und jetzt definitiv) vom Judentum zum Protestantismus übergetreten, was ihm bekennende Juden auch noch nach 1918 gelegentlich zum Vorwurf machten. Als «Entreebillet zur europäischen Kultur», wie Heine den Taufschein genannt hat, eignete sich die Konversion jedoch im Deutschland der Weimarer Republik kaum noch. Wer völkisch dachte, hielt Taufe ohnehin für Tarnung, und wenn die rabiaten Antisemiten auch nur eine Minderheit bildeten, so galt doch für die entschiedenen Gegner der Judenfeindschaft dasselbe. Da ein Zurück zum Judentum als Religion keine wirkliche Option war, kamen getaufte Juden leicht in jene Position «zwischen allen Stühlen», von der Klemperer 1919 sprach. Als er, der bürgerliche Antikommunist, inzwischen Mitglied der SED, 1950 für den Kulturbund in die Volkskammer der DDR einzog, schien es damit für ihn endgültig vorbei zu sein. Aber der Widerspruch zwischen dieser Karriere und der eigenen besseren Einsicht des so Geehrten war kraß – zu kraß, als daß er sich im nachhinein «vermitteln» ließe. Klemperer war aus der Zwiespältigkeit ins Zwielicht getreten.

Leser von Klemperers Tagebüchern aus der Zeit der nationalsozialistischen Diktatur werden sich mit den Aufzeichnungen aus den Weimarer Jahren schwertun. Der Klemperer der Zeit von 1918 bis 1932 ist weder «Opfer» noch «Held»; er sitzt, auch so gesehen, «zwischen den Stühlen». Er taugt nicht zur Kultfigur, und ein Kultbuch werden diese Tagebücher auch kaum werden. Sie sind eine bemerkenswerte Quelle für die Krise der deutschen Gesellschaft der Weimarer Zeit und namentlich für die Krise dessen, was es damals noch an deutschem Bildungsbürgertum gab. Ein kultur- und sozialgeschichtliches Dokument von Rang: das sind Klemperers Aufzeichnungen aus den vierzehn Jahren vor Hitler allemal, und das macht sie lesenswert.

3. UNFOLGSAME PROLETARIER

ERICH FROMMS VERSCHOLLENE PIONIERSTUDIE ÜBER ARBEITER UND ANGESTELLTE AM VORABEND DES «DRITTEN REICHES»

November 1980

Waren die deutschen Arbeiter vor 1933 weniger antifaschistisch gesonnen, als die Linksparteien meinten? Gab es im Proletariat gar verbreitete Sympathien für das, was die Nationalsozialisten wollten? Die Furcht, daß dieser Eindruck entstehen könnte, ist der Hauptgrund, warum die Öffentlichkeit erst jetzt von den Ergebnissen einer großangelegten Umfrage erfährt, die schon vor einem halben Jahrhundert durchgeführt wurde: Erich Fromm: «Arbeiter und Angestellte am Vorabend des Dritten Reiches. Eine sozialpsychologische Untersuchung».

In Auftrag gegeben wurde die Erhebung durch das legendäre, von Max Horkheimer geleitete Institut für Sozialforschung in Frankfurt; Initiator und verantwortlicher Leiter des Projekts war der später weltberühmt gewordene Psychologe Erich Fromm, der im März 1980, wenige Tage vor seinem 80. Geburtstag, gestorben ist. Die Untersuchung sollte Aufschlüsse bringen über die psychische Struktur der Arbeiter und Angestellten im Deutschland der Weimarer Republik. Zu diesem Zweck wurden zwischen 1929 und 1931 über 3000 Fragebögen verteilt, von denen ein Drittel ausgefüllt wieder in die Hände von Fromm und seiner Mitarbeiterin Hilde Weiß gelangte.

Die Auswertung war noch längst nicht abgeschlossen, als Hitler die Macht übernahm. Bei der Emigration des Frankfurter Instituts nach New York ging ein großer Teil des Materials verloren. Übrig blieben 584 Fragebögen. Sie bildeten die Basis eines Manuskripts, das ins Englische übersetzt wurde und 1936 erschienen wäre, wenn nicht Horkheimer und andere Institutsmitglieder starke Vorbehalte geltend gemacht hätten. Daß die Publikation vor allem an politischen Bedenken scheiterte, hat Herbert Marcuse noch kurz vor seinem Tod bestätigt: Das Institut habe nicht die Vorstellung wecken wollen, die deutschen Arbeiter seien trotz oder gerade wegen ihrer sozialistischen Überzeugungen für den Faschismus anfällig gewesen.

Droht Erich Fromm also die Gefahr, posthum von jenen vereinnahmt zu werden, die ja schon seit langem geahnt und behauptet haben, daß es zwischen Sozialisten und Nationalsozialisten eine geheime Wahlverwandtschaft gebe? Fromm – ein Kronzeuge für Strauß und Stoiber? Davon kann keine Rede sein. Fromms Befunde zerstören zwar Klischeebilder vom klassenbewußten Proletarier, der sich in allen Lebensbereichen an die reine Lehre des Marxismus hielt, aber unter dem Strich bleibt auch die Erkenntnis, daß keine Gruppe der deutschen Gesellschaft den Nationalsozialismus so sehr ablehnte wie die Arbeiter. Den Marxisten Fromm mußte es enttäuschen, daß die Proletarier vielfach ausgesprochen «kleinbürgerlich», also weit weniger radikal dachten, als er es erwartet hatte. Für den heutigen Leser liegt indes ein besonderer Gewinn der Studie gerade darin, daß sie neue Einsichten in die soziale Wirkungsgeschichte des Marxismus, vermittelt.

Jahrzehntelang hatte die sozialdemokratische Arbeiterbewegung die volle soziale Gleichberechtigung der Frau gefordert und die Berufstätigkeit als Mittel der Emanzipation propagiert. Die Mehrheit der von Fromm befragten Arbeiter und Angestellten war jedoch anderer Meinung. 68 Prozent wollten verheiratete Frauen lieber am heimischen Herd als in der Fabrik oder im Büro sehen; unter den Anhängern der Sozialdemokratie waren es sogar 71 Prozent. Selbst bei den Kommunisten, die in der Frage «Frauenarbeit» besonders engagiert waren, sprachen sich 51 von 100 gegen eine Erwerbstätigkeit von verheirateten Frauen aus. Viele Sozialdemokraten fanden nichts dabei, Bismarck – mitunter auch Hindenburg –, neben Marx und Engels zu den größten Persönlichkeiten der Geschichte zu rechnen, und gleichviel, ob die befragten Arbeitnehmer links, rechts oder in der Mitte standen: In allen Lagern galt Napoleon als großer Mann. Der deutsche Proletarier war offensichtlich kein «ausgeklügelt' Buch», sondern ein Mensch mit seinem Widerspruch.

Die Frage, ob der einzelne Mensch an seinem Schicksal selbst schuld sei, verneinte die knappe Hälfte der Befragten; daß der Sozialismus die Welt verbessern könne, glaubten lediglich 41 Prozent. Jeweils nur ein rundes Drittel der Sozialdemokraten und Kommunisten bekannte sich zu der Ansicht, daß man bei der Erziehung der Kinder ganz ohne Prügel auskomme. Dagegen gab von hundert Sozialdemokraten nur einer und kein befragter Kommunist den Juden die Schuld an der Inflation.

Die 271 Fragen, die Fromm und seine Mitarbeiter formuliert hatten, klangen zum Teil unpolitisch. In Wirklichkeit zielten sie darauf ab, «radikale» und «autoritäre» Haltungen zu ermitteln. Den Zugang zum politisch Unbewußten verdankte Fromm nicht Marx, sondern seinem anderen Lehrmeister: Freud.

Auch dieses Resultat war ernüchternd. Von den Anhängern der Linksparteien waren nur vierzig Prozent dem «radikalen» Typ zuzuordnen, während immerhin 25 Prozent als eher «autoritär» gelten mußten. Konsequent radikal waren sogar nur fünfzehn Prozent, und lediglich von dieser Gruppe hätte nach Fromms rückblickender Wertung erwartet werden können, «daß sie den Mut, die Opferbereitschaft und die Spontaneität aufbringen würde, die zur Führung der weniger aktiven Elemente und zur Besiegung des Gegners notwendig sind». Die tatsächliche Stärke der Linksparteien war demnach viel geringer, als sich auf den ersten Blick vermuten ließ.

Die Kommunisten bekommen bei Fromm durchweg bessere Zensuren als die Sozialdemokraten. Kein Wunder: «Konsistent radikal» waren nur sieben Prozent der Sozialdemokraten gegenüber 27 Prozent der Kommunisten, und während von den Gefolgsleuten der KPD ganze dreizehn Prozent dem eher «autoritär» eingestellten Typ zugehörten, war es bei den Sozialdemokraten genau ein Drittel. Aber war ein Kommunist, der alle Windungen und Wendungen seiner Parteizentrale und der Moskauer «Exekutive» schleunigst mitvollzog, wirklich das Gegenteil eines «autoritären» Charakters? Und stimmt es denn, daß die Weimarer Republik durch eine «radikalere» Arbeiterbewegung zu retten gewesen wäre? Waren nicht die Isolierung und die Spaltung des Proletariats viel durchschlagendere Gründe für das Scheitern der ersten deutschen Demokratie?

Fromms Ergebnisse lassen sich jedenfalls auch anders deuten, als es der Autor selbst tat. Wenn die breiten Anhängermassen der Sozialdemokratie weniger klassenbewußt waren, als es dem offiziellen Selbstverständnis der Partei entsprach – hätte eine zielbewußte Führung dann nicht auch den Durchbruch zur linken «Volkspartei» wagen können? Anders gefragt: War es wirklich unvermeidbar, daß ausgerechnet eine extrem antidemokratische Partei, Hitlers NSDAP, sich zur einzigen «Volkspartei» der ersten Republik entwickelte? Vielleicht waren die Chancen der SPD, Einbrüche in die Mittelschichten – das wichtigste Reservoir der Nationalsozialisten – zu erzielen, doch nicht ganz so gering, wie es auch rückblickend noch vielen erscheint. Fromms Erhebung macht freilich auch deutlich, wo der Widerstand gegen eine soziale Öffnung der Weimarer Sozialdemokratie seine am besten befestigten Bastionen hatte: im Funktionärskörper der Partei.

Was immer an den Wertungen Fromms unhistorisch oder voreingenommen erscheinen mag: Was er ausbreitet, ist von unschätzbarem Wert. Wie gelernte und ungelernte Arbeiter, Arbeitslose und Angestellte dachten, wie sie ihre Wohnungen ausstatteten, was sie lasen und welche Filme sie bevorzugten: Über den Alltag der deutschen Arbeitnehmer in der späten Weimarer Republik erfahren wir aus diesem Buch mehr als aus allem, was bisher zu diesem Thema geschrieben worden ist.

4. DIKTATOR MIT SCHEUKLAPPEN

WELCHE ROLLE SPIELTE STALIN BEIM AUFSTIEG HITLERS?

Dezember 1970

Hat Stalin Hitlers Weg zur Macht bewußt gefördert – etwa, um eine proletarische Revolution in Deutschland zu beschleunigen? Kein Zweifel: dies ist eine der umstrittensten Fragen der Zeitgeschichte. Die Antwort kann heute mit einiger Sicherheit gegeben werden: Stalin hat den Aufstieg des Nationalsozialismus nicht gewollt, aber mitverschuldet. Die Mitschuld besteht darin, daß er den falschen Gegner attackiert und den richtigen falsch eingeschätzt hat. Der falsche Gegner war die Sozialdemokratie, die von der Kremlführung als «Sozialfaschismus» bezeichnet wurde. Der richtige Gegner war der Nationalsozialismus, in dem Stalin lediglich eine Hilfstruppe des Finanzkapitals sah.

Die hier anzuzeigende Abhandlung von Thomas Weingartner, einem Schüler Richard Löwenthals, «Stalin und der Aufstieg Hitlers. Die Deutschlandpolitik der Sowjetunion und der Kommunistischen Internationale 1929–1934» gestattet es, die Motive der sowjetischen Politik zwischen 1929 und 1933 klarer zu sehen als bisher. Diese Studie hat gegenüber früheren Arbeiten den Vorzug, daß sie die kommunistische Politik auf ihren verschiedenen Handlungsebenen untersucht und diese Ebenen miteinander in Verbindung setzt. Der Autor erörtert nicht nur die offizielle sowjetische Außenpolitik, sondern auch Strategie und Taktik der Kommunistischen Internationale (Komintern) und der Kommunistischen Partei Deutschlands. Stalins Politik in der Untergangsphase der Weimarer Republik wird erstmals so umfassend analysiert, wie es der Gegenstand verlangt.

Man weiß seit langem, daß die Komintern in den zwanziger Jahren immer mehr zu einem Instrument der sowjetischen Führung wurde, daß sie seit ihrem Bestehen zwischen einer «linken» und «rechten» Taktik schwankte und um 1928/29 wieder eine Schwenkung nach links vollzog. Bisher wurde zumeist vermutet, diese Wendung vor 1933 sei durch innenpolitische Auseinandersetzungen in der Sowjetunion – Stalins Kampf gegen die Gruppe Bucharin/Rykow/Tomski – motiviert gewesen; erst mit dem Wechsel zur Volksfronttaktik 1934/35 hätte die Komintern wieder eine außenpolitische Rolle zu spielen begonnen. Weingartner modifiziert diese Ansicht erheblich: Zwischen 1928 und 1934 hat sich die Komintern von einem innenpolitischen zu einem außenpolitischen Instrument der Sowjetunion gewandelt. Da die Kommunistische Partei der Sowjetunion formell der Komintern untergeordnet war, mußte Stalin den Kampf gegen die Rechten mit einer Linksschaltung der Komintern koppeln. Infolge des neuen Linkskurses wurde die Sozialdemokratie nun als Hauptfeind behandelt.

Für die Fortsetzung dieser Politik war jedoch maßgebend, daß Stalin von der Regierung des Sozialdemokraten Hermann Müller eine Annäherung zwischen Deutschland und Frankreich befürchtete. In dem Maße, wie die Sozialdemokraten später durch ihre Tolerierung Brünings wieder Einfluß auf die deutsche Außenpolitik zu gewinnen schienen, kehrte diese Sorge zurück. Frankreich galt der Sowjetunion als der «Hauptorganisator einer kapitalistischen antisowjetischen Einheitsfront». Eine deutsch-sowjetische Zusammenarbeit auf der Basis eines gemeinsamen Interessengegensatzes zu Frankreich zu erhalten und auszubauen, war mithin das wesentliche Motiv der sowjetischen Außenpolitik. Da die westlich orientierte deutsche Sozialdemokratie diese Konzeption gefährdete, mußte sie bekämpft werden.

Die Politik der Komintern war insoweit defensiv und Stalin zu jener Zeit, wie Weingartner zu Recht vermerkt, außenpolitisch «risikoscheu». Er hat die Aggressivität Frankreichs ebenso überschätzt wie das innenpolitische Gewicht der Sozialdemokraten. Realistisch war indes die Einsicht, daß trotz gegenteiliger verbaler Bekenntnisse die Weltrevolution in weiter Ferne lag. Der Kampf gegen Sozialdemokraten und Gewerkschaften, die angeblichen sozialen Hauptstützen der Bourgeoisie, war darum auch das offensive Alibi des Kommunismus: Die Vernichtung des organisierten Revisionismus ließ sich als Voraussetzung einer erfolgreichen

Revolution interpretieren. In diese Richtung konnten leicht jene linksradikalen Kräfte abgelenkt werden, die im Faschismus den unbewußten Wegbereiter der Revolution begrüßten.

Das Bild, das die Komintern vom Faschismus hatte, war freilich nicht weniger unzutreffend. Sie sah ihn als ausführendes Organ und als Massenbasis des Finanzkapitals, als ein bloßes Instrument also, das eine eigene Strategie nicht zu entwickeln vermochte. Ein so folgenschweres Mißverständnis hat es in der neueren Geschichte wohl kaum gegeben. Hitler wäre zwar niemals an die Macht gekommen, wenn ihm nicht konservative Kräfte der deutschen Gesellschaft – darunter einflußreiche Industrieführer – im entscheidenden Augenblick dabei geholfen hätten. Er hätte auch ohne die Mitarbeit der chemischen Industrie und der Schwerindustrie den Zweiten Weltkrieg wirtschaftlich nicht vorbereiten können.

Die politische Strategie des Nationalsozialismus wurde aber nicht von irgendwelchen wirtschaftlichen Interessengruppen diktiert, sondern von Hitler selbst: dies nicht zu sehen, war und ist Ausdruck einer ideologischen Verblendung. Der vollentwickelte Faschismus war, so schwer diese Einsicht vulgär-marxistischen Dogmatikern fallen mußte, überhaupt nicht zu begreifen, wenn man seine gesellschaftspolitischen Ziele und «Errungenschaften» in den Mittelpunkt rückte. Sie hatten letztlich nur instrumentalen Charakter. Entscheidend war das strategische Endziel, das ideologisch und nicht wirtschaftlich motiviert war: hegemoniale Expansion. In eben diesem Punkt unterscheidet sich der Nationalsozialismus zugleich fundamental vom Kommunismus: Nationalsozialismus ist durch ein bis zum Exzeß getriebenes Primat der Außenpolitik, Kommunismus prinzipiell durch ein Primat der Innenpolitik charakterisiert.

Der Faschismus wurde von den Kommunisten in seiner Gefährlichkeit unterschätzt. Die Freigebigkeit, mit der sie das Etikett «faschistisch» an alle rechts von ihnen stehenden Kräfte verliehen, machte sie für den wirklichen Faschismus blind. Sie schwächten die Abwehrbereitschaft der Arbeiterklasse, indem sie bis in das Jahr 1932 hinein die Sozialdemokraten frontaler angriffen als die Nationalsozialisten. Der Gipfel dieser Katastrophenpolitik war erreicht, als sich die Kommunistische Partei im Sommer 1931 auf Weisung der Komintern an einem von rechts initiierten Volksentscheid gegen die sozialdemokratisch geführte Regierung Preußens beteiligte. Die Losung aus Moskau hieß: «Alle Kräfte der Partei müssen in den Kampf gegen die Sozialdemokratie geworfen werden!»

Selbst die Machtergreifung Hitlers beendete noch nicht die sowjetischen Illusionen über den Charakter des Nationalsozialismus. Stalin gab sich genau derselben Täuschung hin, der auch Papen und Hugenberg frönten: Er glaubte, daß die Konservativen das Übergewicht in der «nationalen Regierung» besaßen und sich Hitler nur «engagiert» hatten. Das Lebensraumprogramm in «Mein Kampf» wurde zwar besorgt gelesen, doch hielt man es in Moskau für unmöglich, daß sich Hitler sowohl die Sowjetunion als auch Frankreich zum Feind machen würde. Von ihrer Seite schloß die Sowjetunion freundschaftliche Beziehungen mit dem nationalsozialistischen Deutschland keineswegs aus. Hitler müsse sich jedoch, so forderte die «Prawda» im März 1933, von seinem außenpolitischen Programm distanzieren.

Der unerbittliche Kampf, den die Kommunisten vor 1933 gegen die Sozialdemokratie als ihren angeblichen Hauptfeind führten, hat das antifaschistische Lager entscheidend geschwächt. Nach der nationalsozialistischen Machtergreifung kam es zwar erstmals zu Spitzenkontakten zwischen der Zweiten und der Dritten Internationale, aber zu einer gemeinsamen Abwehrfront gegen den Faschismus war vorerst noch keiner wirklich bereit. Die Kommunisten verweigerten zunächst den von der Zweiten Internationale geforderten «Nichtangriffspakt». Sozialdemokraten und Gewerkschaftler gaben sich der Illusion hin, die Legalität ihrer Organisationen könne in das «Dritte Reich» hinübergerettet werden, und wichen darum kommunistischen Kontaktversuchen aus. Für eine «Volksfront», wie sie in Frankreich die Demokratie retten sollte, war es in Deutschland wohl ohnehin zu spät.

Die Fehlbeurteilung des Nationalsozialismus durch Stalin zeigt, wie Richard Löwenthal im Geleitwort zu Weingartners Arbeit schreibt, daß «auch in Zeiten, in denen die weltweiten ideologischen Ziele nach der eigenen Ansicht der sowjetischen Staatsmänner nicht aktuell und daher ohne praktischen Einfluß auf ihre außenpolitischen Entscheidungen sind, das ideologische Weltbild weiterhin die Kategorien bestimmt, in denen sie die Vorgänge in der Außenwelt allein wahrzunehmen vermögen». Dogmatische Scheuklappen hinderten den sowjetischen Diktator daran, eine für sein Land lebensgefährliche Bedrohung rechtzeitig zu erkennen. Ungewollt und unwissend hat er seinen Beitrag zum Aufstieg Hitlers geleistet.

Man könnte es bei dieser Aussage belassen, würde die stalinistische Interpretation des Faschismus nicht seit einiger Zeit in modifizierter Form fröhliche Urständ feiern. Einige Ideologen der (gar nicht mehr so) Neuen Linken gefallen sich darin, die Kominternthese von der grundsätzlichen Gleichartigkeit von «bürgerlicher» Demokratie und faschistischer Diktatur zu wiederholen. Sie neigen dazu, im Faschismus nur eine besondere Erscheinungsform des «organisierten Kapitalismus» zu sehen und die Bedeutung des Terrors für ein solches System herunterzuspielen – nicht, weil man dem Faschismus zu einer späten Ehrenrettung verhelfen will, sondern weil man der Demokratie westlicher Prägung die prinzipielle Andersartigkeit absprechen will.

Doch eine derartige «Faschismustheorie» vermag nach wie vor nicht zu erklären, warum gerade die klassischen kapitalistischen Länder ihre demokratischen Regierungsformen über die Zwischenkriegszeit hinwegretten konnten. Das konzentrierte Kapital ist, gelinde gesagt, nirgendwo eine besonders verläßliche Stütze der Demokratie. Zu einer faschistischen Machtergreifung kam es jedoch nur da, wo die Gesellschaft von starken vorindustriellen und vordemokratischen Traditionen geprägt war. Der Feudalismus hat mit dem Faschismus mindestens ebensoviel zu tun wie der Kapitalismus.

Weingartners Arbeit vergegenwärtigt den historischen Ursprung einer bestimmten Fehlinterpretation des Faschismus und macht zugleich deutlich, welchen Preis dogmatische Verblendung fordern kann. Wer über das Verhältnis von Stalinismus und Faschismus künftig ernsthaft mitreden will, wird dieses Buch lesen müssen.

5. DIE EHRE DER DEUTSCHEN REPUBLIK

DIE SPD, DIE ERSTE DEUTSCHE DEMOKRATIE UND HITLERS ERMÄCHTIGUNGSGESETZ

Rede vor der sozialdemokratischen Bundestagsfraktion
20. März 2013

«Freiheit und Leben kann man uns nehmen, die Ehre nicht»: Kein Satz aus der Rede, mit der Otto Wels am 23. März 1933 das Nein der Sozialdemokraten zum Ermächtigungsgesetz begründete, hat sich der Nachwelt so eingeprägt wie dieser. Was Wels der deutschen Sozialdemokratie zur Ehre anrechnete, waren vor allem die Leistungen, die die SPD in der Zeit der Weimarer Republik erbracht hatte. Der Parteivorsitzende nannte «unsere Leistungen für den Wiederaufbau von Staat und Wirtschaft, für die Befreiung der besetzten Gebiete»; er verwies darauf, daß die Sozialdemokraten gleiches Recht für alle und ein soziales Arbeitsrecht geschaffen und an einem Deutschland mitgewirkt hätten, «in dem nicht nur Fürsten und Baronen, sondern auch Männern aus der Arbeiterklasse der Weg zur Führung des Staates offensteht». Die Weimarer Verfassung sei keine sozialistische Verfassung, wohl aber eine Verfassung, die auf den Grundsätzen des Rechtsstaates, der Gleichberechtigung und des sozialen Rechts beruhe – Grundsätzen, die einen unabdingbaren Teil des politischen Glaubensbekenntnisses der Sozialdemokraten ausmachten.

Wels' Rückblick auf die erste deutsche Republik war eine Antwort auf das Zerrbild, das Hitler von Weimar zeichnete. «Vierzehn Jahre Marxismus haben Deutschland ruiniert»: So lautete die plakative Formel im Aufruf der Regierung Hitler an das deutsche Volk vom 1. Februar 1933. In diesen vierzehn Jahren hätten, so hieß es in der Rede, mit der Hitler am 10. Februar im Berliner Sportpalast den Reichstagswahlkampf eröffnete, die «Parteien des Zerfalls, des Novembers, der Revolution das deutsche Volk geführt und mißhandelt, ... zerstört, zersetzt und aufgelöst» – also das angerichtet, wovon die Nationalsozialisten Deutschland innerhalb von vier Jahren zu erlösen versprachen.

Die Weimarer Republik war zu keiner Zeit eine sozialdemokratische Republik gewesen, aber ohne die Sozialdemokraten hätte es die erste deutsche Demokratie nicht gegeben. An ihrem Anfang stand der Entschluß der SPD, die Zusammenarbeit mit den Parteien der bürgerlichen Mitte fortzusetzen, zu der sich die Mehrheitssozialdemokraten während des Ersten Weltkriegs durchgerungen hatten, um so die innenpolitischen Voraussetzungen für einen Verständigungsfrieden zu schaffen. Es bedurfte dazu der Abkehr von jenem entschiedenen Nein zu Koalitionen mit bürgerlichen Parteien, auf das sich die SPD und unter ihrer Führung die Parteien der Zweiten Internationale im Jahr 1900 festgelegt hatten. Die Unabhängigen Sozialdemokraten, die sich 1916/17 auf Grund ihrer Gegnerschaft zur Bewilligung von Kriegskrediten von der Mutterpartei abgespalten hatten, beharrten hingegen auf der Vorkriegsposition. Auf paradoxe Weise war die Spaltung der Sozialdemokraten also beides: eine Vorbelastung und eine Vorbedingung der ersten deutschen Demokratie – eine Vorbelastung, weil Gegensätze innerhalb der Arbeiterbewegung ihren geschworenen Gegnern höchst gelegen kamen, eine Vorbedingung, weil eine parlamentarische Demokratie ohne die Zusammenarbeit der gemäßigten Kräfte in Arbeiterschaft und Bürgertum nicht möglich war.

Deutschland war, als im November 1918 die Throne stürzten, kein reiner Obrigkeitsstaat mehr. Wenige Wochen zuvor hatte eine Verfassungsänderung aus der konstitutionellen Monarchie zumindest auf dem Papier eine parlamentarische Monarchie gemacht. Die Regierung war fortan auf das Vertrauen der Mehrheit des Reichstags angewiesen. Der Reichstag war aus dem allgemeinen gleichen Wahlrecht für Männer hervorgegangen; Deutschland kannte dieses fortschrittliche Wahlrecht und damit ein kräftiges Stück Demokratie seit der Reichsgründung von 1871. In der Revolution von 1918/19 mußte es infolgedessen vor allem um *mehr* Demokratie gehen: um das Frauenwahlrecht, die Demokratisierung des Wahlrechts in den Einzelstaaten und Gemeinden und die volle Durchsetzung des Prinzips der parlamentarischen Verantwortung der Regierungen. *Eines* war aus der Sicht der Mehrheitssozialdemokraten um Friedrich Ebert und Philipp

Scheidemann ausgeschlossen: eine Politik des revolutionären Klassenkampfes mit dem Ziel der Diktatur des Proletariats, wie sie die Spartakisten auf dem äußersten linken Flügel der Unabhängigen Sozialdemokraten propagierten. Sie hätte in Chaos und Bürgerkrieg, ja zurück in den Weltkrieg geführt – sie wäre eine Katastrophenpolitik gewesen.

Nach dem Untergang Weimars hielten sich viele führende Sozialdemokraten selbstkritisch wirkliche oder vermeintliche Versäumnisse und Fehlentscheidungen der ersten Stunde vor. Die SPD hätte bei stärkerem Gestaltungswillen in der revolutionären Übergangszeit zwischen der Ausrufung der Republik am 9. November 1918 und der Wahl der Verfassunggebenden Nationalversammlung am 19. Januar 1919 in der Tat weniger bewahren müssen und mehr verändern können, und das vor allem im Hinblick auf die Unterordnung des Militärs unter die zivile Staatsgewalt und die Ablösung antirepublikanischer Beamter namentlich auf dem platten Land in Ostelbien. An der Richtigkeit der Grundsatzentscheidung für die rasche Wahl einer Konstituante und für die Zusammenarbeit mit den Parteien der bürgerlichen Mitte aber gab es auch im Rückblick nichts zu deuteln. Ohne diese Selbstfestlegungen wäre nichts von dem zustande gekommen, was Otto Wels am 23. März 1933 zu den historischen Leistungen der Weimarer Republik rechnete.

Von den 14 Jahren der ersten deutschen Republik entfielen elf auf die Zeit der parlamentarischen Demokratie. Sie endete am 27. März 1930 mit der Auflösung der letzten parlamentarischen Mehrheitsregierung unter dem sozialdemokratischen Reichskanzler Hermann Müller, eines Kabinetts der Großen Koalition, die von der SPD bis hin zur unternehmernahen Deutschen Volkspartei, der Partei des 1929 verstorbenen Gustav Stresemann, reichte. Die SPD hätte durch mehr Kompromißbereitschaft bei der Sanierung der Arbeitslosenversicherung das Scheitern der Regierung Müller verhindern können. Daß die große Mehrheit der Reichstagsfraktion sich anders entschied, trug ihr heftigen Widerspruch seitens der unterlegenen Minderheit ein. Rudolf Hilferding, der zweimalige Reichsfinanzminister und theoretische Kopf der Partei, kam damals schon zu dem Schluß, die Sozialdemokraten hätten gut daran getan, sich nochmals mit den bürgerlichen Parteien zu verständigen anstatt, wie er pointiert formulierte, «aus Furcht vor dem Tode Selbstmord zu verüben». Vermutlich wäre die Große

Koalition allerdings einige Monate später doch zerbrochen. Denn mit der Verabschiedung der Young-Gesetze, der Begleitgesetze zur neuen Reparationsregelung, Anfang März 1930 war die wichtigste Klammer des Regierungsbündnisses entfallen, und auf dem rechten Flügel der Koalition gab es viele, die den Reichspräsidenten von Hindenburg in seinem Streben nach einer Regierung ohne Sozialdemokraten unterstützten.

Auf die parlamentarische Demokratie folgte die Zeit der Präsidialkabinette, des Regierens mit Notverordnungen des Reichspräsidenten nach Artikel 48, Absatz 2, der Weimarer Verfassung. Daß die Sozialdemokraten nach dem großen Wahlerfolg der Nationalsozialisten bei den Reichstagswahlen vom 14. September 1930, ihrem Aufstieg zu der, nach der SPD, zweitstärksten Partei, beschlossen, das bürgerliche Minderheitskabinett des Reichskanzlers Heinrich Brüning aus der katholischen Zentrumspartei parlamentarisch zu tolerieren, und diesen Kurs bis zur Entlassung Brünings Ende Mai 1932 durchhielten, gehört zu den damals und später leidenschaftlich umstrittenen Entscheidungen der Weimarer SPD. Für die unpopuläre Tolerierungspolitik gab es zunächst zwei Gründe: Die Sozialdemokraten wollten *erstens* eine weiter rechts stehende, von den Nationalsozialisten abhängige Reichsregierung verhindern. *Zweitens* ging es ihnen darum, in Preußen, dem größten deutschen Staat, an der Regierung zu bleiben. An der Spitze eines Kabinetts der «Weimarer Koalition» aus SPD, Zentrum und Deutscher Demokratischer Partei, die sich seit 1930 Deutsche Staatspartei nannte, stand dort der Sozialdemokrat Otto Braun. Hätte die SPD Brüning gestürzt, wäre Braun vom Zentrum zu Fall gebracht worden. Mit der Regierungsmacht in Preußen hätten die Sozialdemokraten die Kontrolle über die preußische Polizei verloren, das wichtigste staatliche Machtinstrument im Kampf gegen Umsturzbestrebungen von rechts und links außen.

Zu diesen beiden Gründen der Tolerierungspolitik trat im Lauf der Zeit noch ein *dritter* hinzu: Im Frühjahr 1932 stand die Volkswahl des Reichspräsidenten an. Je stärker die Nationalsozialisten wurden, desto mehr wuchs auch die Gefahr, daß sie den Mann an der Spitze des Reiches stellen, also ins Machtzentrum vorstoßen könnten. Nur in enger Zusammenarbeit der Sozialdemokraten mit dem Zentrum und der übrigen bürgerlichen Mitte ließ sich verhindern, daß Weimar auf diese Weise zugrunde ging.

Die erste deutsche Demokratie hatte nur solange eine Chance, als die SPD bereit war und die Möglichkeit besaß, zusammen mit den gemäßigten bürgerlichen Parteien, sei es formell oder informell, politische Mitverantwortung im Reich und in den Ländern zu tragen. Ein Zusammengehen mit den Kommunisten, die im Zeichen von Stalins «ultralinker Wende» von 1928 die Sozialdemokraten beharrlich als «Sozialfaschisten» diffamierten, war nicht vorstellbar. Die Sozialdemokraten waren die staatstragende Partei der Weimarer Republik schlechthin; sie waren es zu keiner Zeit mehr als in den Jahren nach 1930, in denen dieser Staat von Weimar weniger denn je der ihre war. Die Kommunisten bekannten sich zum gewaltsamen Umsturz, zum revolutionären Bürgerkrieg und zur Errichtung von «Sowjetdeutschland». Hätte die SPD auf eine linke Einheitsfront gesetzt, wäre dies das Ende jedweder Art von Machtbeteiligung gewesen. Die SPD hätte einen erheblichen Teil ihrer Wähler und Mitglieder verloren und noch mehr verschreckte bürgerliche Wähler in die Arme der Nationalsozialisten getrieben. Die Vorstellung, man könne auf diese Weise die Demokratie retten, war angesichts des unüberbrückbaren Gegensatzes zwischen SPD und KPD reines Wunschdenken, ja nach Einschätzung der sozialdemokratischen Parteiführung um Otto Wels ein Ausdruck von politischem Abenteuertum.

Die Tolerierung der Regierung Brüning war eine Politik ohne verantwortbare Alternative, aber auch nicht mehr als eine Politik des kleineren Übels. Ihre Kehrseite war die Radikalisierung der Massen, die entweder den Kommunisten oder, in sehr viel größerer Zahl, den Nationalsozialisten zuströmten. Beide Parteien profitierten davon, daß die SPD die Rolle der entschiedenen Opposition gegen das Notverordnungsregime nicht übernehmen konnte und sich deshalb bequem als Miturheberin des steigenden sozialen Elends und der Massenarbeitslosigkeit denunzieren ließ.

Hitler zog einen zusätzlichen Vorteil daraus, daß er seine Partei als Alternative sowohl zu der bolschewistischen als auch der reformistischen Spielart des «Marxismus» und als einzige systemverändernde Massenpartei rechts von den Kommunisten präsentieren konnte. Er sprach einerseits das verbreitete Ressentiment gegenüber der Demokratie an, die aus der Sicht der Rechten mit dem Makel der Niederlage von 1918 behaftet war und als Staatsform der Sieger des Westens, mithin als «undeutsch», galt. Auf der anderen Seite appellierte er pseudodemokratisch an den seit Bismarcks Zeiten verbrieften Teilhabeanspruch des Volkes in Gestalt des allgemeinen gleichen Wahlrechts, das seit dem Übergang zum Präsidialsystem viel von seiner Wirkung verloren hatte. Hitler wurde also nach 1930 zum Hauptnutznießer der ungleichzeitigen Demokratisierung Deutschlands: der frühen Einführung eines demokratischen Wahlrechts und der späten Parlamentarisierung des Regierungssystems im Zeichen der Niederlage von 1918.

Das Dilemma der Sozialdemokratie hat Rudolf Hilferding im Juliheft 1931 der von ihm herausgegebenen theoretischen Zeitschrift *Die Gesellschaft* in einem denkwürdigen Verdikt zusammengefaßt. Er sprach von einer «tragischen Situation» seiner Partei. Begründet sei diese Tragik in dem Zusammentreffen der schweren Wirtschaftskrise mit dem politischen Ausnahmezustand, den die Wahlen vom 14. September 1930 geschaffen hätten. «Der Reichstag ist ein Parlament gegen den Parlamentarismus, seine Existenz eine Gefahr für die Demokratie, für die Arbeiterschaft, für die Außenpolitik ... Die Demokratie zu behaupten gegen eine Mehrheit, die die Demokratie verwirft, und das mit den politischen Mitteln einer demokratischen Verfassung, die das Funktionieren des Parlamentarismus voraussetzt, das ist fast die Quadratur des Kreises, die da der Sozialdemokratie als Aufgabe gestellt ist – eine wirklich noch nicht dagewesene Situation.»

Noch nicht dagewesen war auch die Zumutung, mit der die SPD im Frühjahr 1932 ihre Anhänger konfrontierte: die Parole «Schlagt Hitler! Darum wählt Hindenburg!» Aber so weit war es inzwischen mit Weimar gekommen. Der einzige Kandidat, der einen Reichspräsidenten Hitler verhindern konnte, war der monarchistische Amtsinhaber, der einstige kaiserliche Generalfeldmarschall Paul von Hindenburg. Wenn dieser nicht, gestützt auf die Sozialdemokraten, das katholische Zentrum und die bürgerlichen Wähler von der Mitte bis zur gemäßigten Rechten, im zweiten Wahlgang am 10. April 1932 über Hitler obsiegt hätte, wäre das «Dritte Reich» noch am gleichen Abend angebrochen. Der Mann, der seit 1925 als Nachfolger des Sozialdemokraten Friedrich Ebert an der Spitze des Reiches stand, war kein Demokrat, aber er hatte sich bislang als Vertreter von Recht und Gesetz erwiesen. Mehr war, wie die Dinge im

Frühjahr 1932 lagen, von Weimar schon nicht mehr zu retten. Gemessen an dem, was damals noch einmal vermieden wurde, war es viel.

Zum entscheidenden Wendepunkt der deutschen Staatskrise wurde der 30. Mai 1932: der Tag, an dem Hindenburg den wichtigsten Betreiber seiner Wiederwahl, Reichskanzler Heinrich Brüning, entließ, um zwei Tage später das «Kabinett der Barone» unter dem ehemaligen rechten Flügelmann der preußischen Zentrumspartei, Franz von Papen, zu berufen. Mit dem vom Reichspräsidenten, der Reichswehrführung und dem ostelbischen Rittergutsbesitz betriebenen Rechtsruck vom Mai 1932 endete die sozialdemokratische Tolerierungspolitik und mit ihr die erste, die gemäßigte Phase des Präsidialregimes. Die Kennzeichen der nun beginnenden zweiten Phase waren der offen zur Schau getragene autoritäre Antiparlamentarismus und das Bemühen um ein Arrangement mit den Nationalsozialisten.

Zu den Forderungen Hitlers, die die neue Regierung sogleich erfüllte, gehörten die Aufhebung des im April verhängten Verbots von SA und SS und die Auflösung des im September 1930 gewählten Reichstages. Der Neuwahltermin wurde auf den 31. Juli 1932 festgelegt. Elf Tage vor der Wahl, am 20. Juli 1932, ließ der Reichspräsident auf dem Weg einer Reichsexekution nach Artikel 48, Absatz 1, der Reichsverfassung die Weimarer Koalition in Preußen, das Kabinett Otto Braun, absetzen, das seit den Landtagswahlen vom 24. April über keine parlamentarische Mehrheit mehr verfügte und nur noch geschäftsführend im Amt war. Nur das Reich sei noch in der Lage, die öffentliche Sicherheit und Ordnung in Preußen wiederherzustellen: So lautete die offizielle Begründung des «Preußenschlags».

Daß die Führungen der SPD, der ihr nahestehenden Freien Gewerkschaften und des republikanischen Wehrverbandes, des Reichsbanners Schwarz Rot Gold, das staatsstreichartige Vorgehen des Reiches nicht mit dem Aufruf zum Generalstreik, wenn nicht gar zum bewaffneten Widerstand beantworteten, ist ihnen vielfach, auch aus den eigenen Reihen, zum Vorwurf gemacht worden. Aber angesichts von sechs Millionen Arbeitslosen war ein Generalstreik illusorisch. Die Situation im Sommer 1932 war eine völlig andere als beim Generalstreik gegen das Regime der Kapp-Lüttwitz-Putschisten vom Frühjahr 1920, der in einer Zeit annähernder Vollbeschäftigung stattgefunden und wesentlich zur Niederwerfung des Umsturzversuchs beigetragen hatte. Zudem stand 1920 die legitime Reichsgewalt auf Seiten derer, die den Putschisten Widerstand leisteten. Im Juli 1932 war das anders. Hinter dem «Preußenschlag» stand die Autorität des eben wiedergewählten Reichspräsidenten. Daß sich die preußische Polizei nicht gegen ihn stellen würde, konnte als sicher gelten. Die Reichswehr hätte, vermutlich tatkräftig unterstützt von den paramilitärischen Verbänden der Rechten bis hin zu Hitlers SA, einer faktisch unbewaffneten Arbeiterschaft gegenüber gestanden, die 1932 viel tiefer in sich gespalten war als 1920.

Die Kommunisten hatten im August 1931 zusammen mit den Nationalsozialisten und der übrigen Rechten die Regierung Braun durch einen Volksentscheid zu stürzen versucht. Daß sie ein Jahr später auf die Barrikaden gehen würden, um diese Regierung wieder einzusetzen, war ausgeschlossen. Ein gemeinsames Vorgehen von SPD und KPD war schon deswegen nicht möglich, weil beide Parteien kein gemeinsames Ziel hatten. Die Hinnahme des «Preußenschlags» durch die SPD war *auch* eine Folge der zwanzig Monate währenden Tolerierungspolitik: Regierungspartei zu sein, formell in Preußen und informell im Reich, und gleichzeitig Bürgerkriegspartei im Wartestand: das war objektiv unmöglich. Die SPD büßte am 20. Juli 1932 die Reste der Macht ein, die sie nur deshalb so lange hatte behaupten können, weil sie seit dem Herbst 1930 alles auf eine Karte gesetzt hatte: die Abwehr des Nationalsozialismus auf dem Boden der Verfassung und im Bunde mit den gemäßigten Kräften des Bürgertums.

Der Aufruf der Sozialdemokraten, den Gewaltakt des 20. Juli 1932 am 31. Juli mit einer Stimme für die SPD zu beantworten, fand nicht das erhoffte Echo. Bei den Reichstagswahlen stiegen die Nationalsozialisten mit einem Stimmenanteil von 37,4 Prozent zur stärksten Partei auf; die SPD kam auf 21,6, die KPD auf 14,3 Prozent. Das Ergebnis bedeutete eine Mehrheit gegen die Demokratie – eine negative Mehrheit aus Nationalsozialisten und Kommunisten, der man rechts auch noch die Stimmen der monarchistischen Deutschnationalen hinzurechnen mußte. Von einer Mehrheit im Reichstag aber waren die Rechtsparteien weit entfernt.

Eine parlamentarische Krisenlösung wäre eine «braun-schwarze Koalition» gewesen: ein auf die Einhaltung der Weimarer Verfassung festgelegtes Bündnis aus NSDAP, Zentrum und Bayerischer Volkspartei, wie die beiden katholischen Parteien es anstrebten. Es scheiterte daran, daß Hitler auf der Bildung eines Präsidialkabinetts mit den Vollmachten des Artikels 48 bestand. Einen mit diesen Befugnissen ausgestatteten Reichskanzler Hitler aber lehnte Hindenburg zu diesem Zeitpunkt noch kategorisch ab. Hingegen war er bereit, unter Berufung auf einen Verfassungs- oder Staatsnotstand den Reichstag erneut aufzulösen, *ohne* gleichzeitig Neuwahlen innerhalb der verfassungsmäßigen Frist von sechzig Tagen anzuordnen. Da die Regierung von Papen vor diesem Schritt aus Sorge vor einem Bürgerkrieg im entscheidenden Augenblick zurückschreckte, kam es am 6. November zur zweiten Reichstagswahl des Jahres 1932.

Das Ergebnis dieser Wahl wirkte sensationell: Erstmals seit 1930 verloren die Nationalsozialisten an Stimmen. Gegenüber der Juliwahl büßte die NSDAP über zwei Millionen Stimmen ein, während die Kommunisten fast 700 000 Stimmen hinzugewannen, was ihnen zur magischen Zahl von 100 Sitzen verhalf. Die SPD, so stellte Otto Wels vier Tage später im Parteiausschuß fest, habe im Verlauf des Jahres 1932 fünf Schlachten mit dem Ruf «Schlagt Hitler!» geschlagen, «und nach der fünften war er geschlagen». Die andere Seite des Wahlergebnisses kommentierte der Chemnitzer Bezirksvorsitzende Karl Böchel, ein Vertreter des linken Parteiflügels, in der gleichen Sitzung mit den Worten: «Wir sind im Endspurt mit den Kommunisten. Wir brauchen nur noch ein Dutzend Mandate verlieren, dann sind die Kommunisten stärker als wir …» Die kommunistische Sicht brachte am 10. November die «Prawda» zum Ausdruck. Das Zentralorgan der Kommunistischen Partei der Sowjetunion sah Deutschland unterwegs «zum politischen Massenstreik und zum Generalstreik unter der Führung der Kommunistischen Partei, zum Kampf um die proletarische Diktatur».

Mit ihrer Revolutionspropaganda schürten die Kommunisten die Angst vor dem Bürgerkrieg, und diese Angst wurde zu einer wichtigen Verbündeten Hitlers. Sie trug entscheidend dazu bei, daß die Niederlage der NSDAP vom 6. November 1932 um ihren politischen Sinn gebracht wurde und Hitler die Chance erhielt, sich als Retter vor der roten Revolution zu präsentieren. Im Januar 1933 gelang es Franz von Papen, der das Amt des Reichskanzlers inzwischen an den eher vorsichtig agierenden

Reichswehrminister General Kurt von Schleicher hatte abgeben müssen, den Reichspräsidenten von seinem bisherigen klaren Nein zu einer Kanzlerschaft Hitlers abzubringen. Papen sprach nicht nur für sich, sondern auch für den rechten Flügel der rheinisch-westfälischen Schwerindustrie. Im gleichen Sinn versuchten Vertreter des hochverschuldeten ostelbischen Rittergutbesitzes und der Reichslandbund auf das Staatsoberhaupt einzuwirken. Ein von einer konservativen Kabinettsmehrheit «eingerahmter» Reichskanzler erschien dem engsten Kreis um Hindenburg, der vielzitierten «Kamarilla», und schließlich dem Reichspräsidenten selbst als ungefährlichste, vielleicht sogar ideale Krisenlösung: Sie sollte den alten Eliten die Herrschaft und zugleich, in Gestalt der Nationalsozialisten als Juniorpartner, die lange ersehnte Massenbasis verschaffen.

Einen Zwang, Hitler zum Reichskanzler zu ernennen, gab es für Hindenburg nicht. Am 13. August 1932 hatte er öffentlich erklären lassen, «daß er es vor seinem Gewissen und seinen Pflichten dem Vaterlande gegenüber nicht verantworten könne, die gesamte Regierungsgewalt ausschließlich der nationalsozialistischen Bewegung zu übertragen, die diese einseitig anzuwenden gewillt sei». Am 24. November hatte er sich nochmals im gleichen Sinn geäußert. Hindenburg hätte den Reichskanzler von Schleicher auch nach dem zu erwartenden Mißtrauensvotum einer negativen Reichstagsmehrheit geschäftsführend im Amt belassen oder einen möglichst wenig polarisierenden, «unpolitischen» Nachfolger berufen können. Der mehrfach erwogene verfassungswidrige Aufschub von Neuwahlen war keineswegs die einzige Alternative zur Ernennung Hitlers. Dieser war zwar immer noch der Führer der größten Partei, von einer parlamentarischen Mehrheit nach den Wahlen vom 6. November aber weiter entfernt als nach der Wahl vom 31. Juli 1932. Auch zusammen mit den Deutschnationalen besaß er sie nicht. Daß er trotzdem am 30. Januar 1933 von Hindenburg zum Reichskanzler ernannt wurde, verdankte er jenem Teil der Machtelite, der seit langem darauf aus war, mit der verhaßten Republik von Weimar radikal zu brechen.

Als am 5. März 1933 ein neuer Reichstag gewählt wurde, war Deutschland bereits kein Rechtsstaat mehr. Die Notverordnung zum Schutz von Volk und Staat, am 28. Februar, einen Tag nach dem Reichstagsbrand, erlassen, hatte die wichtigsten Grundrechte «bis auf weiteres» außer Kraft gesetzt. Die Wahlen erbrachten eine klare Mehrheit, nämlich 51,9 Prozent, für die Regierung Hitler: 43,9 Prozent für die NSDAP, 8 Prozent für ihren Koalitionspartner, die «Kampffront Schwarz-Weiß-Rot», die aus den Deutschnationalen und anderen konservativen Gruppen und Politikern bestand. Eine Zweidrittelmehrheit für das von Hitler erstrebte Ermächtigungsgesetz aber war damit noch längst nicht erreicht. Um diese sicherzustellen, brach die sogenannte «Nationale Regierung» die Verfassung: Sie behandelte die Mandate der Kommunisten als nicht existent, wodurch sich die «gesetzliche Mitgliederzahl» des Reichstags von 566 um 81 Mandate verminderte. Sodann änderte der Reichstag am 23. März seine Geschäftsordnung: Abgeordnete, die der Reichstagspräsident, der Nationalsozialist Hermann Göring, wegen unentschuldigten Fehlens von den Sitzungen ausschließen konnte, galten dennoch als «anwesend». Selbst wenn die Abgeordneten der SPD geschlossen der Sitzung ferngeblieben wären, hätten sie nach diesen verfassungswidrigen Manipulationen die Verfassungsänderungen nicht verhindern können: Ein entsprechender Beschluß kam zustande, wenn zwei Drittel der «gesetzlichen Mitgliederzahl» anwesend waren und zwei Drittel der anwesenden Abgeordneten zustimmten.

Das Ermächtigungsgesetz gab der Reichsregierung pauschal das Recht, für die Dauer von vier Jahren Gesetze zu beschließen, die von der Reichsverfassung abwichen. Die einzigen «Schranken» bestanden darin, daß die Gesetze die «Einrichtung des Reichstags und des Reichsrats nicht als solche zum Gegenstand haben» und nicht die Rechte des Reichspräsidenten berühren durften. Reichstag und Reichsrat waren von der Gesetzgebung fortan ausgeschlossen. Das galt ausdrücklich auch für Verträge mit fremden Staaten. Für das Inkrafttreten der von der Reichsregierung beschlossenen Gesetze genügten nunmehr die Ausfertigung durch den Reichskanzler und die Verkündung im Reichsgesetzblatt.

Die Gründe, die das Zentrum veranlaßten, dem Ermächtigungsgesetz zuzustimmen, sind ein Thema für sich: Die Abgeordneten der zweitgrößten demokratischen Partei setzten auf die kirchenpolitischen Zusicherungen, die Hitler dem Parteivorsitzenden, dem Prälaten Kaas, mündlich gemacht hatte, auf deren schriftliche Bestätigung das Zentrum aber am 23. März, dem Tag der Abstimmung, vergeblich wartete. Die zu Splittergruppen gewordenen liberalen Parteien gingen ebenso wie die beiden katholischen Parteien, das Zentrum und die Bayerische Volkspartei, von der Annahme aus, daß eine «legale» Diktatur ein kleineres Übel sei als die illegale Diktatur, die bei Ablehnung des Gesetzes drohte. Das Ja der bürgerlichen Parteien war das Ergebnis von Täuschung, Selbsttäuschung und Erpressung.

Das Nein der SPD war von der Regierung einkalkuliert, erforderte aber ein hohes Maß an Mut. Vor der Krolloper, dem provisorischen Tagungsort des Reichstags, mußten sich die Abgeordneten, die nicht zum Regierungslager gehörten, ihren Weg durch grölende Massen von Parteigängern der Nationalsozialisten bahnen, aus deren Reihen Rufe wie «Zentrumsschwein» und «Marxistensau» ertönten. Im Innern des Gebäudes wimmelte es von Angehörigen der SA und SS, die besonders dort an den Saalausgängen postiert waren, wo die Sozialdemokraten saßen. An der Sitzung nahmen 93 von insgesamt 120 Abgeordneten der SPD teil. Als vierundneunzigster kam vor der Abstimmung noch der kurz zuvor verhaftete, inzwischen aber wieder frei gekommene Carl Severing, der langjährige preußische Innenminister, hinzu. Von den Abwesenden waren einige bereits inhaftiert, darunter der Lübecker Abgeordnete Julius Leber, der auf dem Weg in den Reichstag festgenommen worden war. Von den besonders gefährdeten Parlamentariern, darunter Politikern jüdischer Abstammung, hatten sich einige, wie zum Beispiel Hilferding, im Einvernehmen mit der Fraktionsführung wegen Krankheit entschuldigt; andere waren bereits emigriert. Ein Abgeordneter, der ehemalige Reichsinnenminister Wilhelm Sollmann, war zwei Wochen zuvor von SA- und SS-Männern in seiner Kölner Wohnung überfallen und zusammengeschlagen worden und lag seitdem im Krankenhaus.

Otto Wels, der an Bluthochdruck litt, hatte sieben Wochen zuvor gegen den Rat seiner Ärzte das Sanatorium verlassen. Daß er am 23. März 1933 eine Rede ohne verbale Schärfen hielt, sich stellenweise sogar um einen konzilianten Ton bemühte, entsprach einer nüchternen Überlegung: Der Redner sollte zum einen wieder lebend vom Pult herunterkommen; zum anderen hatte nur eine maßvolle Rede Aussicht, über die bürgerliche Presse im Lande verbreitet zu werden.

Die Nationalsozialisten hätten die verfassungsändernde Mehrheit für das Ermächtigungsgesetz auch ohne ihre verfassungswidrigen Maßnahmen im Vorfeld der Abstimmung erreicht. Mit 444 Ja Stimmen gegenüber 94 Nein-Stimmen nahm das Gesetz die entsprechende Hürde bequem.

Die Macht hätte die NSDAP freilich auch dann nicht wieder aus der Hand gegeben, wenn das Ermächtigungsgesetz an der Barriere der verfassungsändernden Mehrheit gescheitert wäre. Die Verabschiedung des Gesetzes erleichterte die Errichtung der Diktatur aber außerordentlich. Der Schein der Legalität förderte den Schein der Legitimität und sicherte dem Regime die Loyalität der Mehrheit, darunter, was besonders wichtig war, der Beamten. Hitlers Legalitätstaktik – sein Versprechen vom September 1930, die Macht nur auf legalem Weg zu übernehmen – war eine wesentliche Vorbedingung der Machtübertragung vom 30. Januar 1933, hatte an diesem Tag ihren Zweck jedoch noch nicht zur Gänze erfüllt. Sie bewährte sich ein weiteres Mal am 23. März 1933, als sie zur faktischen Abschaffung der Weimarer Reichsverfassung herangezogen wurde. Hitler konnte fortan die Ausschaltung des Reichstags als Erfüllung eines Auftrags erscheinen lassen, der ihm vom Reichstag selbst erteilt worden war.

Dem massiven Druck der Nationalsozialisten hielten allein die Sozialdemokraten stand. Daß nicht ein einziger Abgeordneter aus den Reihen der katholischen und der liberalen Parteien mit ihnen gegen das Ermächtigungsgesetz stimmte, machte nochmals deutlich, woran Weimar letztlich gescheitert war: Der Staatsgründungspartei von 1918 waren die bürgerlichen Partner abhandengekommen. Ohne diese konnte die größte demokratische Partei die Demokratie nicht gegen ihre Gegner behaupten. Was die Sozialdemokraten, auf sich allein gestellt, noch zu tun vermochten, taten sie. Durch ihr Nein zum Ermächtigungsgesetz retteten sie nicht nur ihre eigene Ehre, sondern auch die Ehre der ersten deutschen Republik.

6. WARUM DIE BAUERN HITLER WÄHLTEN

EIN WAHLSOZIOLOGISCHE PIONIERSTUDIE ÜBER SCHLESWIG-HOLSTEIN

Dezember 1963

Der folgende Aufsatz ist der zeitlich früheste des Bandes und zugleich die erste Buchbesprechung, ja der erste Text überhaupt, den ich in der Wochenzeitung «Die Zeit» veröffentlicht habe.

Für die Machtergreifung der Nationalsozialisten nicht das gesamte deutsche Volk, sondern nur bestimmte gesellschaftliche Kräfte verantwortlich zu machen, mutet auch heute noch als ein heikles Unterfangen an. Die von solchen Differenzierungen Betroffenen würden einer Aufhellung ihres Versagens vermutlich sogar die Nacht der Kollektivschuld vorziehen, in der bekanntlich alle Katzen grau sind. Der Wissenschaft jedoch sind derlei irrationale Auswege versperrt. Will sie sich nicht dem Vorwurf aussetzen, die deutsche Katastrophe metaphysisch zu vernebeln, so muß sie unerbittlich nach den sachlichen Bedingungen fragen, die den Zusammenbruch der ersten deutschen Demokratie ermöglicht haben, und nach den Beweggründen derer, die ihn herbeiführten. Sie hat, um Rankes Forderung abzuwandeln, die Frage zu klären, warum es eigentlich so gekommen ist.

Das Buch, um dessen Würdigung es hier geht, stellt sich dieser Aufgabe in vorbildlicher Weise. Bereits 1934 geschrieben, konnte es im damaligen Deutschland nicht mehr veröffentlicht werden – nur eine wenig beachtete volkskundliche Zeitschrift wagte es, eine knappe Zusammenfassung seiner wichtigsten Ergebnisse zu bringen –, so daß es bis zum Erscheinen einer stark gekürzten amerikanischen Ausgabe im Jahre 1945 praktisch unbekannt blieb. Dank der «Vierteljahrshefte für Zeitgeschichte» wird dieses Werk nun endlich auch einem breiteren deutschen Publikum zugänglich gemacht.

Der Verfasser war zu Beginn der dreißiger Jahre Privatdozent für Soziologie in Kiel und ist heute Professor an der Louisiana State University in Baton Rouge (Vereinigte Staaten). Er versucht in dieser Studie eine Erklärung für den merkwürdigen Umstand zu geben, daß dasselbe Schleswig-Holstein, das vor dem Ersten Weltkrieg eine Hochburg des Liberalismus war und 1919 zu den Gebieten mit ausgeprägtester Linksmehrheit gehörte, nach 1928 zunehmend in den Sog der Hitler-Bewegung geriet, bei den Wahlen des Jahres 1930 mit 27 Prozent nationalsozialistischen Stimmen einen Rekord im Reich aufstellte und 1932 schließlich zum ersten und einzigen Wahlkreis wurde, in dem die Nationalsozialistische Partei die absolute Mehrheit erringen konnte.

Sieht man diese Entwicklung vor dem Vergleichshorizont des übrigen Reichsgebiets, so drängt sich nach Ansicht des Verfassers der Eindruck auf, daß «die Erfolgsmöglichkeiten für die NSDAP in Schleswig-Holstein deshalb so günstig waren, weil die hemmenden Momente: Großgrundbesitz, Katholizismus, großindustrielles Proletariat schwach, die begünstigenden Faktoren wie Bauerntum, Kleinbürgertum und Protestantismus für norddeutsche Verhältnisse stark vertreten waren». Doch der Autor bleibt nicht bei Annahmen stehen. Eine eingehende Prüfung der Wahlergebnisse in den drei großen Gebieten Schleswig-Holsteins – der Marsch, der Geest und des Hügellandes – führt ihn zu dem Resultat, daß der Nationalsozialismus überall da, wo die sozialen Gegensätze infolge der Besitzstruktur und Betriebsgrößenverteilung stark waren, geringere Erfolgsaussichten hatte als dort, wo die gesellschaftliche Struktur gleichartiger war. Während die Marschen und Ostholstein mit ihren ausgeprägten sozialen Gegensätzen zwischen Großbauerntum, Großgrundbesitz und Landarbeitern lange Zeit Bollwerke sowohl der Deutschnationalen als auch der sozialistischen Parteien bildeten, vollzog sich in der bäuerlichen Geest schon früh ein Umschwung von den ursprünglich starken liberalen Gruppen zu den Nationalsozialisten. Hier, wo es nur ein an Zahl schwaches ländliches Proletariat gab und zwischen Bauer und Tagelöhner häufig noch ein patriarchalisches Verhältnis waltete, in dieser von starken Besitz- und Klassengegensätzen also weitgehend freien Landwirtschaft, fand die solidaristische Gesellschaftsauffassung der Nationalsozialistischen Partei besonders lebhaften Anklang.

Bei alledem handelt es sich freilich erst um den Nachweis von verhältnismäßig dauerhaften äußeren Bedingungen, die die Ausdehnung des Nationalsozialismus begünstigten. Um den tatsächlichen Machtgewinn der Partei zu verstehen, müssen aber auch die auslösenden Tatsachen dieser Entwicklung herangezogen werden. Heberle sieht sie vor allem in der nachinflationären Verschuldung der schleswig-holsteinischen Landwirtschaft und in der Agrarkrise, die 1926/27 mit dem ersten Sturz der deutschen Schweinepreise einsetzte und sich bald darauf im Zuge der Weltwirtschaftskrise katastrophal zuspitzte. Die Erbitterung der Bauern, die sich damals in Massenkundgebungen und Bombenanschlägen gegen Finanzämter entlud, wurde von keiner Partei wirksamer aufgefangen als von der Hitlers. Mit den Versprechungen ihres protektionistischen Agrarprogramms vom März 1930 und einer darauf gestützten Agitation gelang es ihr, die überwältigende Mehrheit des Landvolkes endgültig davon zu überzeugen, daß seine Ansprüche nicht länger von den Trägern des bisherigen Systems, sondern nur von einer zu radikalem Durchgreifen entschlossenen «nationalen» Bewegung verwirklicht werden konnten und daß nur diese ernsthaft den Willen habe, die Landwirtschaft zum ersten Stand im Staat zu machen.

Die Hinwendung der Bauern zur Nationalsozialistischen Partei ist indessen nach Meinung des Autors nur scheinbar ein radikaler Bruch mit ihrer bisherigen Einstellung: Einmal war bereits der Linksliberalismus Schleswig-Holsteins im Kaiserreich zu einem guten Teil Ausdruck einer Protesthaltung gegenüber dem modernen Staat überhaupt gewesen, so daß der Nationalsozialismus an diese Überlieferung bloß anzuknüpfen brauchte; zum anderen spiegelte sich in den politischen Wandlungen des Landvolkes während der Weimarer Republik letztlich nur eine allmähliche Veränderung seiner realen Interessenlage wider. In demselben Maß nämlich, wie die Industrialisierung das soziale und politische Gewicht des landwirtschaftlich tätigen Bevölkerungsteiles minderte, mußten auch die Aussichten der Bauern sinken, ihre Sonderinteressen im parlamentarisch-demokratischen System, also in Form von Mehrheitsentscheidungen, durchzusetzen.

Zu einer dynamischen Anpassung an veränderte wirtschaftliche Situationen schon infolge der überlieferten Schutzzollpolitik nicht fähig, entschied sich das Bauerntum schließlich nur noch für den jeweils wirksamsten Bürgen seiner Sicherheitsansprüche. Der Übergang zur Nationalsozialistischen Partei stellte insofern oft lediglich «den letzten Schritt einer lange angebahnten Loslösung von der politischen Gedankenwelt des demokratischen Liberalismus dar, in dem man früher einen Weg zur Volksgemeinschaft gesehen hatte».

Herberles Abhandlung will keine Soziologie des deutschen Faschismus sein. Sie unterzieht nur eine gesellschaftliche Stütze der Nationalsozialisten der kritischen Analyse und beschränkt sich dabei auf einen Raum, dessen besondere konfessionelle und soziale Struktur verallgemeinernde Schlüsse auf die deutsche Landwirtschaft schlechthin nur in gewissen Grenzen zuläßt. Eine umfassende Soziologie des Nationalsozialismus müßte sich zudem nicht nur den Wählerschichten, der Mitgliederschaft und der Führungselite der Partei, sondern auch jenen gesellschaftlichen Gruppen zuwenden, die die Hitler-Bewegung ausschließlich als Werkzeug ihrer Interessenpolitik benutzten.

Der Autor ist sich durchaus bewußt, daß er, indem er auf eine Untersuchung dieser weiterführenden Probleme verzichtet, nur den ersten Beitrag zu einer großen, die Kräfte eines Einzelnen übersteigenden Forschungsaufgabe leistet. Wann immer aber dieses Werk in Angriff genommen werden mag – Heberles Arbeit wird in ihrer methodischen Genauigkeit einen der wichtigsten Bausteine dazu liefern.

7. AUFSTAND DES SCHLECHTEN GEWISSENS

EINE NEUE STUDIE ZEIGT, IN WELCHEM MASS DER PREUSSISCHE ADEL SICH HITLER ZUGEWANDT HAT

September 2003

Namen, die keiner mehr nennt: Das war der einprägsame Titel eines der erfolgreichsten Bücher von Marion Gräfin Dönhoff. Es erschien 1977 und handelte von einer unwiederbringlich vergangenen Welt: der ostpreußischen Heimat der langjährigen Mitherausgeberin der *ZEIT*. Namen, die keiner mehr nennt: Das ist auch die Überschrift eines Unterkapitels in Stephan Malinowskis Buch über sozialen Niedergang und politische Radikalisierung im deutschen Adel zwischen Kaiserreich und «Drittem Reich». Doch der Autor verwendet den Buchtitel in einem anderen Sinn als die Gräfin. Er spricht nicht von den vergessenen Namen ostpreußischer Städte und Dörfer, sondern von der Verdrängung der Tatsache, dass zahlreiche Träger großer preußischer, auch ostpreußischer Adelsnamen in der Partei Adolf Hitlers aktiv waren.

Malinowskis «Vom König zum Führer», eine an der Technischen Universität Berlin entstandene, von Heinz Reif betreute Dissertation, dürfte nicht nur unter Historikern Furore machen. Der Autor räumt konsequenter als irgendjemand vor ihm mit einer Legende auf, die bereits in den fünfziger Jahren Teil eines konservativen Gründungsmythos der Bundesrepublik geworden war: der Behauptung vom unüberwindlichen Gegensatz zwischen dem preußischen Adel und dem plebejischen Nationalsozialismus – einem Gegensatz, der seinen höchsten und edelsten Ausdruck im Opfergang der Männer des 20. Juli 1944 gefunden habe. Malinowski stellt den hohen Anteil preußischer Adliger am Widerstand gegen Hitler keineswegs infrage. Aber er widerspricht, gestützt auf ein umfangreiches und sorgfältig ausgewertetes Quellenmaterial, der These von der Auflehnung «des» Adels gegen die nationalsozialistische Diktatur: Die Zahl der Adligen, die dem «Führer» bis zum bitteren Ende die Treue gehalten hätten, sei sehr viel größer gewesen als die Zahl derer, die auf seinen Sturz hinarbeiteten.

Opposition und Regimenähe bildeten keine gegeneinander abgeschotteten Welten. Auch jene preußischen Adelsfamilien, aus denen die aktivsten Frondeure gegen Hitler hervorgingen, wiesen eine hohe Anzahl von Mitgliedern der NSDAP auf: Unter den Schulenburgs etwa gab es am 30. Januar 1933, dem Tag der Machtübertragung an Hitler, bereits 17 Parteigenossen; bis zum Kriegsende wuchs die Zahl auf 41 an. 20 Bernstorffs, 27 Hardenbergs, 52 Schwerins, 30 Tresckows und Treskows, 43 Kleists und 14 Stülpnagels traten teils vor, teils nach 1933 der NSDAP bei. Und nicht selten waren es ehedem bekennende Nationalsozialisten, die sich im Zweiten Weltkrieg dem Widerstand anschlossen.

Statistisch stammt der typische Adlige in der NSDAP nach Malinowskis Befunden «aus dem ostelbischen Kleinadel, war männlich, jung, protestantisch, mit militärischer Vorprägung und ohne eigenen Grundbesitz». Doch nicht nur die Partei Hitlers zog Adlige an, auch der «Orden unter dem Totenkopf» tat es. 1938 waren 8,4 Prozent der Standartenführer, 14,3 Prozent der Brigadeführer, 9,8 Prozent der Gruppenführer und 18,7 Prozent der Obergruppenführer der SS Adlige. Was immer adlige «Erzählgemeinschaften» nach 1945 über ihre angeblich seit jeher gewahrte Distanz zum Nationalsozialismus zu Protokoll gaben: Der typische Adlige war in den Jahren des «Dritten Reiches» kein Widerstandskämpfer, sondern eine Stütze des Regimes.

Malinowski geht es nicht um Entlarvung, sondern um Aufklärung. Er liefert keine politische Chronique scandaleuse des deutschen Adels, sondern treibt Ursachenforschung. Warum gab es eine von der bisherigen Literatur kaum wahrgenommene, oft schlankweg geleugnete Wahlverwandtschaft zwischen Adel und Nationalsozialismus? Weshalb setzte schon um 1930 ein «Run» von Adligen zur NSDAP ein? Wie erklären sich die offenkundigen Parallelen im politischen Verhalten von Adel und altem Mittelstand, der sich um dieselbe Zeit der Bewegung Hitlers zuwandte?

Es sind solche Fragen, die Malinowski umfassend und das heißt: historisch weit ausholend, zu beantworten versucht. Dabei bleibt er sich stets bewusst, dass es «den» deutschen Adel gar nicht gab. Er unterscheidet zwischen «Grandseigneurs», «Kleinadel» und «Adelsproletariat»; er stellt dem protestantischen Adelsmilieu Ostelbiens die katholischen Adelskulturen Bayerns und Westfalens gegenüber, wobei er den bayerischen Adligen die relativ größte Ferne zum Nationalsozialismus bescheinigt; er wendet sich auch den wenigen «atypischen» Adligen zu, die sich zur Zeit der Weimarer Republik in den liberalen Parteien oder gar auf der politischen Linken, bei Sozialdemokraten und Kommunisten, engagierten.

Im Vordergrund der Untersuchung steht, weil er die mit Abstand größte Gruppe stellte, der in sich überaus vielschichtige Kleinadel. Sein sozialer Abstieg war eine Folge der fortschreitenden Industrialisierung im 19. und frühen 20. Jahrhundert – eine Erfahrung, die er mit Teilen des handwerklichen und kaufmännischen Mittelstandes teilte. Beide Gruppen reagierten auf das Gefühl des Niedergangs mit einer Hinwendung zur nationalistischen und antisemitischen Rechten. Der Prozess der Radikalisierung war schon im Kaiserreich weit fortgeschritten, steigerte sich dann aber dramatisch im Gefolge der Niederlage im Ersten Weltkrieg und der Revolution von 1918/19. Keine Gruppe der deutschen Gesellschaft habe das Ende der Monarchie so sehr als eigenen Absturz erlebt wie der Adel, urteilt Malinowski. Die ganz und gar unheroische Flucht Kaiser Wilhelms II. nach Holland wurde als tiefe Schmach, ja vielfach als Verrat am Geist des alten Preußen und der Tradition des Hauses Hohenzollern empfunden; sie entzog dem Monarchismus in weiten Kreisen des Adels den Boden und trug dazu bei, dass vor allem jüngere Adlige ihre politische Heimat nicht bei den kaisertreuen Deutschnationalen, sondern bei völkischen Gruppierungen der äußersten Rechten und später bei den Nationalsozialisten suchten und fanden.

Die Deutsche Adelsgenossenschaft (DAG), der größte Zusammenschluss des deutschen Adels, rückte in den Jahren der Weimarer Republik so weit ins Lager der rechtsradikalen Republikfeinde, dass sich der durchaus konservative Reichswehrminister Wilhelm Groener 1929 genötigt sah, den Angehörigen und zivilen Beschäftigten der Reichswehr die Mitgliedschaft in der DAG zu untersagen. Schon 1920 führte die Deutsche Adelsgenossenschaft den «Arierparagraphen» ein: Wer unter seinen männlichen Vorfahren einen nach dem Jahr 1800 geborenen «Nichtarier» hatte, konnte nicht Mitglied des Verbandes sein. In das Eiserne Buch des deutschen Adels deutscher Art, kurz EDDA genannt, das erstmals 1925 erschien, wurden nur Adlige aufgenommen, die ihre arische Abstammung nachweisen konnten. Der Jude als Verkörperung jener Moderne, von der sich große Teile des Adels existenziell bedroht fühlten: Der Brückenschlag zum Nationalsozialismus fiel nicht schwer, wenn man sich diese Sichtweise zu Eigen gemacht hatte.

Der Nationalsozialismus versprach zudem «Führertum», was dem antidemokratischen Denken der meisten Adligen sehr entgegenkam. Er gab sich antibürgerlich, was ihn dem Gros des Adels und zumal des Kleinadels ebenfalls anziehend erscheinen ließ. Doch damit hob sich der Adel weniger, als Malinowski meint, vom Bürgertum ab. Die akademische Jugend, die ganz überwiegend aus bürgerlichen Familien kam, war gegen Ende der Weimarer Republik nicht weniger «antibürgerlich» eingestellt als junge Adlige. Sie war auch nicht weniger antisemitisch und vom autoritären Führergedanken fasziniert, als Malinowski dies für die deutschen Adligen und zumal die der jüngeren Generation nachweisen kann. Zumindest der Kleinadel hatte mit dem bürgerlichen Deutschland viel mehr gemein, als der Verfasser wahrhaben will.

Der älteren Lehrmeinung, ein adlig-bürgerliches «Bündnis der Eliten» habe Weimar zu Fall und Hitler an die Macht gebracht, setzt Malinowski seine Auffassung entgegen, bei der Annäherung zwischen Adel und Nationalsozialismus habe es sich um ein Bündnis der «Deklassierten aller Klassen» gehandelt. Doch die beiden Deutungen schließen sich nicht aus. Die Hinwendung großer Teile des Kleinadels zum Nationalsozialismus, die wohl noch mehr mit Abstiegsängsten als mit tatsächlichem Abstieg zu tun hatte, gehört in das Kapitel Aufstieg der NSDAP zur Massenbewegung. Was ostelbische Rittergutsbesitzer und andere Hochkonservative 1932/33 unternahmen, um dem widerstrebenden Reichspräsidenten von Hindenburg die Zustimmung zur Kanzlerschaft Hitlers abzuringen, konnten sie nur tun, weil sie über ein Privileg verfügten, das Angehörige der Machtelite auszeichnete: den Zugang zum Machthaber.

Vermutlich wird Malinowski den Vorwurf zu hören und zu lesen bekommen, er wolle den Deutschen einen der wenigen positiven Bezugspunkte in der Geschichte der Jahre 1933 bis 1945 nehmen: die Erinnerung an den «Aufstand des Gewissens» vom 20. Juli 1944. Tatsächlich spricht der Autor von einem «Aufstand des schlechten Gewissens», aber er will damit nicht die moralische Größe derer schmälern, die sich unter Einsatz ihres Lebens gegen Hitler auflehnten. Gerade vor dem Hintergrund von Traditionen, die ein Arrangement zwischen Adel und Nationalsozialismus nahe legten, nötige «der widerspruchsvolle Weg einzelner Adliger in den Widerstand jedem unbefangenen Beobachter höchsten Respekt ab, während die längst etablierte Einsicht, dass die Verschwörer keine Demokraten waren, kaum erstaunen kann».

Es gibt nicht viele Erstlingsarbeiten, die gedanklich und sprachlich so ausgereift sind wie diese. Scheinbar mühelos verbindet Malinowski kultur- und sozialgeschichtliche Fragestellungen mit der Analyse politischer Prozesse. Sein Buch ist sehr viel mehr als ein Beitrag zur Geschichte des deutschen Adels im 19. und 20. Jahrhundert. Noch nie ist das Scheitern des deutschen Konservativismus in Kaiserreich, Weimarer Republik und «Drittem Reich» so quellennah und so scharfsinnig dargestellt worden wie hier. «Der Untergang des Dritten Reiches fiel auch mit dem Untergang des ostelbischen Adels zusammen», schreibt Malinowski. Wer sein Buch liest, wird besser als zuvor begreifen, warum es so gekommen und 1945 zur tiefsten Zäsur der deutschen Geschichte geworden ist.

8. VOM DRACHENTÖTER ZUR DROGE

NEUE ERKENNTNISSE ÜBER DIE ENTWICKLUNG DER VOLKSMEINUNG IM NATIONALSOZIALISTISCHEN DEUTSCHLAND

April 1981

Von einem bestimmten Zeitpunkt ab, so glaubt ein englischer Historiker nachweisen zu können, wurde Adolf Hitler zum Opfer seines eigenen Führermythos. Der Tag, an dem dies geschah, war der 7. März 1936 – jener Tag, an dem die «Wehrmacht, ohne daß ein Schuß fiel, das entmilitarisierte Rheinland besetzte: Das ist die These von Ian Kershaw in seinem kürzlich erschienenen Buch: «Der Hitler-Mythos – Volksmeinung und Propaganda im Dritten Reich». Kershaw kann gute Gründe für seine Annahme ins Feld führen, und dasselbe gilt für den Zusatz, den er seiner Entdeckung beifügt: «Der Tag, an dem Hitler anfing, an seinen eigenen Mythos zu glauben, barg in sich auch schon den Anfang vom Ende des Dritten Reiches.»

Hervorgegangen ist die Studie aus einem großangelegten Forschungsunternehmen des Münchner Instituts für Zeitgeschichte, das sich seit Jahren mit dem Thema «Bayern in der NS-Zeit» befaßt und hierzu bereits zwei umfangreiche und gehaltvolle Bände vorgelegt hat. Bayern bildet denn auch das räumliche Untersuchungsfeld Kershaws. Seine Quellen sind die regelmäßigen Berichte, die verschiedenartige Behörden – Dienststellen der NSDAP, innere Verwaltung, Justiz, Polizei und Sicherheitsdienst – über die politische Einstellung und das Verhalten der Bevölkerung erstatteten. Zwar haben schon andere Autoren mit Hilfe ähnlicher Zeugnisse Aufschluß über die Volksmeinung in der Zeit des Nationalsozialismus zu gewinnen versucht. Aber für keinen anderen Teil Deutschlands sind die entsprechenden Berichte so vollständig überliefert wie für

Bayern, und so systematisch wie Kershaw hat auch noch kein Historiker nach dem gefragt, was in der Tat ein Schlüssel zum Verständnis des «Dritten Reiches» ist: den Wirkungen, die der Führermythos zwischen 1933 und 1945 auf die breiten Massen des deutschen Volkes ausgeübt hat.

Vieles, was der englische Forscher herausgefunden hat, bestätigt Eindrücke der Zeitgenossen: Hitler war weit populärer als seine Partei. Auf die NSDAP fiel schon bald nach ihrer «Machtergreifung» das negative Klischeebild zurück, das sie in den Jahren zuvor von den anderen Parteien gemalt hatte. Die «kleinen Hitler» wurden viel kritischer gesehen als der große; sie galten oft als «Bonzen», die um kein Haar besser waren als die Repräsentanten der «Systemzeit».

Im oberbayrischen Grafing etwa, wo sich der unbeliebte Ortsgruppenleiter im Sommer 1934 zum Bürgermeister hatte ernennen lassen, beklagten sich Bürger und Bauern, die «Parteiwirtschaft sei heute noch viel größer in der Kommune, und in den Behörden sind solche Leute als Führer vertreten, auf die früher die Leute mit den Fingern gedeutet haben. Solange solche Leute nicht ihres Postens enthoben, die von der Kommunalpolitik nichts verstehen und durch wirklich tüchtige, national denkende Leute nicht ersetzt werden, solange können sie der Regierung kein Vertrauen entgegenbringen.» Der dies zu Papier brachte, war ein Gendarmeriebeamter, und er dachte wohl nicht viel anders als die meisten Grafinger.

Hitler: Das war der weise und wohlmeinende, jedoch leider von schlechten Beratern umgebene Herrscher, der nichts von dem wußte, was seine unfähigen oder bestechlichen Gefolgsleute trieben. Erfuhr er aber doch einmal davon, dann brachte er die Dinge schnell wieder ins Lot, kehrte auch, wenn es sein mußte, mit eisernem Besen, um Ordnung und Sauberkeit wiederherzustellen. Die Ermordung Röhms und anderer hoher SA-Führer im Sommer 1934 schadete Hitlers Ansehen nicht. Im Gegenteil: Er erschien nun als ein moderner Drachentöter, der das Volk von seinen inneren Feinden befreite. Ein Bericht aus Marktredwitz in der bayrischen Ostmark hielt fest, was auch aus anderen Orten mitgeteilt wurde: «Der Führer hat bei der breiten Masse, insbesondere bei jenen, welche der Bewegung noch abwartend gegenüberstanden, durch sein tatkräftiges Handeln ungeheuer gewonnen; man bewundert ihn nicht nur, er wird vergöttert ...»

Hitlers große Popularität hatte, so urteilt Kershaw, «wenig mit dem eigentlichen Wesen des Nationalsozialismus und noch weniger mit der Partei, deren Führer er war, zu tun». Wie mancher mittelalterliche König vor Unpopularität geschützt wurde, weil das Volk bösen Ratgebern die Schuld für drückende Lasten, und ungerechte Maßnahmen in die Schuhe schieben könnte, so blieb Hitlers persönliches Charisma von den Unzuträglichkeiten des braunen Alltags weithin unberührt. Hitler, so Kershaw, war die Verkörperung eines deutschen Traums. Der nationalen Demütigung durch die Sieger von 1918 hatte der «Führer» ein Ende bereitet und Deutschland wieder zu internationalem Ansehen verholfen. An die Stelle des Klassenkampfes hatte er die Volksgemeinschaft gesetzt – jedenfalls schien das den Bürgern und Bauern so, die soziale Konflikte immer schon den Machenschaften marxistischer Agitatoren zugeschrieben hatten. Aber auch viele Arbeiter hielten es Hitler persönlich zugute, daß sie wieder zu Erwerb gekommen waren.

Das Bild der deutschen Provinzgesellschaft, das Kershaw zeichnet, hat wenig gemein mit der Vorstellung von einer «sozialen Revolution», wie sie einigen Soziologen und Historikern zufolge von den Nationalsozialisten in Gang gesetzt worden sein soll. Eine soziale «Modernisierung wider Willen» hat – vor 1939 jedenfalls – nicht stattgefunden. Es gab wohl «plumpe und schikanöse, jedoch nur partielle Eingriffe» (Kershaw) in die traditionelle Welt. Der wichtige Unterschied zur Zeit vor 1933 lag darin, daß die Arbeiter ihre Organisationen verloren hatten. Damit war die einzige Kraft ausgeschaltet, welche die überkommene Gesellschaftsordnung in Frage gestellt hatte. Die Welt schien wieder in Ordnung – eine Welt, wie sie so sicher und unangefochten selbst zu Kaisers Zeiten nicht mehr gewesen war.

Doch es schien nur so. Denn der «Führer», den die Massen liebten, war ja nicht der wirkliche Hitler. Die Mehrheit des Volkes nahm seine Friedensbeteuerungen ernst und war innerlich auf den Krieg durchaus nicht vorbereitet, den Hitler, seinem eigenen Mythos seit 1936 immer mehr verfallend, so rasch wie möglich führen wollte. Zwar blieb der Führermythos auch während des Krieges die stärkste Integrationskraft des Regimes, ja man wird sogar behaupten können, daß der Glaube an die Unfehlbarkeit Hitlers nach dem Sieg über Frankreich seinen absoluten Höhepunkt erreichte. Aber je länger der Krieg dauerte und je mehr die Siegeshoffnungen dahinschwanden, desto mehr wuchsen bei vielen die

Zweifel, ob der «Führer» wirklich von der Vorsehung geleitet wurde. Solche Zweifel begannen sich schon vor der Katastrophe von Stalingrad zu verbreiten; sie wurden freilich auch immer wieder verdrängt. Denn welcher Sinn ließ sich den Schicksalschlägen noch abgewinnen, wenn auf Hitler kein Verlaß mehr war? In Kershaws Worten: «Der Führer war zur Droge geworden, die das Volk brauchte, gerade als es anfing, unsicher zu werden, wie es weitergehen sollte.»

Das Buch des englischen Historikers könnte einen mittlerweile alten Streit der Historiker entschärfen helfen – den Disput darüber, ob sich die Politik des «Dritten Reiches» aus den Intentionen Hitlers oder aus den Strukturen des nationalsozialistischen Systems ableiten läßt. Sie war auch der Gegenstand einer wissenschaftlichen Tagung, die das Deutsche Historische Institut in London im Mai 1979 veranstaltet hat. Die Vorträge liegen nun gedruckt vor in dem von Gerhard Hirschfeld und Lothar Kettenacker herausgegebenen Band «Der ‹Führerstaat›: Mythos und Realität – Studien zur Struktur und Politik des Dritten Reiches».

Um das Ergebnis vorwegzunehmen: Die beiden konkurrierenden Ansätze lenken das Auge auf verschiedene Ausschnitte der Wirklichkeit und ergänzen sich insofern. Aber einer «Erklärung» des nationalsozialistischen Regimes sind nach Ansicht des Rezensenten die «Strukturalisten» sehr viel näher als die «Intentionalisten».

Die ganz auf das Programm des «Führers» abgestellte Betrachtungsweise vertritt vor allem Klaus Hildebrand. Für ihn gibt es keinen Zweifel daran, daß Hitler «bis zum Schluß der alleinige Herr und Meister der Bewegung» blieb. Aber dagegen steht, daß gesellschaftspolitische Fragen Hitler nicht sonderlich interessierten. Konflikte zwischen einzelnen Parteigliederungen oder zwischen Parteistellen und Staat ließ er weiterschwelen, ohne eine Entscheidung zu fällen. Das geschah meist nicht nach dem Motto «Teile und herrsche», also aus einem machiavellistischen Kalkül heraus, sondern wie Peter Hüttenberger zeigt, aus schierem Dilettantismus. Deswegen konnten sich starke gesellschaftliche Gruppen wie die Industrie auch sehr viel besser behaupten als die überwiegend mittelständische Parteibasis, die vergeblich darauf wartete, daß Hitler sich zu ihrem Fürsprecher machte.

Lothar Kettenacker greift mithin gründlich daneben, wenn er die nationalsozialistische Machtergreifung eine «Revolution des Kleinbürgertums» nennt. Die Oberschicht und das Bildungsbürgertum werden durch derlei griffige Formeln exkulpiert, und wie unzulässig das ist, macht im gleichen Band Gunnar Boehnert in seinem Beitrag über die Juristen im Führerkorps der SS deutlich. Gleichfalls in die Irre führt es, im Nationalsozialismus nur eine besonders brutale Spielart des kapitalistischen Konkurrenzprinzips zu sehen, wie Tim Mason es in einem ansonsten brillanten Referat vorschlägt. Was die staatlich verordnete Menschenvernichtung betrifft, so läßt sich der Nationalsozialismus mit keiner der kapitalistischen Demokratien und nicht einmal mit dem italienischen Faschismus vergleichen, wohl aber mit der Sowjetunion Stalins – und die beruhte bekanntlich nicht auf Privateigentum und Marktwirtschaft.

In einem Punkt gibt es zwischen den Autoren des hier angezeigten Bandes grundsätzlichen Konsens: Wenn Hitler etwas wirklich wollte, dann war er in einer stärkeren Position als alle anderen Machtträger des «Dritten Reiches». Aber Hitler verfolgte im Grunde nur einige wenige Ziele mit Nachdruck.

Kershaw, der auch zu den Autoren des Sammelbandes gehört, hat den Nachweis erbracht, daß das «Dritte Reich» weniger durch den Willen Hitlers als durch den «Mythos Hitler» zusammengehalten wurde. Der Zweite Weltkrieg und der rücksichtslose Kampf gegen das Judentum aber hatten nach der begründeten Meinung desselben Autors ihren unmittelbaren Ursprung nicht im Glauben an Hitler, sondern im Glauben Hitlers.

Daß ein Mann von den Überzeugungen Hitlers die Macht in Deutschland ergreifen und zwölf Jahre lang ausüben konnte, läßt sich letztlich wohl nur aus dem zwiespältigen Erbe des Kaiserreiches erklären: Einerseits war die Tradition des Obrigkeitsstaates so lebendig, daß die parlamentarische Demokratie von Weimar niemals populär wurde; andererseits waren die Deutschen seit langem an das allgemeine Wahlrecht gewöhnt, so daß Gegner der Demokratie nur dann eine wirkliche Chance hatten, wenn sie es verstanden, breite Massen hinter sich zu bringen. Hitler besaß diese Fähigkeit in hohem Maß, und das veranlaßte schließlich Teile der alten Machtelite, auf ihn zu setzen. Die Massenbeherrschung bildete die Grundlage seines Erfolges – vor 1933 und danach.

9. AUS DER ANGST ENTSTANDEN

ERNST NOLTES WERK ÜBER DEN FASCHISMUS IN SEINER EPOCHE

März 1964

Obgleich die Geschichtswissenschaft durch Werke von Außenseitern oft genug schon entscheidende Bereicherung erfahren hat, haftet dem Wort «Amateurhistoriker» noch immer ein leicht abschätziger Klang an. Vermutlich wird es auch Ernst Nolte, der Autor der ersten Gesamtdarstellung des europäischen Faschismus, zu hören bekommen. Wenn ein gelernter Philosoph sich der Geschichte zuwendet und dabei seine geistige Herkunft so wenig verleugnet wie er, muß er bei manchen Vertretern der Zunft von vornherein mit gesteigerter Bereitschaft zur Kritik rechnen. Von Einwänden wird in der Tat noch zu reden sein – aber die erste Feststellung, zu der Noltes monumentale Abhandlung herausfordert, ist doch die: Dies ist eines der bestgeschriebenen und gedankenreichsten Bücher, die seit langem auf dem Markt der historischen Literatur in Deutschland erschienen sind.

Daß der Faschismus das kennzeichnendste Phänomen der Zwischenkriegszeit ist, diese Einsicht findet sich bereits bei Thomas Mann. Nolte unternimmt es, sie wissenschaftlich zu erhärten. Wichtigster gemeinsamer Ausgangspunkt der faschistischen Bewegungen ist für Nolte die militante Reaktion von Teilen des Mittelstandes auf die revolutionären Zielsetzungen des Proletariats.

Damit ist gesagt, daß es ohne Marxismus keinen Faschismus gegeben hätte – oder doch zumindest soviel: Erst der Kampf der Industriearbeiterschaft um ihre politische Emanzipation *und* die Formen, die diese Bestrebungen während des Ersten Weltkrieges und unmittelbar danach annahmen, haben der Radikalisierung der privilegierten Schichten den Boden bereitet. Frühformen dieser Bewegung freilich hatte es auch schon vor dem Krieg gegeben, Charles Maurras' «Action Française» etwa. Aber es bedarf der Erfahrung des Weltereignisses vom November 1917 in Rußland, der Revolution und des Rätezwischenspiels in Deutschland, des rapiden Anwachsens der Linken und der großen Streiks in Italien, um den Faschismus zu einer geballten Massenbewegung in einer Vielzahl europäischer Länder zu machen.

Es gehört zu den echten Entdeckungen Noltes, daß am Anfang der beiden bedeutendsten Zweige dieser Bewegung eine «Lebenslüge» steht: die Umfälschung der Kämpfe von Vittorio Veneto in die Entscheidungsschlacht des Weltkrieges hat, so meint der Verfasser, für den italienischen Faschismus eine ähnliche Rolle gespielt wie die Dolchstoßlegende für den Nationalsozialismus. Legende ist aber auch, was in Italien wie in Deutschland die späteren faschistischen Regime für sich in Anspruch nehmen: sie seien die Retter ihrer Länder vor dem Bolschewismus gewesen.

Nolte gelangt zu bemerkenswerten Unterscheidungen zwischen dem linken und dem rechten Totalitarismus: Während sich der Zwangscharakter des stalinistischen Systems nicht aus einem grundsätzlichen Entschluß zum Angriffskrieg, sondern aus dem Streben erklärt, um jeden Preis den industriellen Vorsprung des Westens einzuholen, konnte eine Industriemacht wie Deutschland, die in der ersten Reihe der Entwicklung stand, «in Hitlers Epoche nichts anderes wollen als den Krieg, wenn sie sich einer totalitären Anstrengung unterzog». Für die Beurteilung eines «totalitären» Systems reicht mithin dieser Begriff nicht aus; er bezeichnet lediglich die Form der Herrschaftsausübung, sagt aber nichts über seine Zielsetzung aus.

Worin für den Faschismus und insbesondere für seine extremste Ausprägung, den Nationalsozialismus, dieses Ziel besteht, darüber versucht Nolte in einem anspruchsvollen und eigenwilligen Schlußkapitel Aufschluß zu geben: Es ist «Widerstand gegen die Transzendenz» schlechthin, radikale Opposition gegen jede Kritik und Veränderung dessen, was man als naturgegebene Ordnung und unantastbare Wirklichkeit versteht.

Nolte bekennt sich zur «phänomenologischen» Betrachtungsweise; neben dem äußeren Erscheinungsbild der Bewegungen ist es vor allem das Selbstverständnis ihres Führers, das ihn interessiert. So wichtig das Wissen hiervon aber für den Historiker ist, er muß es doch stets in Beziehung setzen zu den Kräften, die die Handelnden tragen. Nicht wie Hitler sich selber deutete, ist das entscheidende Problem, sondern warum seine Forderungen bei bestimmten Gruppen der Gesellschaft ein Echo fanden; und nicht die Frage, ob manche Beweggründe der faschistischen Parteien «verständlich» erscheinen, kann der letzte Maßstab für ihre Beurteilung sein, sondern allein das Verhältnis ihrer Ziele zu den wirklichen, den historischen Bedürfnissen ihrer Zeit.

Hier muß die Methode Noltes versagen. Um die Frage zu klären, warum es überhaupt zum Faschismus kam, dazu wäre eine andere Betrachtungsweise nötig gewesen: Sie hätte durch den Vergleich der äußeren gesellschaftlichen Bedingungen wie der politischen Überlieferungen in den einzelnen Ländern die typischen Voraussetzungen und die typische Gestalt eines faschistischen Systems ermitteln und den Zusammenhang seiner besonderen Ausformungen mit den jeweils unterschiedlichen Verhältnissen prüfen müssen. Vermutlich hätte eine solche Methode auch eine weniger willkürliche Auswahl der Faschismen ermöglicht, als sie das vorwiegend geistesgeschichtliche Interesse des Autos getroffen hat: Die iberischen Herrschaftsformen bleiben, obwohl an Wirkung der Action française gewiß überlegen, bei Nolte fast gänzlich außer Betracht.

Der Philosoph Nolte bekennt sich zu dem – in derart verallgemeinerter Form höchst anfechtbaren – Grundsatz, der Forscher bedürfe, um objektiv zu sein, einer gewissen «Sympathie» mit seinem Gegenstand. Der Angst Nietzsches und Maurras' um die überkommene Kultur glaubt er solches Verständnis nicht versagen zu dürfen; und da diese Angst angeblich im Faschismus insgesamt nachwirkt, fällt schließlich doch noch ein milderes Licht auf ihn. Es mag dahingestellt bleiben, wie es um eine Kultur steht, die die Zweiteilung der Gesellschaft zu ihrer Vorbedingung macht – aber daß der Faschismus als Massenbewegung und als politisches Werkzeug seiner Interessenten nicht der Sorge um die Bewahrung von Kulturwerten entsprang, sondern zuerst und zunächst der Angst um gesellschaftliche Positionen, das ist zu augenfällig, als daß es irgendeine Überhöhung vertrüge.

Noltes Buch ist somit schwerlich das letzte Wort zu einer Epoche, die die hergebrachten Grundsätze des historischen Verstehens selbst in Frage gestellt hat. Ebenso gilt aber, daß sein Werk nicht nur eine Fülle neuer Einsichten vermittelt, sondern als eine Frucht angestrengten Nachdenkens auch im Ganzen hohen geistigen Rang besitzt. Es hat einen Maßstab gesetzt.

10. EIN EUROPÄISCHER BÜRGER NAMENS HITLER

ERNST NOLTE SCHEITERT MIT SEINEM VERSUCH, DEN NATIONALSOZIALISMUS AUS DEM BOLSCHEWISMUS ABZULEITEN

Dezember 1987

Warum sollte ein Wissenschaftler nicht auch einmal sein eigener Werbetexter sein? Als der Berliner Historiker Ernst Nolte im Juli 1987, nach mehreren Absagen angesehener Verlagshäuser, nach einem neuen Betreuer für sein Manuskript «Schreckbild und Vorbild. Der Nationalsozialismus und die Sowjetunion 1917–1945» suchte, empfahl er den angeschriebenen Verlegern die folgende Kennzeichnung als unbestreitbar richtig: «Das Buch, das in seiner Entstehungsphase den ‹Historikerstreit› hervorbrachte und das nach seinem Erscheinen die Diskussion auf ein wissenschaftliches Niveau heben wird.» Der Propyläen-Verlag muß der Versicherung Glauben geschenkt haben, denn er bringt jetzt das umfängliche Werk unter dem Titel «Der europäische Bürgerkrieg 1917–1945. Nationalsozialismus und Bolschewismus» auf den Markt.

Daß es dem «Historikerstreit» von 1986 an wissenschaftlichem Niveau mangelte, ist partienweise durchaus zutreffend. Zumindest fehlte dem Disput von Anfang an etwas, was sonst für Kontroversen unter Historikern typisch ist: die Auseinandersetzung um die zutreffende Deutung bekannter oder neu entdeckter Quellen. Der «Historikerstreit» brachte, anders als die Meinungskämpfe der sechziger Jahre um die Kriegsschuld von 1914 (die «Fischer-Kontroverse») oder die Beurteilung der deutschen Revolution von 1918/19 (die «Rätediskussion») keine neuen historischen Erkenntnisse hervor. Verglichen mit dem jüngsten «Historikerstreit» war selbst die Debatte um den «deutschen Sonderweg», die um 1980 entbrannte, ein Muster an Wissenschaftlichkeit – ein Schlagabtausch, bei dem die Kontrahenten immer wieder auf ihre eigenen Forschungen und die der Gegenseite Bezug nahmen.

Beim «Historikerstreit» hingegen ging es auf weiten Strecken um bloße Behauptungen und Postulate. Da verlangte beispielsweise Andreas Hillgruber in seiner Schrift «Zweierlei Untergang» (Berlin 1986), der Historiker müsse sich, im Hinblick auf das Ende des Zweiten Weltkrieges, mit «dem konkreten Schicksal der deutschen Bevölkerung im Osten und mit den verzweifelten und opferreichen Anstrengungen des deutschen Ostheeres und der deutschen Marine im Ostseebereich identifizieren», und Ernst Nolte stellte, auf die Judenvernichtung eingehend, in der *FAZ* vom 6. Juni 1986 die rhetorischen Fragen: «Vollbrachten die Nationalsozialisten, vollbrachte Hitler eine ‹asiatische› Tat vielleicht nur deshalb, weil sie sich und ihresgleichen als potentielle oder wirkliche Opfer einer ‹asiatischen› Tat betrachteten? War nicht der ‹Archipel GULag› ursprünglicher als Auschwitz? War nicht der ‹Klassenmord› der Bolschewiki das logische und faktische Primus des Rassenmords der Nationalsozialisten?» Noltes Buch will also auf wissenschaftliches Niveau heben, was er selbst, in einer anderen rhetorischen Frage seines Aufsatzes, mit dem bierseligen Räsonnement von Spießern in Verbindung gebracht hatte: «Aber war es wirklich nur die Verstocktheit des ‹pays reel› der Stammtische, die diesem Nichtvergehen der Vergangenheit widerstrebte und einen ‹Schlußstrich› gezogen wissen wollte, damit die deutsche Vergangenheit sich nicht mehr grundsätzlich von anderen Vergangenheiten unterscheide?»

An seiner Antwort gab es schon damals keinen Zweifel, und das neue Buch stellt es erneut unter Beweis: Nolte sieht in den faschistischen Bewegungen und auch in ihrer radikalsten Erscheinungsform, dem Nationalsozialismus, vor allem eine Antwort auf den Bolschewismus, und zwar, wenn man die Grausamkeiten der «Roten» im russischen Bürgerkrieg und ihre Kampfansagen an die «Weltbourgeoisie» in Rechnung stellt, eine im Kern durchaus «zeitgerechte», also verständliche, ja, letztlich historisch notwendige Antwort. Der Bolschewismus war, so lautet die zentrale These, für den Nationalsozialismus Schreckbild und Vorbild in einem, und eben dadurch, daß er zum Vorbild des Nationalsozialismus wurde, konnte dieser wiederum zum Schreckbild für die Bolschewiki werden.

Nolte macht sich den Versuch einer Beweisführung nicht einfach. Mit Hilfe wiederbelebter «elementarer russischer Sprachkenntnisse» und einer einschlägig vorgebildeten Hilfsassistentin hat er, wie er schreibt, sogar «in bescheidenem Umfang russische Quellenstudien treiben können». Ihr wesentlichster Ertrag ist die auszugsweise Übersetzung einer Rede des späteren Generalsekretärs der Kommunistischen Internationale, Grigori J. Sinowjew, vom 17. September 1918. Darin heißt es: «Von den hundert Millionen der Bevölkerung in Sowjetrußland müssen wir neunzig für uns gewinnen. Mit den übrigen haben wir nicht zu reden, wir müssen sie ausrotten.»

Wenige Wochen nach einem Attentat auf Lenin ging es Sinowjew in erster Linie wohl um Abschreckung durch Psychoterror. Aber es liegt auf der Hand, daß nicht nur die Bluttaten der Bolschewiki (von denen der «Weißen» ist bei Nolte nur am Rande die Rede), sondern auch die verbalen Drohungen, die Klassenfeinde würden ihrer verdienten Strafe, der Vernichtung, nicht entgehen, in Europa Angst und Schrecken verbreiteten. Niemand hat sich in den zwanziger und frühen dreißiger Jahren dieser Angst mit größerem Geschick und Erfolg bedient als Hitler, und insofern gibt es zwischen der bolschewistischen Revolution und dem Aufstieg des Nationalsozialismus in der Tat eine ursächliche Beziehung oder, wie Nolte es ausdrücken würde, einen «kausalen Nexus».

Ebensowenig umstritten ist ein anderer Zusammenhang. Es heißt mittlerweile Eulen nach Athen oder besser Bierkrüge nach München tragen, wenn man darauf hinweist, daß die bayerische Metropole nicht zufällig zur «Hauptstadt der Bewegung» wurde: Der Schock der beiden Räterepubliken vom Frühjahr 1919, erst derjenigen der linken Schwabinger Bohème, dann der kommunistischen, saß tief und trug viel dazu bei, daß Hitlers radikal antimarxistische NSDAP bei Bürgern und Kleinbürgern Münchens schon frühzeitig lebhaften Anklang fand. Für die letzten Jahre Weimars gilt Entsprechendes. Welcher sachkundige Historiker würde bestreiten, daß die Umsturzparolen der KPD, ihr Ruf nach der Ausschaltung der Bourgeoisie und der Errichtung eines «Sowjetdeutschland», eine der Ursachen für den Wählerzustrom zur NSDAP waren? Hätte Nolte die Literatur gründlicher gelesen, wären ihm viele seiner Erkenntnisse weniger originell erschienen, als es offenbar der Fall ist. Aber dies ist eine der großen Enttäuschungen, die Nolte kritischen Lesern bereitet: Sein Werk steht mitnichten auf der Höhe des Forschungsstandes.

Es wäre ein leichtes, Dutzende von Titeln aufzuführen, die Nolte schlankweg ignoriert hat, obwohl sie für sein Thema grundlegend sind. Um nur wenige Beispiele zu nennen: Er kennt nicht Peter Lösches Buch über den «Bolschewismus im Urteil der deutschen Sozialdemokratie 1903–1920» (1967); er nimmt weder Notiz von Werner Angress' Studie über die «Kampfzeit der KPD 1921–1923» (1963 bzw. 1973) noch, was kaum zu glauben ist, von Thomas Weingartners Standardwerk «Stalin und der Aufstieg Hitlers» (1970). In jedem historischen Proseminar lernt man oder sollte man lernen, was systematisches Bibliographieren heißt. Als Andreas Hillgruber im August 1986 in bezug auf Jürgen Habermas die Frage aufwarf «Hat denn der Mann nie ein historisches Proseminar besucht?», hatte er den falschen Adressaten erwischt: Der Philosoph und Soziologe Habermas hat auch «von der Pike auf» Geschichte studiert. Bei dem gelernten Philosophen und Altphilologen Nolte, der als Quereinsteiger (über sein nach wie vor bedeutendes Buch «Der Faschismus in seiner Epoche») zur Habilitation im Fach Geschichte und zum Ordinariat gelangte, muß man leider feststellen, daß er immer noch Schwierigkeiten im Umgang mit dem Handwerkszeug des Historikers hat.

In seinem neuen Buch wird das an allzu vielen Stellen deutlich. Im Januar 1919, schreibt Nolte etwa, habe sich in Berlin die «Mehrheit des Proletariats und damit möglicherweise die Mehrheit der Bevölkerung gegen die Regierung gestellt». Ein Blick auf die Ergebnisse der Wahl zur Nationalversammlung vom 19. Januar 1919 hätte den Autor belehren müssen, daß das eine unsinnige Behauptung ist. Vom sowjetischen Außenminister Litwinow weiß Nolte zu berichten, er solle einem deutschen Diplomaten gesagt haben, die Sowjetunion habe Verständnis dafür, daß Deutschland seine Kommunisten so behandle, wie die Sowjetunion ihre Staatsfeinde behandelt habe. Tatsächlich fiel diese Äußerung am 19. Dezember 1932 gegenüber dem Reichskanzler von Schleicher. Nolte hätte das in den «Akten zur deutschen auswärtigen Politik» oder auch bei Weingartner nachlesen können. Albert Einstein rechnet Nolte zu den Emigranten, die den «liberalen Parteien und den Deutschnationalen» nahestanden. In Wirklichkeit gehörte Einsteins Sympathie am ehesten der Sozialistischen Arbeiterpartei, einer linken Absplitterung von der SPD.

Noltes Irrtümer rühren großenteils daher, daß er Quellen und Literatur weitgehend nach dem Zufallsprinzip ausgewertet hat. Aber da das Buch auch ausgesprochen brillante und scharfsinnige Passagen enthält –

das Kapitel über die «Strukturen zweier Einparteistaaten» mit seinen Ausflügen in die vergleichende Literaturgeschichte gehört dazu –, könnte man über manche Unzulänglichkeit im einzelnen hinwegsehen. Schnitzer und Glanzlichter bedeuten indes wenig gegenüber dem, was das Buch zu einem Ärgernis, ja, man muß es aussprechen, zu einem Skandal macht: seine konsequent durchgehaltene apologetische Perspektive.

Das ungeschriebene Motto, unter dem dieses Werk steht, lautet: Gerechtigkeit für Adolf Hitler. Nicht, daß Nolte ein posthumer Anhänger des «Führers» und Parteigänger der Nationalsozialisten wäre. Aber er möchte Hitler, soweit das irgend geht, historisch verstehbar machen. Aus diesem Grund porträtiert er ihn als «europäischen Bürger», der die Zukunft dieser übernationalen Klasse gegenüber dem Vernichtungswillen der Bolschewiki verteidigen wollte und insofern ein gutes historisches Recht auf seiner Seite hatte. Schon der Titel des Buches ist symptomatisch: Der Nationalsozialismus wird räumlich entgrenzt, ja, in gewisser Weise entdeutscht, wenn Nolte vom «europäischen Bürgerkrieg» spricht. Indem er den Antibolschewismus, der unstreitig ein Wesensmerkmal des Nationalsozialismus war, zu seinem Wesenskern erklärt, läßt er den Nationalsozialismus als das erscheinen, was er vor allem seit dem Juni 1941, dem Beginn des Angriffskrieges gegen die Sowjetunion, vorgab zu sein: die Vorhut Europas gegenüber der bolschewistischen Weltgefahr.

Das Verfahren erfordert einen hohen Preis. Nolte muß, um den Nationalsozialismus als Ausdruck einer gesamteuropäischen Tendenz darstellen zu können, vieles spezifisch Deutsche, wie den Kampf gegen das «Diktat von Versailles» und die «Novemberverbrecher», ausblenden oder doch als zweitrangig einstufen. Selbst der Antisemitismus gilt dem Verfasser nicht mehr als die ursprüngliche Antriebskraft im Denken Hitlers. Nolte hat augenscheinlich keine Bedenken, die Judenfeindschaft aus dem Antimarxismus Hitlers abzuleiten und ihre Radikalisierung auf das Konto seines Antibolschewismus zu schreiben. Der zentrale Punkt der nationalsozialistischen Vergangenheit sei, so behauptet er in der Einleitung, «weder in verbrecherischen Neigungen noch in antisemitischen Obsessionen zu suchen. Das Wesentlichste am Nationalsozialismus ist sein Verhältnis zum Marxismus und insbesondere zum Kommunismus in der Gestalt, die dieser durch den Sieg der Bolschewiki in der russischen Revolution gewonnen hatte.»

Anstatt einzuräumen, was offenkundig ist, daß Antimarxismus und Antibolschewismus zwar optimale, aber keineswegs die einzigen Felder waren, auf denen sich Hitlers Judenhaß entfalten konnte und entfaltete, wird der Antisemitismus nunmehr streng funktional erklärt. Er war, laut Nolte, «eine Interpretation, ein Schlüssel, der zwar einerseits eine genuine Eigentümlichkeit des Gegners bloß übersteigerte und verbildlichte, nämlich die Differenz zwischen der zumeist intellektuellen Führung und den Massen, der aber vor allem die Ausbildung einer tendenziell universalen Gegenideologie erlaubte und die Entfaltung einer fanatischen Gegen-Leidenschaft möglich machte, die Mussolini immer fern blieb». Erst der Antisemitismus machte den Nationalsozialismus zum Radikalfaschismus und das, wie Nolte meint, mit «innerer Notwendigkeit»: Hitler bedurfte des Antisemitismus, um «dem kommunistischen Hauptgegner einen angemessenen Gegenglauben entgegenzusetzen».

Natürlich will Nolte mit alledem keine pauschale Rechtfertigung des Nationalsozialismus und schon gar nicht der Judenvernichtung liefern. Aber indem er die von «Furcht und Haß erfüllte Beziehung zum Kommunismus» für die «bewegende Mitte von Hitlers Empfindungen und von Hitlers Ideologie» erklärt, macht er den «Führer» doch zu einem «Geschäftsführer des Weltgeistes» im Sinne Hegels. Es ist die eigentliche Botschaft Noltes, daß Hitler mit seinem Antikommunismus «nur auf besonders intensive Weise dasjenige artikulierte, was zahlreiche deutsche und nichtdeutsche Zeitgenossen empfanden und daß alle diese Empfindungen und Befürchtungen nicht nur verstehbar, sondern auch großenteils verständlich und bis zu einem bestimmten Punkt sogar gerechtfertigt waren».

Die Frage ist, warum Nolte so argumentiert, wie er es in diesem Buch tut. Wer aufmerksam verfolgt, was er hier und andernorts über seine Beweggründe hat verlauten lassen, dem kann die Antwort nicht schwerfallen: Nolte wird von einem doppelten apologetischen Bedürfnis umgetrieben. Zum einen geht es ihm darum, die deutsche Nation von einer vermeintlich immer noch wirksamen kollektiven Schuldzuweisung zu befreien. Zum anderen soll das Bürgertum als Klasse nicht länger dort sitzen, wo er es sieht: auf der Anklagebank der Geschichte. Daher die These, die sich seit geraumer Zeit wie ein roter Faden durch Noltes Werk zieht, daß die Gewalt in Wort und Tat von links kam, ehe sie von rechts beantwortet wurde. Und daß sich die radikalste «Widerstandsbewegung» gegen Marxismus und Bolschewismus, die nationalsozialistische Spielart des Faschismus, gerade in Deutschland durchsetzte, war sozusagen geschichtsnotwendig: Es gab in Deutschland eine große kommunistische Partei, und auf dieses Land «fiel am stärksten der gewaltige Schatten der Ereignisse in Rußland».

Im Zweifelsfall ist es immer die Linke, die agiert, und die Rechte, die reagiert. Noltes «Verstehen» geht so weit, daß er den Offizieren, die Rosa Luxemburg und Karl Liebknecht ermorden ließen, zugute hält, sie hätten über die Verbrechen der Bolschewiki Bescheid gewußt. Und der deutsche Überfall auf die Sowjetunion im Juni 1941 war auch nicht einfach eine nationalsozialistische Aggression. Vorausgegangen waren «mentale Kriegshandlungen» Stalins und, so fährt der Autor in der für ihn bezeichnenden Weise andeutender Behauptungen fort, «man durfte sogar die Frage stellen, ob nicht ein völlig abgeschlossenes und dabei hochgerüstetes Land schon durch diese Art der Existenz eine Bedrohung seiner Nachbarn darstellte».

Den Gipfel der Apologie erreicht Nolte freilich erst in dem Abschnitt «Genozide und ‹Endlösung der Judenfrage›». Bevor er zum Holocaust kommt, listet er erst solche Untaten an Deutschen auf, die er zu den «tendenziellen Genoziden» rechnet. In diese Rubrik gehören die «Niedermetzelung von einigen tausend Staatsbürgern deutscher Herkunft durch aufgebrachte Polen» anläßlich des «Bromberger Blutsonntages» vom September 1939, der englische Bombenkrieg gegen deutsche Städte, Beneschs Pläne hinsichtlich eines «Transfers» der Sudetendeutschen und die Vertreibung der Deutschen aus den Ostgebieten.

Einige Behauptungen Noltes, die im Zentrum des «Historikerstreits» standen, kehren, wie zu erwarten, auch in seinem Buch wieder. An die Erklärung des Präsidenten der Jewish Agency, Chaim Weizmann, vom September 1939, in diesem Krieg stünden die Juden auf der Seite Englands und der westlichen Demokratien, knüpft der Autor die Spekulation, vielleicht habe Weizmann damit erreichen wollen, daß die deutschen Juden kein schlimmeres Schicksal erlitten als die deutschen Staatsbürger, die nach Kriegsausbruch in England und Frankreich interniert worden waren. Das klingt wie eine Abschwächung jener älteren These Noltes, Hitler hätte sich nach Weizmanns «Kriegserklärung» berechtigt fühlen können, die Juden als Kriegsgefangene zu behandeln und zu internieren.

Aber dann folgt auf Seite 510 ein Satz, der schlechthin ungeheuerlich ist: «Wenn man sich daran erinnert, daß die Amerikaner nach dem 7. Dezember 1941 ihre eigenen Staatsbürger japanischer Herkunft einschließlich der Frauen und Kinder in Internierungslager brachten und daß die Engländer einen beträchtlichen Teil der antifaschistischen deutschen Emigranten als feindliche Ausländer nach Kanada transportieren ließen, wird man nicht von vornherein in Abrede stellen dürfen, daß die Deportationen (der Juden, H.A.W.) als solche in den Augen der deutschen Bevölkerung als unvermeidbar gelten durften.»

Auch von der Aussage, Auschwitz sei nur eine, obschon verzerrte Nachahmung des stalinistischen Archipel GULag gewesen, nimmt Nolte nichts zurück: «Als tendenziell vollständige Vernichtung eines Welt-Volkes unterscheidet sie (die «Endlösung der Judenfrage», H.A.W.) sich wesentlich von allen anderen Genoziden und ist das genaue Gegenbild zur tendenziell vollständigen Vernichtung einer Welt-Klasse durch den Bolschewismus, und insofern ist sie die biologistisch umgeprägte Kopie des sozialen Originals.»

Noltes Eingeständnis, die Vernichtung der Juden sei «einzigartig», ist so eingerahmt, daß sich das Urteil am Ende selbst aufhebt. Nicht diese Behauptung, sondern ihre systematische Relativierung ist die Zielrichtung des Buches. Nolte minimisiert den Unterschied zwischen Auschwitz und anderen Staatsverbrechen, und soweit er den Holocaust «verstehen» will, versteht er doch immer nur, womit er sich identifizieren möchte: die deutsche Nation und das deutsche Bürgertum, die nicht länger das Böse in der Geschichte verkörpern sollen.

Nolte will sein Buch als einen Versuch verstanden wissen, der Theorie von den totalitären Regimen die bisher fehlende «historisch-genetische Dimension» zu verleihen. Aber ebendies vermag er mit seiner «ideologiegeschichtlichen» Methode nicht zu leisten. Er beschreibt ansatzweise zwei totalitäre Systeme, dasjenige Stalins und das Hitlers, und er dürfte sogar recht haben mit der These, 1939 sei die Sowjetunion noch totalitärer gewesen als das «Dritte Reich». Aber er kann nicht erklären, warum Hitlers Deutschland trotz radikal unterschiedlicher kultureller Traditionen einen ähnlichen Grad politischer Unterdrückung aufwies wie Stalins Sowjetunion. Und die abenteuerliche Spekulation, Hitler habe die Juden umbringen lassen, weil er Angst vor einem sowjetischen Massenmord an den

Nationalsozialisten hatte, ist durch dieses Buch um keinen Deut plausibler geworden. Es ist rätselhaft, was Nolte zu der stolzen Ankündigung veranlaßt hat, erst jetzt könne der «Historikerstreit» ernsthaft beginnen.

Am Ende bleibt eine zumindest scheinbare Paradoxie festzuhalten. Nolte, der mit seinem ersten Buch von 1963 «Der Faschismus in seiner Epoche» den Faschismustheorien der Linken ungewollt großen Auftrieb gegeben hat, will mit seinem neuen Buch ebendiese Linke herausfordern. Aber wenn er den Antikommunismus zum innersten Wesen des Nationalsozialismus wie des Faschismus erklärt, steht er einem Teil der Linken gar nicht so fern. Die Absichten sind freilich diametral verschieden: Die orthodoxen Kommunisten rücken die Gegnerschaft zum Kommunismus gern in die Nähe des Faschismus, während es Nolte um nichts Geringeres geht als um den Versuch, den europäischen Faschismus, einschließlich des deutschen Nationalsozialismus, teilweise historisch zu rehabilitieren. Fast möchte man ihm dankbar sein, daß es über seine Position nun keine Zweifel mehr geben kann.

11. MEHR AGITATION ALS ANALYSE

SEBASTIAN HAFFNERS «GERMANY: JEKYLL & HYDE» LIEGT NACH GUT 50 JAHREN AUF DEUTSCH VOR

Juli 1997

Sebastian Haffner hat es dem jungen Berliner «Verlag 1900» angetan. Zunächst erschien dort in Neuauflage unter dem plakativen Titel «Der Verrat» ein Buch, mit dem der bekannte Publizist 1969 die Herzen der «Achtundsechziger» eroberte. Es handelte von der Revolution von 1918/19 und wärmte die alte kommunistische Behauptung auf, Friedrich Ebert und seine Partei, die SPD, hätten diese Revolution verraten. Jetzt bringt derselbe Verlag das erste Werk von Haffner heraus: das 1940, kurz nach der Emigration des Autors, in England und auf Englisch erschienene Buch «Germany: Jekyll & Hyde».

Das deutsche Urmanuskript ist verschollen, so daß wir es mit einer Rückübersetzung zu tun haben. Sein Nachwort nutzt Uwe Soukup, der deutsche Verleger, um wieder sein Steckenpferd zu reiten: die These vom Verrat der Sozialdemokraten. Ein frischer, fröhlicher Bürgerkrieg 1918/19 hätte Deutschland und der Welt 14 Jahre später Hitler erspart, und da Ebert und Konsorten den Bürgerkrieg partout nicht wollten, tragen sie die Hauptschuld am Erfolg des Nationalsozialismus. Das war 1940 so krude noch nicht Haffners Meinung, aber es ist die Überzeugung des Verlegers Soukup, und darum läßt er keine Gelegenheit verstreichen, um für seinen Glauben zu werben und die bereits Gläubigen in ihrem Glauben zu festigen.

Als Haffner zwischen Herbst 1939 und Frühjahr 1940 sein Buch schrieb, ging es ihm nicht um eine wissenschaftliche Darstellung. Er wollte vielmehr, wie er im Vorwort schreibt, der britischen und französischen Propaganda auf ähnliche Weise dienlich sein, wie es Aufklärungsflugzeuge der britischen und französischen Artillerie waren. Diese Absicht ist ganz gewiß legitim. Zweifel sind dagegen angebracht, ob es sinnvoll ist, ein solches Buch mehr als ein halbes Jahrhundert später ohne kritischen Kommentar und gekürzt in deutscher Übersetzung neu herauszubringen.

Die Kürzung ist alles andere als unwesentlich. Weggefallen ist das letzte Kapitel, in dem Haffner genauer darlegt, wie er sich die von ihm befürwortete Aufteilung Deutschlands in souveräne Staaten vorstellt. Ob diese Überlegungen irgendeinen Einfluß auf die «amtlichen» Pläne zur Zerstückelung Deutschlands nach dem Krieg hatten: Diese spannende Frage scheint Soukup nicht interessiert zu haben. Vielleicht hielt er den Abdruck des Schlußkapitels auch nicht für opportun. Die von Haffner empfohlene Aufteilung Deutschlands sei «hinfällig, nicht aber ihre Begründung, die von der Kürzung nicht betroffen ist», heißt es in seinem lakonischen Vermerk auf der Impressums-Seite. So läßt sich das Bedauern darüber, daß Deutschland nicht mehr geteilt ist, auch ausdrücken.

Haffner, beim Erscheinen des Buchs gerade 32 Jahre alt, war schon damals ein scharfer Beobachter und glänzender Stilist. Fünf Jahre, bevor Hitler seinem Leben ein Ende setzte, nannte Haffner ihn einen «potentiellen Selbstmörder par excellence». Daß Hitlers Ichbezogenheit der Schlüssel zu seiner Politik sei, trifft ebenso ins Schwarze wie die These des Autors, «daß Hitlers persönliche Misere so gut mit der deutschen Misere im Jahre 1919 übereinstimmte».

Die Niederlage Deutschlands im Ersten Weltkrieg erzeugte ein nationales Minderwertigkeitsgefühl, in dem Hitler sein persönliches Minderwertigkeitsgefühl aufgehen lassen konnte. Sein pathologisches Selbstbewußtsein konnte nur deshalb zum Schicksal Deutschlands werden, weil auch das kollektive Bewußtsein vieler Deutschen nach 1919 pathologisch war – eine erhellende Deutung, die man nicht vorschnell als Vulgärpsychologie abtun sollte.

Neben der scharfsinnigen Analyse steht bei Haffner freilich immer wieder die rasch dahingeschriebene Impression. Flugs teilt er die Deutschen des «Dritten Reichs» in Lager auf und liefert auch gleich genaue Zahlenangaben: 20 Prozent Nationalsozialisten, 40 Prozent Loyale, 35 Prozent Illoyale, fünf Prozent Oppositionelle. Zu den Hochburgen der «Loyalität» rechnet er «Kleinbürgertum und gehobene Mittelschichten in der Provinz».

Spätestens an dieser Stelle muß sich ein kritischer Leser fragen, ob man inzwischen nicht Genaueres über den gesellschaftlichen Rückhalt des Regimes und über den Wandel der Volksmeinung in jenen Jahren weiß. Man weiß – doch dieses Wissen hat den Verleger nicht erreicht oder nicht interessiert.

Ein guter Lektor hätte auch an anderen Stellen stutzig werden müssen. Da lesen wir beispielsweise etwas über einen «Kongreß des Sieges», den die NSDAP 1933 abgehalten habe. Gemeint ist natürlich der «Parteitag des Sieges». Reichspräsident Ebert habe 1919 das Deutschlandlied als Nationalhymne eingeführt, heißt es an anderer Stelle. Er tat es jedoch erst 1922. Die größte Überraschung aber hält das Buch auf Seite 129 bereit. Da erfahren wir, daß Bismarck 1866 einen «Blitzkrieg gegen den Norddeutschen Bund» geführt habe.

Ein bißchen anders war es schon: Bismarck war der Gründer des Norddeutschen Bundes, und diese Staatsgründung wurde erst möglich, nachdem Preußen zuvor Österreich und die mit ihm verbündeten deutschen Mittelstaaten besiegt hatte. Dem geschichtskundigen Juristen Haffner kann ein solcher Lapsus gar nicht unterlaufen sein, sondern nur einem seiner Übersetzer, dem englischen von 1940 oder dem deutschen von heute. Ein guter Lektor, wie gesagt, hätte derart haarsträubenden Unsinn bemerkt und berichtigt. Doch offenbar hat der «Verlag 1900» das Geld statt für einen Lektor lieber für eine aufwendige Werbung verwendet.

Da wir gerade bei Bismarck sind: In diesem Buch macht Haffner den später von ihm bewunderten Reichsgründer zum bösen Geist Deutschlands und die Reichsgründung zum Sündenfall der deutschen Geschichte. Das Deutsche Reich von 1871 sei als Ergebnis von «drei der zynischsten und verbrecherischsten Kriege entstanden, welche die Geschichte kennt». Gemeint sind der eher von Dänemark als von Preußen ausgelöste Krieg von 1854, der von Österreich mitzuverantwortende Krieg 1866 und der deutsch-französische Krieg von 1870/71, an dessen Entstehung Napoleon III. nicht ganz unbeteiligt war. Es verlohnt nicht, über Haffners Wertung wissenschaftlich zu streiten. Es genügt, den propagandistischen Zweck des Buches im Auge zu behalten.

Damit sind wir bei der eigentlichen Crux nicht nur dieses Werkes, sondern des Autors Sebastian Haffner. Er hat im Verlauf seiner publizistischen Karriere so viele extrem unterschiedliche politische Positionen vertreten, daß es schwerfällt, eine persönliche «Linie» zu erkennen. Haffner hat Preußen verurteilt und verklärt, Hitler erst zum reinen Egomanen und dann zum leistungsstarken Sozialisten erklärt, sich einmal ultrarevolutionär und ein andermal deutschnational gebärdet.

Als er 1969 sein Buch über die Revolution von 1918/19 vorlegte, schrieb er für ein Publikum, von dem er wußte, daß es lesen wollte, was er verkündete. 1940 war das nicht anders. Das heißt nicht, daß Haffner von seiner jeweiligen Botschaft nicht innerlich überzeugt war. Im Eifer des Gefechts vergaß er nur immer wieder richtigzustellen, was er zum gleichen Thema früher geäußert hatte.

«Germany: Jekyll & Hyde»: Der bei Robert Louis Stevenson entlehnte Titel von Haffners erstem Buch ist ebenso suggestiv wie irreführend. Der gutbürgerliche Dr. Jekyll mußte sich in die Verbrechergestalt des Mr. Hyde verwandeln, um im Verborgenen seine Untaten begehen zu können. Jene Deutschen, die 1914 Belgien und 1939 Polen überfielen, die 1935 die Nürnberger Rassengesetze verabschiedeten und 1938 die Synagogen anzündeten, taten das ohne vorherige Verwandlung und in aller Öffentlichkeit. (Selbst vom Völkermord an den Juden, der zum größten Teil erst nach dem Erscheinen von Haffners Buch begangen wurde, kann man nicht sagen, daß er sich im Verborgenen abgespielt habe.) Bei Stevenson ist der Tod Mr. Hydes auch der Tod Dr. Jekylls. Haffner aber will das gute Deutschland der Zeit vor 1866 wieder zum Leben erwecken, indem er «die letzten 75 Jahre auslöscht» und das böse Deutschland in Gestalt des Deutschen Reiches zerstückelt. Auf den schottischen Dichter kann er sich bei dieser Pointe nicht berufen.

Kluge Einsichten und krasse Fehlurteile dicht beieinander: Schon der erste Haffner ist ein echter Haffner. Ob der Autor die Neuausgabe so, wie sie vorliegt, autorisiert hat, darüber läßt uns der Verleger im Unklaren. Ihm war offensichtlich nur wichtig, den frühen Haffner zum Kronzeugen für sein Bild von Deutschland und der deutschen Geschichte aufzurufen. Mit dem Ergebnis dieser Art von verlegerischer «Betreuung» können weder kritische Leser noch der Verfasser des Buches zufrieden sein.

III.
DAS GETEILTE DEUTSCHLAND

1. VON DEN FASCHISTEN LERNEN?

NEUES ÜBER DIE NACHKRIEGSPLANUNGEN DER KPD

Juni 1995

So haben sich viele westliche Beobachter Stalins Politik gegenüber Deutschland und Westeuropa nach dem Zweiten Weltkrieg immer vorgestellt: Wenn der Kremlherr von Demokratie sprach, und das tat er oft, verstand er darunter etwas ganz anderes als der Westen, nämlich eine Fassade, hinter der die Kommunisten bereits die nächste Etappe auf dem Weg an die Macht vorbereiten konnten. Doch es gab im Westen stets auch wohlwollendere Interpreten des Generalissimus, die ebendiese Deutung als eine Ausgeburt von Kaltem-Kriegs-Denken anprangerten. Nun liegt eine Quellenedition vor, die es erlaubt, die Entwicklung der Nachkriegsplanungen der Moskauer Exil-KPD und, bis zu deren Auflösung im Juni 1943, auch der Kommunistischen Internationale ziemlich genau zu belegen: der von Peter Erler, Horst Laude und Manfred Wilke herausgegebene Band: «Nach Hitler kommen wir».

Zu den ergiebigsten Quellenbeständen, aus denen der Band schöpft, gehören die Nachlässe von Wilhelm Pieck, der seit 1933 als Vorsitzender der KPD amtierte und 1949 erster Präsident der DDR wurde, und von Wilhelm Florin, Mitglied des Zentralkomitees der KPD seit 1943 und im Juli 1944 in Moskau an den Folgen einer Operation gestorben. Nach der Lektüre der über vierzig zumeist unveröffentlichten und jahrzehntelang geheimgehaltenen Dokumente kann es keinen Zweifel mehr geben: Die angeblichen «Kalten Krieger» lagen mit ihrer Analyse richtig. Was in Moskau während des Krieges mit Blick auf Deutschland geplant wurde, entsprach ganz der klassischen marxistisch-leninistischen Unterscheidung zwischen langfristiger Strategie und kurzfristiger Taktik oder, wie Pieck

Ende 1944 formulierte, zwischen «Weltanschauung und politischem Kampfprogramm».

Bereits am 22. Juni 1941, wenige Stunden nach Hitlers Überfall auf die Sowjetunion, gab Georgij Dimitroff, der Generalsekretär der Komintern, die Parole aus: «Wir rufen in dieser Etappe weder zum Sturz des Kapitalismus in den einzelnen Ländern noch zur Weltrevolution auf.» In dieser Etappe – das hieß, solange alle Kraft auf die Niederwerfung des faschistischen Aggressors gerichtet werden mußte. Doch intern war klar, daß die Zweckbündnisse, die zu diesem Ziel eingegangen wurden, nur ein Durchgangsstadium bildeten.

«Block der kämpferischen Demokratie»: mit dieser Formel umriß Dimitroff im Februar 1944 das Kartell gesellschaftlicher und politischer Kräfte, das unter Anleitung der Kommunisten die antifaschistische Neuordnung Deutschlands in Angriff nehmen sollte. Sozialdemokraten und bürgerliche Demokraten wurden zur Mitarbeit aufgerufen, mußten aber natürlich immer wieder aufs Neue beweisen, daß sie zu dem standen, was die KPD jeweils als Erfordernis der «kämpferischen Demokratie» definierte. Wilhelm Florin warb im Frühjahr 1944 bei den Genossen um Verständnis dafür, daß sich die optimale Lösung, Deutschland als Sowjetstaat, noch nicht verwirklichen lasse. Der Weg zum Sozialismus habe unter anderem zur Voraussetzung, daß die ungeteilte Führung der Massenbewegung in den Händen der revolutionären Partei der Arbeiter liege. Die Kommunistische Partei Deutschlands könne aber «heute die ungeteilte Macht nicht anstreben, weil dazu im Lande selbst die Voraussetzungen bis zur militärischen Entscheidung des Krieges nicht geschaffen werden können».

Bei den Sozialdemokraten waren allerdings, um sie bündnisfähig zu machen, noch besondere Anstrengungen erforderlich. «Wir müssen selbst Hand anlegen in der Schaffung einer solchen Sozialdemokratie, die mit uns zusammenarbeitet», erklärte Walter Ulbricht am 24. April 1944 in der Arbeitskommission des ZK, der die Zukunftsplanung für Deutschland oblag. Nicht minder klar war, was Ulbricht bei dieser Gelegenheit zum Unterthema «Die Partei und ihr Statut» zu sagen hatte.

Der ZK-Funktionär Sepp Schwab hielt die Kernthesen des kommenden starken Mannes der Partei fest: «Basis: Marxismus-Leninismus, Weltanschauung: Dialektischer Materialismus. Endziel: Das Alte, Beseitigung der Ausbeutung des Menschen durch den Menschen, Überführung der Produktionsmittel, Aufrichtung einer klassenlosen kommunistischen Gesellschaft. Taktik: In der Periode gegen den Faschismus, den Hitlerkrieg und in der Periode der Aufrichtung einer neuen Demokratie, stellt die Partei die Anstrebung der Verwirklichung ihres Endzieles zurück und sieht in dem Kampf gegen den Hitlerkrieg und der Mitwirkung an der Aufrichtung einer neuen Demokratie, der Vernichtung der deutschen Reaktion, die Schaffung der Voraussetzungen für die Propagierung ihres Endziels.»

Deutlicher ließ sich kaum sagen, daß die Demokratie für die Kommunisten nur ein Etappenziel war, die kommunistische Gesellschaft aber das Endziel blieb. Für die nächste Zukunft freilich kam alles auf taktisches Geschick an. Gemessen an den Regeln, die vor 1933 für die Aufnahme neuer Mitglieder gegolten hatten, gab sich die KPD jetzt geradezu liberal. Sie war bereit, sich für praktizierende Christen zu öffnen, sofern diese darauf verzichteten, in der KPD für ihre Weltanschauung zu werben. Mehr noch: Um zur «breiten Massenpartei des werktätigen Volkes» zu werden, mußte die KPD, so Pieck am 31. Oktober 1944 vor Funktionären in der Parteischule, ihre Organisationsform so gestalten, «daß sie möglichst breite Massen in sich aufnehmen kann, wenn diese auch noch nicht völlig mit der alten, teils kleinbürgerlichen, sozialdemokratischen, teils sogar faschistisch-imperialistischen Ideologie gebrochen haben».

Einen Widerspruch zwischen dieser Taktik und den Prinzipien des Marxismus-Leninismus konnte nur behaupten, wer nicht hinreichend dialektisch zu denken gelernt hatte. Pieck beschwor in der gleichen Rede das Vorbild der Partei Lenins und Stalins, der «einzigen und besten Lehrmeisterin» der KPD, und steuerte zur Rechtfertigung der neuen Beweglichkeit passende Zitate beider Führer bei. Stalins Wort «Die Kader entscheiden alles» hatte es Pieck besonders angetan. Denn wenn man bei der Aufnahme neuer Mitglieder großzügig verfuhr, mußte man die Schulung der Kader noch ernster nehmen als bisher.

Im Hinblick auf die Kaderfrage hielt Pieck es sogar für geboten, sich am faschistischen Erzfeind ein Beispiel zu nehmen. Bei den Schulungseinrichtungen für die kommunistischen Kader denke er an «ähnliche Einrichtungen, wie sie die Nazipartei auf ihren Ordensburgen für reaktionäre Zwecke geschaffen hat». Als der Vorsitzende der KPD sich anschließend für die Errichtung eines «Ordens als Kadertruppe» aussprach, wäre es nur noch ein kleiner Schritt gewesen bis zu der Parole «Von den Faschisten lernen heißt siegen lernen». Aber ein solches Bekenntnis hätte denn doch nicht gut zu jenem unbedingten Antifaschismus gepaßt, mit dem die KPD ihren Führungsanspruch zu untermauern suchte.

Später, wenn die Machtfrage geklärt war, würde man die Worte weniger wägen müssen als im Stadium der «kämpferischen Demokratie», die es in Deutschland nach der Niederwerfung des Hitlerregimes zunächst einmal zu errichten galt. In dieser Übergangsphase mußte die KPD, wie Florin am 19. Juni 1944 erklärte, selbstverständlich auch die demokratische Forderung des Streikrechts propagieren. Daß die Partei damit keine Verpflichtung für die Zukunft einging, verstand sich eigentlich von selbst. Aber Florin sagte es auch ganz ausdrücklich: «Wird der Staat ein solcher, daß es zweckmäßig ist, die Streikfreiheit einzuschränken, dann tun wir das in anderer Weise als andere Staaten.»

Fast auf den Tag genau ein Jahr später, am 11. Juni 1945, trat die KPD im zerstörten Berlin mit einem Aufruf an die deutsche Öffentlichkeit. «Wir sind der Auffassung, daß der Weg, Deutschland das Sowjetsystem aufzuzwingen, falsch wäre», hieß es da. «Wir sind vielmehr der Auffassung, daß die entscheidenden Interessen des deutschen Volkes in der gegenwärtigen Lage für Deutschland einen anderen Weg vorschreiben, und zwar den Weg der Aufrichtung eines antifaschistischen, demokratischen Regimes einer parlamentarisch-demokratischen Republik mit allen demokratischen Rechten und Freiheiten für das Volk.»

Stalin konnte stolz sein auf das Ausmaß, in dem die deutschen Kommunisten in Moskau seine Art von Dialektik gelernt hatten.

2. WOLLTE ADENAUER DIE WIEDERVEREINIGUNG?

Oktober 1988

Die stärkste Regierungspartei der Bundesrepublik scheint manchmal nicht ganz auf dem laufenden, zumindest nicht auf der Höhe des Forschungsstandes zu sein. Auf ihrem jüngsten Bundesparteitag im Juni 1988 verabschiedete die CDU einen Beschluß zur Deutschlandpolitik, der mit einem Zitat Konrad Adenauers beginnt: «Die Wiedervereinigung Deutschlands in Freiheit war und ist das vordringlichste Ziel unserer Politik.»

Ganz so war es denn doch wohl nicht. In dem von Josef Foschepoth herausgegebenen Buch «Adenauer und die Deutsche Frage» kommen sämtliche Autoren zum gegenteiligen Ergebnis. Sie sind sich einig darin, daß die Wiedervereinigung Deutschlands für den ersten Kanzler der Bundesrepublik kein vordringliches Ziel war, und zumindest der Herausgeber glaubt feststellen zu können, daß Adenauer ein einiges Deutschland unter keinen Umständen wollte.

Foschepoths Beweisstück ist eine von ihm bereits 1986 veröffentlichte, seinerzeit als «Top Secret» eingestufte Aktennotiz des Ständigen Unterstaatssekretärs im britischen Außenministerium, Sir Ivone Kirkpatrick, vom 16. Dezember 1955. Darin hält der englische Diplomat eine vertrauliche Mitteilung fest, die ihm tags zuvor der bundesdeutsche Botschafter in London, Hans-Heinrich Herwarth von Bittenfeld, im Auftrag Adenauers überbracht hatte. Vorausgegangen war Kirkpatricks Empfehlung, der Westen solle der Sowjetunion weitgehende Sicherheitsgarantien geben, falls diese bereit sei, einer Wiedervereinigung Deutschlands durch freie Wahlen zuzustimmen und einer auf diese Weise zustande gekommenen gesamtdeutschen Regierung volle innen- und außenpolitische Handlungsfreiheit einzuräumen.

Der Bundeskanzler hielt von diesem Vorschlag gar nichts. «Dr. Adenauer wollte mich wissen lassen, daß er es von sich weise, in diese Position zu kommen», notierte Kirkpatrick. «Der schlichte Grund sei, daß Dr. Adenauer kein Vertrauen ins deutsche Volk habe. Er fürchte, daß, wenn er einmal von der Bühne abtrete, eine künftige deutsche Regierung sich mit Rußland zum Nachteil Deutschlands arrangieren könne. Deswegen glaube er, daß die Integration Westdeutschlands in den Westen wichtiger sei als die Vereinigung Deutschlands.»

Eine Aufzeichnung aus dritter Hand hat gewiß nicht denselben Quellenwert wie eine aus erster. Da es indes viele ähnlich lautende Aussagen Adenauers gibt, braucht man am Wahrheitskern der Aufzeichnung Kirkpatricks nicht zu zweifeln. Aber besagt die Aktennotiz, wie Foschepoth schreibt, daß der Bundeskanzler die Wiedervereinigung nicht wollte? Bei genauer Lektüre des Textes lehnt Adenauer nur ein wiedervereinigtes Deutschland ab, das zwischen Ost und West und Neutralität wählen kann. Bedenken gegen ein von vornherein fest in den Westen integriertes Gesamtdeutschland lassen sich aus dem britischen Dokument nicht herauslesen.

Natürlich war eine solche Lösung der deutschen Frage in überschaubaren Fristen nicht zu haben, und weil dem so war und Adenauer dies wußte, kann man von einer Wiedervereinigungspolitik des ersten Bundeskanzlers im Ernst nicht sprechen. Was aber waren dann die Fixpunkte von Adenauers politischer Strategie? Foschepoths Antwort ist eindeutig: Das größte Ziel war für den Gründungskanzler der Bundesrepublik die Erringung der Souveränität für «seinen» Staat. «Alle anderen Ziele waren dem nachgeordnet, auch die der Westintegration und der Wiedervereinigung. Beide waren lediglich Mittel zum Zweck, zum Zweck der Erlangung äußerer und innerer Souveränität des Weststaats.» Anders gewendet: Die Westintegration diente der äußeren Absicherung des neuen Staates, und die Wiedervereinigungsrhetorik war notwendig, weil Adenauers Westpolitik einer «nationalen Abfederung» bedurfte.

Andere Autoren des Bandes setzen die Akzente, was die Einbindung in den Westen angeht, anders. Klaus Erdmenger nennt die Westintegration der Bundesrepublik ein «Ziel an sich», ja das «oberste Ziel» des Kanzlers. Gottfried Niedhart und Normen Altmann gehen noch ein Stück weiter:

«Westbindung der Bundesrepublik bedeutete nicht nur die Liquidierung des Kriegsendes und den Wiederaufstieg eines westdeutschen Teilstaats in der internationalen Politik. Es war auch ein konstruktiver Beitrag zu der großen Frage der europäischen Politik, die seit der Gründung des Bismarckreichs anstand und die nach zwei Weltkriegen brennender denn je war: Wie waren die deutsche Frage und das europäische Friedensproblem in aufeinander abgestimmter Weise zu lösen?»

In der Tat: Die Westintegration war für Adenauer sehr viel mehr als bloß eine «funktionale Variable seiner Souveränitätspolitik» (Foschepoth). Faßt man Herkunft und Entwicklung des Kanzlers ins Auge, dann erscheint die Verwestlichung Deutschlands geradezu als sein Lebensthema. Der katholische Kölner vom Jahrgang 1876 sprach nicht nur aus taktischen Gründen von Deutschland, wenn er die Bundesrepublik meinte; der Westen Deutschlands war für ihn das eigentliche Deutschland. Was östlich der Elbe lag, blieb ihm zeitlebens innerlich fremd. Gegen Preußen, gleichviel ob es ihm schwarz-weiß-rot, in Gestalt von Junkern und Generälen, oder einfarbig rot, in sozialdemokratischem Gewand, begegnete, empfand er tiefe Abneigung; in Berlin sah er eine heidnische Stadt.

In der Weimarer Republik waren die außen- und innenpolitischen Bedingungen nicht so, daß der Kölner Oberbürgermeister längerfristig in eine nationale Schlüsselposition hätte hineinwachsen können. Aber im Jahr 1945 war «die Situation da». Die Verhältnisse waren reif für einen Politiker, der fest daran glaubte, daß das Licht aus dem Westen kam, und der es hinnahm, daß auf unübersehbar lange Zeit nur ein Teil Deutschlands, seine westlichen Kernlande, in dieses Licht getaucht sein würden. Der Teil, der im Schatten blieb, bildete ein unerlöstes Gebiet, auf dessen dereinstigen Anschluß man hoffen durfte, sofern der Westen eines Tages stark genug sein würde, um den Osten dazu zu bewegen, sich wieder aus der Mitte Europas zurückzuziehen.

Also dachte Konrad Adenauer. Aber der deutschen Öffentlichkeit durfte der Mann, der seit 1949 die Richtlinien der Politik bestimmte, nicht sagen, daß die deutsche Einheit für ihn kein aktuelles Ziel war. Er mußte Rücksicht darauf nehmen, daß die meisten Deutschen, auch die Politiker bis weit in die eigene Partei hinein, noch ganz im Horizont des Nationalstaats von 1871 dachten, sich mit der faktischen Preisgabe des von der Sowjetunion kontrollierten Teils Deutschlands also nicht abfinden wollten.

Daher galt es, die Westintegration, gerade auch die militärische, als Mittel zum Zweck der deutschen Wiedervereinigung und diese als das «vordringlichste Ziel» der bundesdeutschen Politik darzustellen. Wie schwer es mitunter war, diese Linie in der eigenen Partei durchzusetzen, zeigt Hans-Erich Volkmann in seinem Beitrag über Adenauers deutschlandpolitische Opponenten in der CDU/CSU. Stalins Note vom 10. März 1952, in der dieser den Westmächten ein wiedervereinigtes, aber neutrales Deutschland vorschlug, brachte den Kanzler vorübergehend auch in innerparteiliche Bedrängnis.

Eine ganze Reihe von Unionspolitikern – unter ihnen Jakob Kaiser, Johann Baptist Gradl, Ernst Lemmer – wünschten einen ernsthaften Versuch, Stalins Angebot auszuloten. Aber Adenauer beschwor die Westalliierten, sich auf Verhandlungen mit Moskau gar nicht erst einzulassen und die Bildung einer Europäischen Verteidigungsgemeinschaft zügig voranzutreiben. Ost-West-Verhandlungen hätten sein Nahziel, die Erlangung der Souveränität für die Bundesrepublik, gefährdet und es der Sowjetunion wahrscheinlich erlaubt, einen Keil des Mißtrauens zwischen Westdeutsche und Westalliierte zu treiben.

Daß Adenauer seine außenpolitische Linie gegen alle Widerstände durchsetzte, verdankte er einem mächtigen Verbündeten: dem «Wirtschaftswunder». Es machte die Mehrheit der Bundesdeutschen gesamtdeutschen Experimenten abhold. Mochten viele auch daran zweifeln, daß die Westintegration zur Wiedervereinigung in Frieden und Freiheit führen werde, entscheidend war, daß der erreichte Wohlstand nicht aufs Spiel gesetzt wurde. Aber auch nachdem die Bundesrepublik 1955 souverän geworden war, wollte und konnte keine der im Bundestag vertretenen Parteien auf nationale Parolen verzichten. Schon mit Blick auf die Heimatvertriebenen blieb die Wiederherstellung des Deutschen Reiches in den Grenzen von 1937 eine Forderung nicht nur der Regierungsparteien, sondern, was keiner der Autoren des Sammelbandes erwähnt, bis Mitte der sechziger Jahre auch der Sozialdemokraten.

Foschepoth meint, ohne die Pflege nationaler Illusionen wäre das Werk der Integration des westdeutschen Teilstaats in den Westen innenpolitisch nicht durchsetzbar gewesen. «Daß dies gelungen ist, bleibt das Verdienst

Konrad Adenauers. Daß es nur um den Preis der Unwahrhaftigkeit möglich war, wirft ein bezeichnendes Licht auf den Machiavellismus des ersten Bundeskanzlers, aber auch auf das politisch-moralische Bewußtsein der Deutschen in jenen Jahren.»

Ob Foschepoth da nicht etwas überzieht? Soll, nachdem sich der Mythos vom Wiedervereinigungspolitiker Adenauer in nichts aufgelöst hat, der Mythos vom zynischen Genie an seine Stelle treten? Wäre Adenauer wirklich ein entschiedener Gegner jedweder Form von deutscher Einheit gewesen, hätte das fast schon dämonische Kanzlerbild Foschepoths vieles für sich. Aber eine deutsche Einheit zu seinen Bedingungen hätte Adenauer durchaus akzeptiert. Wenn sichergestellt war, daß Deutschland keine Schaukelpolitik zwischen Ost und West treiben konnte, sondern fest und unverbrüchlich zum Westen gehörte: Was wäre dann gegen eine Wiedervereinigung einzuwenden gewesen? Geht man von seinem rheinisch geprägten Deutschlandbild aus, dann klafft bei Adenauer zwischen Wort und Tat zwar immer noch eine beträchtliche Lücke, aber kein schwindelerregender Abgrund.

Bleibt die Frage, ob es erfolgversprechende Alternativen zur Politik der Westintegration gab. Wilfried Loth, der den Band mit einem gedankenreichen Essay über «Adenauers Ort in der deutschen Geschichte» abschließt, sieht für die Zeit unmittelbar nach 1945 «gewisse Möglichkeiten, eine einheitliche Entwicklung der vier Besatzungszonen zu gewährleisten und sich unter den Augen der vier Besatzungsmächte einem egalitärdemokratischen Regime zu nähern». Er begründet diese These damit, daß die Sowjetunion die «Umgestaltung Deutschlands ohne planmäßiges Konzept, pragmatisch und unsicher» betrieben habe und keineswegs von Anfang an darauf aus gewesen sei, ihre Besatzungszone systematisch zu sowjetisieren und die westlichen Alliierten aus Deutschland hinauszudrängen.

Stalin müßte 1945 schlagartig aufgehört haben, der zu sein, der er war, wenn Loth recht hätte. Zwischen kurzfristiger Taktik und langfristiger Strategie wußte der Generalsekretär der KPdSU stets sorgfältig zu unterscheiden. Der Eindruck, den er hervorrufen wollte, war eines, die Substanz seiner Politik ein anderes. Nichts spricht dafür, daß er je von seinem Ziel abgelassen hätte, ganz Deutschland soweit wie irgend möglich in den sowjetischen Einflußbereich einzugliedern. Er wäre kein Machtpolitiker mehr gewesen, hätte er 1945/46, nach seinem größten Triumph, anders gedacht und gehandelt.

In Stalins Vorschlag vom März 1952, Deutschland wiederzuvereinigen und zugleich zu neutralisieren, sehen die meisten Autoren des Bandes, die darauf eingehen, ein ernsthaftes Angebot. Für diese Deutung gibt es gute Gründe. Von einer verpaßten Chance zu reden hieße dennoch gesamtdeutschem Wunschdenken erliegen. Denn für die Westmächte war die Perspektive eines neutralen oder bündnisfreien Deutschland, gerade wenn sich die Sowjetunion darauf einzulassen schien, nicht akzeptabel. Amerikas Präsenz in Europa wäre durch eine Neutralisierung Deutschlands nachhaltig geschwächt, die Position der Sowjetunion entsprechend gestärkt worden. Dazu kam die Angst vor den «deutschen Ungewißheiten» – eine historisch nur allzu begründete Angst. Die deutsche Teilung war zu einem Unterpfand des Gleichgewichts zwischen Ost und West und damit des Friedens in Europa geworden. Was hätte den Westen veranlassen sollen, diesen Zustand zu seinem Nachteil zu ändern?

Unter den deutschen Politikern war Adenauer keineswegs der einzige, der in der Neutralisierung Deutschlands eine Vorstufe zur Sowjetisierung Europas sah. Der sozialdemokratische Parteiführer Kurt Schumacher hatte schon im Herbst 1950 die Neutralisierungsidee eine Waffe der sowjetischen Politik genannt. Politiker und Publizisten wie Gustav Heinemann und Paul Sethe, die auf ein neutrales oder bündnisfreies Deutschland hinarbeiteten, hatten nicht nur das Sicherheitsbedürfnis des Westens, sondern auch das der meisten Westdeutschen gegen sich. In dem hier angezeigten Band werden die beiden prominentesten «Neutralisten» von Diether Koch und Paul Noack mit spürbarer Sympathie porträtiert. Die Frage nach den tieferen Gründen für ihr Scheitern muß der Leser freilich selbst beantworten.

Die ehedem heiß umstrittene Westintegration der Bundesrepublik wird mittlerweile nur noch von kleineren Gruppen in Frage gestellt. Die Einsicht, daß die Teilung Deutschlands ihren Ursprung in der Politik des deutschen Nationalstaats hat, also selbstverschuldet ist, hat gegenüber den fünfziger Jahren erheblich an Boden gewonnen. Daß Adenauer der politischen Reife der Deutschen nicht recht traute, bringt ihm nachträgliche Sympathien von einer Seite ein, von der er dergleichen nicht erwartet hätte: Es gibt so etwas wie eine posthume Adenauersche Linke, die in der Westbindung eine Rückversicherung gegen deutsche Sonderwege sieht.

Auch Foschepoth scheint dieser Richtung zuzuneigen. Möglicherweise, meint er, sei Adenauer gerade deshalb ein deutscher Patriot gewesen, «weil sein Vertrauen in die politische Lernfähigkeit der Deutschen nicht sonderlich groß war und er daher dieses Volk vor der Wiederherstellung eines einheitlichen deutschen Nationalstaates mit allen den damit verbundenen Gefahren bewahren wollte». Und er fügt, seine Ergebnisse zusammenfassend, hinzu: «Dann ist es allerdings an der Zeit, den Mythos von der Wiedervereinigung Deutschlands als dem obersten Ziel oder auch nur dem Ziel des ersten Kanzlers der Bundesrepublik zu zerstören.»

Der Band «Adenauer und die Deutsche Frage» ist, siehe den eingangs zitierten Beschluß des CDU-Parteitages, zur rechten Zeit erschienen. Er bringt unbekannte oder vergessene Sachverhalte ans Licht, zerstört Legenden und regt auch dort, wo er zum Widerspruch reizt, zum Überdenken vertrauter Vorstellungen an. Vor allem aber schärft er den Blick für die moralischen Kosten einer Politik, die nationale Illusionen nährte, um den Nationalstaat überwinden zu können. Indem Herausgeber und Autoren diesen Widerspruch schonungslos enthüllen, leisten sie ein wichtiges Stück historischer und politischer Aufklärung.

3. WAR KURT SCHUMACHER EIN NATIONALIST?

PETER MERSEBURGER PORTRÄTIERT DEN ERSTEN NACHKRIEGSVORSITZENDEN DER SPD

Oktober 1995

«Zwischen ihm und Hitler gibt es keinen Unterschied, außer, daß er nicht blutgierig ist», behauptete 1951 der Präsident der Französischen Republik, der Sozialist Vincent Auriol. Golda Meir, die spätere israelische Ministerpräsidentin, verweigerte ihm, der unter Hitler fast zehn Jahre in Konzentrationslagern verbracht hatte, auf der Internationalen Sozialistischen Konferenz in Zürich im Juni 1947 den Handschlag. Einen «verbissenen, doktrinären Kaffeehausmarxisten» nannte ihn 1933 sein Parteifreund Julius Leber. Die Rede ist von Kurt Schumacher, dem ersten Vorsitzenden der SPD nach dem Zweiten Weltkrieg, der am 13. Oktober 1995 hundert Jahre alt geworden wäre.

Der 100. Geburtstag ist der äußere Anlaß, weshalb Peter Merseburger, der langjährige Korrespondent der ARD in Washington, Berlin (Ost) und London, jetzt eine gründlich recherchierte, glänzend geschriebene, von der ersten bis zur letzten Seite spannende Biographie Kurt Schumachers vorlegt. An einem inneren Grund fehlt es auch nicht. Merseburger widerspricht mit Nachdruck dem Nationalismusvorwurf, den viele Linke innerhalb und außerhalb der SPD gegen Schumacher erheben. Schumacher, schreibt Merseburger im Vorwort, habe für die Deutschen nach 1945 nur Gleichberechtigung gefordert, aber nie die eigene Nation über andere gestellt. Sein Begriff von Nation sei zudem nicht ethnisch und reaktionär, sondern staatsbürgerlich, mithin modern gewesen und habe sich schon deswegen gut mit dem Bekenntnis zur Internationalität vertragen.

Daß Schumacher bei zahllosen Zeitgenossen aneckte, lag eher an der

Art seines öffentlichen Auftretens als an seinen Bekenntnissen zur Nation und zum Anspruch Deutschlands auf Gleichberechtigung. «National» dachte und sprach man in der Bundesrepublik quer durch alle Parteien bis weit in die sechziger Jahre hinein. Was viele erschreckte, war der eruptive, oft bellende Ton von Schumachers Reden und die schneidende Schärfe, mit der er politische Gegner attackierte. Furore machten das Wort von der katholischen Kirche als der «fünften Besatzungsmacht», der berüchtigte Zwischenruf vom 25. November 1949, in dem er Adenauer den «Bundeskanzler der Alliierten» nannte, und die demagogische Behauptung vom Mai 1952, wer dem Generalvertrag mit den Westmächten zustimme, höre auf, ein Deutscher zu sein.

Die ausgemergelte Gestalt des Invaliden – 1914 war ihm nach einer schweren Verwundung im Ersten Weltkrieg der rechte Arm, 1948 das linke Bein amputiert worden – schien zum Bild des politischen Fanatikers zu passen, das die Gegner von ihm zeichneten. Charisma konnte diesem intellektuellen Volkstribun niemand absprechen. Aber wahrscheinlich war es gerade das, was ihn vielen Nachkriegsdeutschen suspekt machte. Adenauer, der listige alte Patriarch mit der hausbackenen Sprache und dem nüchternen Sinn für das Mögliche, kam ihren Bedürfnissen weit besser entgegen. Die Deutschen befanden sich nach 1945 in einem Zustand der posttotalitären Erschöpfung, aber nur im Westen konnten sie sich für eine Politik entscheiden, die sie, soweit es denn ging, in Ruhe ließ.

Ein früherer Biograph Schumachers, der amerikanische Historiker Lewis J. Edinger, hat die politische Karriere des Sozialdemokraten als Kompensation des physischen Minderwertigkeitsgefühls zu deuten versucht, an dem dieser seit seiner Armamputation gelitten habe. Merseburger hält das zu Recht für ein psychologisches Konstrukt. Schumacher, der aus einer linksliberalen Familie im westpreußischen Kulm stammte, war schon als Schüler leidenschaftlich an Politik interessiert, und seine Hinwendung zur SPD, der er im Februar 1918 beitrat, läßt sich in diese Zeit zurückverfolgen. Anhand von Schumachers Lektüre zeichnet Merseburger einfühlend nach, wie sich das Welt- und Geschichtsbild seines «Helden» herausformte. Die Dissertation «Der Kampf um den Staatsgedanken in der deutschen Sozialdemokratie», mit der der junge Jurist 1920 zum Doktor der Staatswissenschaften promoviert wurde, machte seinen weltanschaulichen Standort deutlich: Schumacher dachte vom Staat und nicht von der Ökonomie her; er stand näher bei Ferdinand Lassalle als bei Karl Marx und folglich im Parteispektrum eher «rechts» als «links».

Und doch war er in der SPD der Weimarer Republik, wie Merseburger betont und belegen kann, nicht schlechthin ein «Rechter». Als Redakteur der sozialdemokratischen *Schwäbischen Tagwacht*, als Abgeordneter erst des württembergischen Landtags, dann, vom September 1930 an, des Deutschen Reichstags vertrat er mehr als einmal, etwa beim Streit um die Wehrpolitik seiner Partei, «zentristische», also auf Integration zielende Positionen. Was ihn mit «militanten Sozialisten» auf dem rechten Parteiflügel wie Carlo Mierendorff, Theo Haubach und Julius Leber verband, war sein ausgeprägter Aktivismus. Er verlangte von der SPD ein schärferes, offensives Verhalten gegen die Nationalsozialisten, denen er in Württemberg, unterstützt vom Reichsbanner Schwarz-Rot-Gold, Saalschlachten lieferte, wann immer sie seine Kundgebungen störten. Kaum minder scharf trat er den Kommunisten entgegen, die der Weimarer Demokratie den Kampf angesagt hatten und mit ihrer Bürgerkriegspropaganda Hitler Wähler zutrieben. «Rotlackierte Doppelausgaben der Nationalsozialisten» nannte er die Kommunisten erstmals im März 1930 – ein typisches Zeugnis von Schumachers Neigung zur polemischen Zuspitzung und zugleich eine Antwort auf den Kampfbegriff «Sozialfaschisten», mit dem die KPD die Sozialdemokraten zu brandmarken suchte.

Schumachers Martyrium in nationalsozialistischen Konzentrationslagern begann im August 1933 und endete im März 1943. Er hätte ins Ausland fliehen können, hatte sich aber in voller Erkenntnis der Gefahr entschlossen, in Deutschland zu bleiben. Selbst die Versicherung, sich künftig aller politischen Aktivitäten gegen den Staat Hitlers zu enthalten, lehnte er ab, obwohl eine solche Erklärung seine KZ-Haft erheblich verkürzt hätte. «Bewußt hat er den Leidensweg gewählt und wird ihn weiter gehen, notfalls bis zum bitteren Ende», schreibt Merseburger. Schumacher tat das nicht etwa, weil er für die Zeit danach eine Parteikarriere anstrebte, für die eine politische Verfolgung durch die Nationalsozialisten sich im nachhinein als nützlich erweisen mochte. Er *war* vielmehr der, als den ihn sein Biograph beschreibt: «ein Unbestechlicher, ein großer Moralist, ein Mann mit Prinzipien, ein geschworener Feind aller Totalitären».

Mit der Wiederbegründung der SPD begann Schumacher von Hannover aus, wo er das Kriegsende erlebte, Ende April 1945, kaum daß die Amerikaner in die Stadt an der Leine eingerückt waren. Die politische Führung im Nachkriegsdeutschland mußte, daran zweifelte er nicht im mindesten, bei den Sozialdemokraten liegen. Sie hatten als einzige Partei bis zuletzt die Weimarer Demokratie gegen den Ansturm der totalitären Kräfte verteidigt und an ihren demokratischen Idealen auch im Widerstand gegen Hitler festgehalten. Die alten Führungsschichten, darunter die kapitalistischen Großunternehmer, hatten sich aus seiner Sicht dagegen durch ihre Rolle vor und nach 1933 hoffnungslos kompromittiert, wie Schumacher denn überhaupt die klassische Zeit des Bürgertums 1945 für abgelaufen hielt.

Sein Urteil über die Kommunisten brauchte er auch nicht zu revidieren. Er wußte, wovon er sprach, wenn er ihnen vorwarf, sie hätten entscheidend zur Zerstörung der ersten deutschen Demokratie beigetragen. Während andere Sozialdemokraten 1945 dem Traum von der Einheit der marxistischen Linken nachhingen, hielt Schumacher der wiedererstandenen KPD vor, sie sei ihren demokratischen Phrasen zum Trotz geblieben, was sie vor 1933 war: das willfährige Instrument einer fremden totalitären Macht. Vermutlich hat Merseburger recht, wenn er, ein sozialdemokratisches Tabu verletzend, bemerkt, Schumacher sei 1945 mit seinem unbedingten Nein zu einer Verschmelzung von SPD und KPD zunächst «gegen den Strom der Mehrheitsmeinung» innerhalb seiner Partei geschwommen.

Die praktischen Erfahrungen mit der Partei Walter Ulbrichts und der Politik der sowjetischen Besatzungsmacht hatten zur Folge, daß von den sozialdemokratischen Illusionen in Sachen Kommunismus schon um die Jahreswende 1945/46 nicht mehr viel übrig war. In der sowjetischen Zone allerdings konnte durch Druck und Zwang ausgeglichen werden, was an freiwilliger Zustimmung zur Vereinigung der beiden Arbeiterparteien fehlte. Die Auseinandersetzungen um den Zusammenschluß von SPD und KPD zur SED waren nicht nur, aber auch ein persönliches Duell zwischen Schumacher, dem mittlerweile unbestrittenen ersten Mann der Sozialdemokratie in den westlichen Besatzungszonen, und Otto Grotewohl, dem Vorsitzenden des Zentralausschusses der ostzonalen SPD. Merseburger zeichnet von Grotewohl das Bild eines opportunistischen

Ehrgeizlings, der in allem, worauf es ankam, der Antityp zu Schumacher war. Der Autor setzt sich damit scharf von den Versuchen einiger Historiker ab, den Vorsitzenden der Ost-SPD politisch zu rehabilitieren, und er tut es mit guten Gründen: Grotewohl ging den Weg des geringsten Widerstands fast schon aus Prinzip, aber er konnte das Gros der Partei nur mit sich ziehen, weil es neben und unter ihm nicht wenige gab, die wie er Anpassung an die Besatzungsmacht für eine Bedingung des politischen Überlebens hielten.

Die Weigerung der westdeutschen und Westberliner Sozialdemokraten, sich mit den Kommunisten zu einer Partei zusammenzuschließen, durchkreuzte das Kalkül Stalins an der empfindlichsten Stelle: Die politische Eroberung Deutschlands mußte vertagt werden. Die Gründung eines Weststaates war eine ungewollte, aber in sich logische Konsequenz jenes Vorrangs der Freiheit vor der Einheit (und zwar der nationalen Einheit wie der «Einheit der Arbeiterklasse»), für den sich die SPD im Frühjahr 1946 entschieden hatte. Ebenso ungewollt und ebenso logisch war die objektive Nähe zwischen den Positionen Schumachers und Adenauers, die sich daraus ergab: Merseburger legt zu Recht großen Wert auf die Feststellung, daß es für Schumacher nie einen Zweifel daran gegeben hat, daß Deutschland seinen politischen Platz nur an der Seite der westlichen Demokratien finden konnte.

Adenauer war freilich insofern der konsequentere «Westler», als er die junge Bundesrepublik politisch, wirtschaftlich und militärisch so fest in den Westen zu integrieren strebte, daß auch ein wiedervereinigtes Deutschland nicht mehr zu einer Schaukelpolitik zwischen Ost und West hätte zurückkehren können. Schumacher dachte viel nationaler und nationalstaatlicher als Adenauer und räumte darum der Wiedervereinigung Deutschlands den Vorrang vor der Vereinigung Westeuropas ein. So wie er auf wirtschaftspolitischem Feld nie aus dem engen Horizont vertrauter Vorstellungen von Planwirtschaft und Sozialisierung heraustrat, so blieb er auch außenpolitisch ein sozialdemokratischer Traditionalist. Er bekannte sich zwar, wie es die SPD schon 1925 in ihrem Heidelberger Programm getan hatte, zu den Vereinigten Staaten von Europa. Aber ein supranationales Europa, wie es Adenauer vorschwebte, war damit nicht gemeint, sondern eher ein «Europa der Staaten» im Sinne de Gaulles.

War Schumacher ein deutscher Nationalist? Merseburger verneint die

Frage zu schnell und zu apodiktisch, um zu überzeugen. Schumacher wollte seiner Partei auch deswegen ein betont nationales Profil geben, weil er die verheerenden, immer noch nachwirkenden Folgen der jahrzehntelangen Kampagnen gegen die «vaterlandslosen Gesellen» nur zu gut kannte. Wichtiger als dieses Kalkül aber war etwas anderes und Elementareres: Schumacher litt unter der Teilung Deutschlands mehr als Adenauer. Für den von Hause aus protestantischen, später agnostischen Preußen aus Kulm war die Reichsgründung von 1871, was immer er an Bismarcks Innenpolitik auszusetzen hatte, ein historischer Fortschritt, hinter den es ein Zurück nicht geben durfte. Der Kölner Katholik hatte, jedenfalls nach 1945, ein kühleres Verhältnis zum preußisch-deutschen Reich als der Vorsitzende der Sozialdemokratischen Partei, in welcher Bismarck einst den gefährlichsten aller «Reichsfeinde» gesehen hatte – noch gefährlicher als das katholische Zentrum, dem Adenauer entstammte. Adenauer konnte schon im Sommer 1945 ohne erkennbare Gefühlsbewegung aussprechen, was für Schumacher ein Sakrileg war und blieb: «Der von Rußland besetzte Teil sei für eine nicht zu schätzende Zeit für Deutschland verloren». Adenauer sollte mit seiner kalten Diagnose recht behalten. Aber war er damit auch schon moralisch gegenüber Schumacher im Recht, der sich gegen die Spaltung Deutschlands in einen freien und einen unfreien Teil auflehnte?

Der Gegensatz zwischen Adenauer und Schumacher war, da jeder auf seine Weise recht hatte, ein tragischer Konflikt. Schumacher begründete seine nationale Linie vor allem damit, daß die SPD, wenn *sie* sich zum Anwalt der nationalen Interessen Deutschlands mache, der Gefahr eines Massennationalismus antidemokratischer Kräfte von rechts und links entgegenwirke. Tatsächlich ist es einer der fundamentalen Unterschiede zwischen Weimar und Bonn, daß die nationale Opposition in der ersten deutschen Republik rechts und antidemokratisch, in der zweiten links und demokratisch war. Adenauer hätte seine Politik der Westintegration im Innern gar nicht durchsetzen können, wenn sie nicht nur von der SPD, sondern auch noch von einer starken Opposition von rechts bekämpft worden wäre. Doch wie hätte sich der von Schumacher propagierte Vorrang der Wiedervereinigung vor der Westintegration ausgewirkt, wenn die Richtlinien der Politik von ihm und nicht von Adenauer bestimmt worden wären?

Als Stalin im März und April 1952, wenige Monate vor Schumachers Tod, die Welt mit jenen zwei legendären Noten überraschte, in denen er das Bild eines vereinigten, militärisch neutralen und durch freie Wahlen demokratisch legitimierten Deutschland entwarf, forderte der sozialdemokratische Oppositionsführer, dieses Angebot müsse sorgfältig geprüft werden. Peter Merseburger hält Stalins Offerte für ernst gemeint und gibt zu bedenken, ob es nicht doch besser und ehrlicher gewesen wäre, damals den gewiß beschwerlichen Weg zur Wiedervereinigung zu beschreiten.

Am Ende war es wohl besser, daß in Bonn Adenauer regierte, der auch nach den Stalin-Noten die Politik der Westintegration unbeirrt fortsetzte. Mit den Traditionen des deutschen Nationalismus hat er radikaler gebrochen, als es eine von Schumacher geführte Bundesregierung getan hätte. Die «vorbehaltlose Öffnung der Bundesrepublik gegenüber der politischen Kultur des Westens», von der Jürgen Habermas 1986 sprach, bedurfte wohl Adenauers als Kanzler und Schumachers als Oppositionsführer. So gesehen, entbehrt es nicht der inneren Logik, daß die altbundesdeutsche Linke seit langem, ob sie es wahrhaben will oder nicht, eher eine posthume Adenauersche als eine Schumachersche Linke ist.

Die tieferen Gründe für Schumachers Scheitern liegen dort, wo sein Biograph sie ortet: in der allzu starken Prägung durch Weimar, an das der Sozialdemokrat 1945 fast nahtlos meinte anknüpfen zu können. Vielleicht sollte man weitergehen und von einem tragischen Scheitern sprechen. Denn in letzter Instanz scheiterte Schumacher an eben jener festen Bindung an Traditionen, die ihm in den Jahren der nationalsozialistischen Diktatur geholfen hatte, die Qualen der Konzentrationslager moralisch ungebrochen zu überstehen. Eben deshalb hat er sich wohl nach 1945 gegen eine gründliche Revision dieser Traditionen gesträubt – und zwar der im engeren Sinne sozialistischen wie der nationalen, der Marxschen wie der Lassalleanischen Traditionen der deutschen Arbeiterbewegung.

Ein Zurück zu Schumachers nationaler Politik kann es nicht geben. Ein Diskurs über die nationalen Interessen und Pflichten Deutschlands aber muß geführt werden. Die neue Bundesrepublik ist nicht mehr, wie das Karl Dietrich Bracher von der alten Bundesrepublik gesagt hat, eine «postnationale Demokratie unter Nationalstaaten», sondern ein postklassischer demokratischer Nationalstaat unter anderen. Schumacher gehört zu denen, die in der Frühzeit der Teilung auf ein vereinigtes demokratisches Deutschland hingearbeitet haben. Das vereinte Deutschland tut gut daran, sich seiner zu erinnern. Merseburgers Buch, das Schumachers Leben als Teil der deutschen Geschichte im 20. Jahrhundert darstellt, ist dabei eine große Hilfe.

4. HISTORIKER IN IHRER GEGENWART

ANMERKUNGEN ZU EINEM WISSENSCHAFTLICHEN KONGRESS

November 1964

Es ist kein Novum, daß bei den deutschen Historikertagen der Tagungsort seinen Niederschlag auch in der Gestaltung der Programme findet. So standen in Duisburg, vor zwei Jahren, Probleme der Strukturgeschichte industrieller Gesellschaften im Vordergrund. Als jetzt vom 7. bis 11. Oktober die 28. Versammlung deutsche Historiker in Berlin tagte, wurde das Rahmenthema vom Verbandsvorsitzenden Karl Dietrich Erdmann (Kiel) folgendermaßen umschrieben: «Das Problem des Zusammenlebens von Staaten verschiedener Rechtsordnungen und Grundüberzeugungen». Eine brennende Frage zweifelsohne – der Regierende Bürgermeister machte in einer bemerkenswert unkonventionellen Eröffnungsrede die aktuellen Bezüge deutlich –, aber zugleich auch ein Thema, mit dem sich ein Bogen von der Antike bis zur Gegenwart schlagen ließ.

Hier sollen nur einige Problemkreise aus der neueren und neuesten Geschichte Erwähnung finden. Der genius loci forderte sein Recht etwa auch in einer Arbeitsgruppe, die sich mit der preußischen Geschichte beschäftigte. Wenn hier traditionelle Fragestellungen und Urteile manche Diskussionsbeiträge über Gebühr beherrschten, so trugen die Aussprachen in einem anderen Arbeitskreis doch beachtliche neue Akzente: die Erörterung des Problems der Arbeiter- und Soldatenräte bei der Entstehung der Weimarer Republik erschütterte die bis vor kurzem herrschende Auffassung, daß es bei der Novemberrevolution des Jahres 1918 nur die Wahl zwischen Bolschewismus und bürgerlicher Demokratie gegeben habe. In den Räten steckten vielmehr originelle Ansätze zu einer Ausweitung der bürgerlich-liberalen Demokratie auf Wirtschaft und Gesellschaft – Ansätze, die nach Meinung einiger Referenten ihre Aktualität keineswegs eingebüßt haben.

Am weitesten über die Fachwelt hinaus ging naturgemäß das Interesse an der Redeschlacht über die aufsehenerregenden Thesen, die der Hamburger Historiker Fritz Fischer in seinem Buch «Griff nach der Weltmacht» zu den deutschen Kriegszielen im Ersten Weltkrieg vorgetragen hat. Als erster Eindruck läßt sich nach der fünfstündigen Diskussion des Historikertages festhalten: Fritz Fischer steht mit seiner Ansicht, daß Deutschland die Hauptverantwortung für den Ausbruch des Ersten Weltkrieges trage, nicht mehr allein. Er findet vielfältige Unterstützung in der deutschen wie in der internationalen Fachwelt. Ein Teil seiner Gegner hat eine Defensivposition bezogen.

Daß es dem Kaiserreich 1914 um die Gewinnung eines Vorfeldes im Westen und Osten Deutschlands ging, daß die führenden Kreise in Berlin die Situation nach dem Mord von Sarajewo als die am wenigsten ungünstige zur Steigerung der deutschen Macht empfanden: das kann heute als weithin unbestritten gelten. Deutschland aber mußte bei der Verfolgung solche Ziele mit mehr Mächten in Konflikt geraten als alle anderen europäischen Staaten – nicht zuletzt auf Grund der von ihm selbst mitverschuldeten «Einkreisung». Eben darum waren die Risiken jeder militärischen Kraftprobe für das Reich besonders groß.

Sicherlich wird auch in Zukunft an dieser oder jener Quelleninterpretation Fischers Kritik geübt werden können; die Einwände Gerhard Ritters vor allem haben ihren Eindruck nicht verfehlt. Und es ist gewiß, daß zur Vervollständigung des Bildes von der imperialistischen Epoche auch die Kriegszielpolitik der anderen Großmächte ebenso gründlich erforscht werden müßte, wie Fischer das für Deutschland getan hat. Von einem bloßen «Hineinschlittern» des Deutschen Reiches in den Ersten Weltkrieg aber wird man auch schon jetzt nicht mehr sprechen können.

Außerdem lassen sich, wie stark auch die Unterschiede zwischen «Mitteleuropäern» und «Annexionisten», zwischen den Anhängern politischer Eroberung und denen einer wirtschaftlichen Hegemonie sein mögen, die Dinge nicht im nachhinein so darstellen, als habe das Jahr 1914 nur Parteien und keine Deutschen gekannt (Immanuel Geiß). Machterweiterung, auch um den Preis des Krieges, war der gemeinsame Nenner der damaligen deutschen Politik.

Die künftige Forschung zum deutschen Imperialismus dürfte sich vor allem mit einem Problem befassen, auf das der amerikanische Historiker Fritz Stern von der Columbia University (New York) in seinem brillanten, vom *Spiegel* unlängst mit zusätzlicher Publizität ausgestatteten Diskussionsbeitrag verwies: mit der Kontinuität des «Stils» der deutschen Diplomatie und damit dem Zusammenhang zwischen militanter Außenpolitik und überalterter Herrschaftsform in Deutschland.

Das Fazit des Historikertages ist: Eine «Linksschwenkung» (sit venia verbo) der jüngeren Historikergeneration ist unverkennbar. Man will nicht mehr bloß wissen, «wie es eigentlich gewesen ist», man fragt, warum es so gekommen ist. Geschichte wird nicht mehr als eine Kette tragischer «Betriebsunfälle» verstanden, sondern als *ein* Prozeß, bei dem allgemeine Tendenzen und jeweils besondere Bedingungen in einem Verhältnis ständiger wechselseitiger Umformung stehen. Soziologische Strukturanalysen verdrängen allmählich die isolierte Betrachtung der «großen Individuen». Das Studium von Wirtschaft und Gesellschaft verweist Diplomatie- und Kriegsgeschichte auf den zweiten Platz. Die deutschen Historiker schicken sich an, ihre eigenen Zeitgenossen zu werden.

5. REQUIEM FÜR EINE REFORM

EINE BERLINER FALLSTUDIE ZUR STUDENTISCHEN REVOLTE VON 1968

August 1971

Unter dem Eindruck der Studentenrevolte von 1968 und auf ausdrücklichen Wunsch des Lehrkörpers gestattete das Berliner Abgeordnetenhaus im Sommersemester 1968 der einstigen Deutschen Hochschule für Politik, dem Otto-Suhr-Institut an der Freien Universität Berlin, in Vorwegnahme eines umfassenden Hochschulreformgesetzes («Vorschaltgesetz») die Einführung «drittelparitätischer» Leitungsgremien: Institutsrat und Institutsleitung sollten bis auf weiteres zu gleichen Teilen aus Professoren, Studierenden und Mittelbau (Assistenten und dienstleistendes Personal) zusammengesetzt sein können. Ich selbst gehörte auf Vorschlag der aus Professoren und Assistenten gebildeten «Reformergruppe» im Wintersemester 1968/69 der Institutsleitung an.

Von den Reformern nicht vorhergesehene Folgen der neuen Leitungsstruktur waren das Einströmen von nicht-promovierten Mitarbeitern, die fast ausnahmslos linken Gruppierungen angehörten, in den Mittelbau und die «Umfunktionierung» des Prüfungswesens in ihrem Sinn: An die Stelle der bisherigen Zwischenprüfung trat die «Obligatorische Studienberatung», bei der es ein «Nicht bestanden» nicht mehr gab. Als erster Hochschullehrer verweigerte Arnulf Baring die Mitwirkung an der nun zur Farce gewordenen ehemaligen Zwischenprüfung, als Zweiter ich. Damit begann ein Konflikt, in dessen Verlauf sich das Institut faktisch spaltete. Die Hintergründe schildert der vorliegende Text, der am zehnten Jahrestag des Baus der Berliner Mauer in der «Süddeutschen Zeitung» erschien.

Am ehemaligen Otto-Suhr-Institut ist die Situation reif für Flüsterwitze. Der neueste betrifft das vorweggenommene Ende der Politologenschule.

Im ärztlichen Communiqué soll als Todesursache festgestellt worden sein: zu viele rote Lehrkörperchen.

Die Ärzte werden, so fürchte ich, recht behalten. Die gegenwärtige Lage am Fachbereich Politische Wissenschaft der Freien Universität Berlin, wie das Otto-Suhr-Institut heute offiziell heißt, zeichnet sich durch einen fundamentalen Widerspruch aus. Einerseits kann man die überwältigende Mehrheit der Professoren als liberal oder gemäßigt links einstufen. Andererseits studieren nach vorsichtigen Schätzungen zwei Drittel der Studenten ganz oder vorwiegend bei denjenigen Dozenten, die sich zur extremen Linken bekennen. Zu dieser Gruppe rechnet, strenggenommen, *nur* ein Hochschullehrer. Sehr viel größer ist die Zahl bei den wissenschaftlichen Mitarbeitern, und unter den studentischen Tutoren überwiegen die «Marxisten» bei weitem. Rechnet man die Tutoren zum Lehrkörper, so machen die promovierten Dozenten eine Minderheit desselben aus. Es dürften wiederum mindestens zwei Drittel der Politologie-Studenten sein, die ausschließlich oder überwiegend bei nichtpromovierten Dozenten studieren.

Der Lehrer als Welträtselonkel

Was studiert man bei den «Marxisten»? Man hört, in einer Lehrveranstaltung werde Semester für Semester alles Unheil der deutschen Nachkriegsgeschichte auf die Weigerung der Sozialdemokraten zurückgeführt, sich mit den Kommunisten zu einer Partei zusammenzuschließen. Anderswo werden die Unterschiede zwischen «bürgerlicher» Demokratie und faschistischer Diktatur als bloß äußerlich hingestellt. Von einem dritten Dozenten muß sich die DDR herbe Kritik gefallen lassen: Sie sei so lange kein wirklicher sozialistischer Staat, als ihre Wirtschaft noch auf der Geld-Ware-Beziehung beruhe.

Das in mehr als einer Beziehung ehemalige Otto-Suhr-Institut hat in den letzten Jahren zahlreiche Studenten abgestoßen, die mit dem neuen Kurs nicht einverstanden waren. Er hat andere angezogen, denen das linke Image des Hauses zusagte. Viele treibt ein unklares Protestbedürfnis, das sie in Schulungskursen rationalisieren zu können hoffen. Studenten der ersten Semester, halb Kinderspiele, halb Marx im Herzen, erwarten, möglichst verbindlich und ohne Umschweife darüber belehrt zu werden, was und wer gut und böse ist. Dozenten, die den Eindruck erwecken, als hätten sie einen heißen Draht zum Weltgeist, dürfen mit überlaufenen Veranstaltungen rechnen. Der akademische Lehrer als Welträtselonkel, eine ganz neue Rollenerwartung.

Anspruch und Wirklichkeit decken sich freilich nicht immer ganz. Während die «bürgerlichen» Historiker sich aus guten Gründen zunehmend von der reinen Geistesgeschichte ab- und der Sozialgeschichte zuwenden, haben die «Marxisten» ihre Liebe zu einer – wenn auch ziemlich fragmentarischen – Ideengeschichte entdeckt. Karl Marx muß das Opfer einer Verbalinspiration gewesen sein. Entwicklungen, die seinen Prognosen nicht entsprechen, werden so lange uminterpretiert, bis sie in das Prokrustesbett der wahren Lehre passen. Da ein solches Unterfangen gelegentlich Schwierigkeiten bereitet, ist es am sichersten, die «Realanalyse» ganz zu vermeiden. Solange die Theorie mit der Realität nicht zusammenstößt, hat die Theorie immer recht.

Das Grundmuster der Argumentation ist einfach. Warum sich (beispielsweise) mit dem nationalsozialistischen Herrschaftssystem beschäftigen? Schließlich gibt es Theorien über den Faschismus. Warum in einer gegebenen Situation nach dem tatsächlichen Handlungsspielraum fragen, ehe man politische Entscheidungen moralisch bewertet? Objektivismus hilft dem Klassenfeind. Warum sich von unvorhergesehenen Fakten überraschen lassen? Man hat ja den Begriff der Totalität und weiß, wohin der Genosse Hase läuft.

Es wäre ganz falsch, derlei Vulgärmarxismen mit subjektiven Unzulänglichkeiten erklären zu wollen. Die Sache hat Methode. Außer dem politologischen Diplom braucht man keine weitere wissenschaftliche Qualifikation, um selbständige Lehrveranstaltungen, wie etwa die Grundkurse für Anfänger, abhalten zu können. (Ausnahmsweise kann auch auf diese Minimalanforderung verzichtet werden.) Die drittelparitätisch von Studenten, Assistenten und Professoren besetzten Fachkommissionen, eine bis heute beibehaltene Errungenschaft des 1968 gestarteten Reformexperiments am Otto-Suhr-Institut, haben das ihnen eingeräumte personelle Vorschlagsrecht weidlich genutzt und zahlreiche verdiente Genossen zu wissenschaftlichen Mitarbeitern gemacht. Das Kriterium der Eignung trat dabei nur allzu oft hinter dem der Gesinnung zurück. Zwischen den eben erst diplomierten Assistenten und den Studenten herrscht meist ein Verhältnis ausgeprägter Kameraderie. Häufiger als die Hochschullehrer stimmen die ersteren der Forderung zu, das Leistungsprinzip abzuschaffen. Wenn Klausuren Terror sind – warum soll man dann nicht die Themen den Studenten im voraus mitteilen? Wenn die «bürgerliche» Prüfung ein sinnloses und sadistisches Ritual ist – ist es dann nicht legitim, sie systematisch zu unterlaufen? Die Propaganda gegen den Leistungsdruck hat selbst bei einigen weitsichtigen «Linken» Unbehagen hervorgerufen. Sie ist jedoch so wirksam, daß heute auch für manchen nicht-marxistischen Prüfer die Diplomzensuren zur Fortsetzung der Sozialpolitik mit anderen Mitteln geworden sind.

Schlimmer noch steht es um die Obligatorische Studienberatung, die frühere Zwischenprüfung. Durchfallen kann man da nicht mehr, seitdem der Senator für Wissenschaft und Kunst das neue Verfahren genehmigt hat. Was immer die Eindrücke und Empfehlungen der Beratungskommission sein mögen, der Text der Prüfungsurkunde schließt mit der Formel, der Student sei hiermit berechtigt, an Veranstaltungen des Hauptstudiums teilzunehmen. Den Gang der Diskussion hat der Kandidat weitgehend selbst in der Hand. Er legt Thesen vor, die sich laut einer geänderten Passage der Diplomprüfungsordnung auf die drei Gebiete *Innenpolitik der Bundesrepublik*, *ökonomische* und *historische Grundlagen der Politik* beziehen sollen. Auf den Druck von Interessenten hin hat sich jedoch der Prüfungsausschuß des Fachbereichs Politische Wissenschaft zu einem Akt der indirekten Aggression hinreißen lassen: Er hat am 15. Januar 1971 beschlossen, Bundesrepublik im Sinne der Prüfungsordnung sei auch die DDR. Praktisch bedeutet das, daß Kenntnisse über die Innenpolitik der Bundesrepublik nicht mehr verlangt werden. Keinem Politologie-Studenten wird länger zugemutet, mit dem Grundgesetz unter dem Arm herumzulaufen.

Die Obligatorische Studienberatung erfolgt durch eine Dreierkommission, von der der Kandidat zwei Mitglieder selbst bestimmen kann. Sie brauchen nicht promoviert zu sein. Der Vorsitzende, ein Hochschullehrer, kann bei einer solchen Konstellation oft nicht mehr viel verderben. Als ich von einem Kandidaten, der sich auf die Anfänge des Freien Deutschen Gewerkschaftsbundes in der DDR spezialisiert hatte, wissen wollte, ob er das faktische Streikverbot in den sozialistischen Ländern für legitim halte, rügte mich mein «marxistischer» Mitprüfer: Die Frage sei zu schwer. Eine andere Frage fiel dem Kandidaten leichter. Auf seinen Berufswunsch angesprochen, erwiderte er, er wolle Hochschullehrer werden.

Die «Vordiplomprüfung», wie der andere Name der Obligatorischen Studienberatung lautet, nimmt ein Stück jener Prüfungs- und Ausbildungsreform vorweg, über die zur Zeit im Fachbereich beraten wird. Theoretisch hätte es nahegelegen, mit einer kritischen Bestandsaufnahme des bisherigen Grundstudiums zu beginnen. War irgendeines der Fächer, die bisher vor der Zwischenprüfung im Mittelpunkt des Studiums gestanden hatten, waren etwa Geschichte seit 1789, politische Wirtschaftslehre und verfassungsmäßige Grundlagen der Bundesrepublik überflüssig? Waren wesentliche Gebiete nicht beachtet worden?

Wenn Bürger Bürger Bürger nennen

Eine solche offizielle Bestandsaufnahme hat es seit dem Beginn des Reformexperiments, soweit ich weiß, nicht gegeben. Statt dessen setzten sich jene durch, die unter Berufung auf Einsichten der Hochschuldidaktik, einer offenbar von allen Kinderkrankheiten gleichzeitig heimgesuchten Wissenschaft, eine inhaltliche Festlegung des Politologiestudiums strikt ablehnten. Dergleichen sei, so hört man, eine Vergewaltigung von Lernmotiven, ein Attentat auf die Kreativität der Studierenden, ein Verstoß gegen das Prinzip «forschenden Lernens». Ein Mediziner, der gleich mit der Facharztausbildung beginnen wollte, ohne sich je den Grundlagen seines Faches zu widmen, könnte nur ein Kurpfuscher werden. Wer darauf hinweist, daß auch die Politikwissenschaft Grundlagen hat, die sich nicht beliebig zur Disposition stellen lassen, muß damit rechnen, als «Bildungsbürger» abqualifiziert zu werden. Der Anlaß reizt, Tucholsky abzuwandeln: Es gibt nichts Komischeres, als wenn Bürger Bürger Bürger nennen.

Wo man die Systematik für überflüssig hält, wird das Überflüssige zum System. Im einzigen derzeit zirkulierenden Entwurf einer Neuregelung des Ausbildungswesens wird zwar ganz genau gesagt, in welchem Semester der Student an welchem Typ von Lehrveranstaltungen teilnehmen darf, ob und wann er individuelle oder kollektive Leistungsnachweise zu erbringen hat, wann Kurse von mehr als einem Dozenten abzuhalten sind und wie viele Seiten schriftliche Arbeiten maximal umfassen dürfen. Aber über ein gemeinsames inhaltliches Minimum unterschiedlicher Studienpläne wird nichts ausgeführt.

Inhaltlich eine Fohlenkoppel, formal eine Kadettenanstalt: Der Widerspruch wird kurze Beine haben. In das inhaltliche Vakuum stößt die geschlossenste Konzeption hinein und wird zur einzig relevanten Institutsdoktrin. Die «Marxisten», denen vor der undialektischen Trennung von Form und Inhalt grauen müßte, wissen, warum sie sich mit den Formalisten verständigt haben. Sie teilen nicht die bürokratische Illusion, alle inhaltlichen Probleme ließen sich in Formfragen auflösen. In den nicht-marxistischen Hochschullehrern sehen sie lediglich nützliche Idioten. Die Fassade des Wissenschaftspluralismus möchte man aufrechterhalten, weil sie materielle Chancen bietet und ein Schutzwall gegen administrative Eingriffe ist. Durch diese Taktik läßt sich die wesentlichste Funktion absichern, die das ehemalige Otto-Suhr-Institut heute hat: Es ist, zugespitzt formuliert, eine Parteihochschule auf der Suche nach der Partei.

Die Anomie, wie die alten Griechen den gegenwärtigen Zustand des ehemaligen Otto-Suhr-Instituts genannt haben würden, nimmt mitunter eigentümliche Formen an. Es gibt Sekretärinnen, die es ablehnen, wissenschaftliche Texte zu schreiben, sofern sie nicht unmittelbar zum Unterrichtsbetrieb gehören. Wenn sie mit den Roten Zellen sympathisieren, kann es vorkommen, daß sie Gutachten über Examensarbeiten an betroffene Gesinnungsfreunde oder andere Interessenten weiterleiten. Nichtwissenschaftliche Angestellte befinden über Prüfungsordnungen oder die Eignung von Gastprofessoren, sie wirken in Berufungs- und Habilitationskommissionen mit. Da die «anderen Dienstkräfte» an allen diesen Dingen kein unmittelbares Interesse haben, werden ihre Entscheidungen in der Regel politisch motiviert sein.

Von Ernst Fraenkel, dem Grand Old Man der deutschen Politikwissenschaft, dessen Pluralismustheorie das Säurebad der Ideologiekritik erstaunlich gut überstanden hat, stammt das Verdikt, ohne einen gewissen «nicht-kontroversen Sektor» könne ein demokratisches Gemeinwesen nicht bestehen. Das gilt auch für demokratisierte Fachbereiche. Sie brauchen einen Minimalkonsens über Funktion, Inhalte und Methoden der an ihnen betriebenen Fächer.

Am ehemaligen Otto-Suhr-Institut fehlt dieser Konsens völlig. Die extreme Linke hat ein Klima der fanatischen Intoleranz erzeugt, in dem ernsthafte wissenschaftliche Arbeit kaum noch möglich ist. Das Sommersemester 1971 begann sie mit der Parole: «Zerschlagt die bürgerliche Wissenschaft!» Niemand durfte sich wundern, daß zahlreiche Studenten der Erstsemester diese Parole wörtlich nahmen und Studenteska spielten. Heilsgewiß, wie sie sind, müssen die extremen Linken den existentiellen Konflikt mit ihrer Umwelt wollen. Wer unter Wissenschaft permanenten Revisionismus versteht, kann nicht umhin, ihnen den Kampf anzusagen. Die äußerste Linke hat ein Freund-Feind-Verhältnis proklamiert, für dessen Folgen sie jetzt nicht verantwortlich sein will.

Zu optimistische Erwartungen

Die Hoffnung, drittelparitätische Leitungsgremien könnten ein innerlich zerrissenes Institut wieder integrieren, hat sich als trügerisch erwiesen. Individuelle Nachgiebigkeit gegenüber den Extremisten, auch auf höchster Institutsebene, ist von uns Reformern nicht genügend in Rechnung gestellt worden. Gleichgültig, ob wir das «OSI-Modell» initiiert oder nur praktiziert haben, die Möglichkeit des Mißbrauchs von Rechten haben wir unterschätzt, und die Umwandlung der teils radikaldemokratischen, teils anarchistischen «antiautoritären Bewegung» in offen antidemokratische kommunistische Kaderorganisationen sahen die wenigsten voraus.

Allzu optimistische Erwartungen waren freilich kein Monopol des Otto-Suhr-Instituts. Wie manche deutschen Länderparlamente hat sich auch das Berliner Abgeordnetenhaus der Illusion hingegeben, es müsse etwas Vernünftiges herauskommen, wenn man nur die widerstreitenden Gruppen der Universität ins Konklave schicke. Eine Koalition, die – sagen wir – von den Maoisten bis zu den Deutschnationalen reicht, kann kein Quell zukunftsweisender Reformen sein. Die etwas homogeneren Bündnisse, die sich inzwischen mancherorts herausgebildet haben, machen die vom Gesetzgeber angestrebte Ämterrotation unter den Hochschullehrern nahezu unmöglich. Die Zahl der Professoren ist zu klein, die Mehrheitsverhältnisse in den Gremien sind oft viel zu prekär, als daß man einen Personenwechsel verantworten könnte. Die Hochschulpolitik ist für viele Professoren zum Hauptberuf geworden, die Lehre zur Nebenbeschäftigung, die Forschung zu einem Hobby, für das die Zeit fehlt.

Für die Entscheidungen der akademischen Selbstverwaltungsorgane, so wichtig sie für die Gesellschaft sind, kann praktisch niemand zur Rechenschaft gezogen werden. In einem Fachbereich mag eine konservative Mehrheit überfällige Reformen des Prüfungs- und Ausbildungswesens verhindern. In einem anderen kann die faktische Abschaffung von Leistungsnachweisen beschlossen werden. Das Berliner Universitätsgesetz von 1969 hat den zuständigen Senator ausdrücklich zum Erlaß von Richtlinien für Studienpläne und Prüfungsordnungen ermächtigt – Gebrauch gemacht hat er von dieser Möglichkeit bis heute nicht. Der Senator für Wissenschaft und Kunst scheint auf Tauchstation gegangen zu sein.

Der Präsident als Feudalherr

Der Präsident der Freien Universität dagegen gefällt sich in der Pose eines Feudalherrn, der selbst darüber befindet, ob oder inwieweit er königlichen Dekreten Folge leistet. Der Staat, so hat er unlängst der sozialdemokratischen *Berliner Stimme* bedeutet, sei «ein Teil der Gesellschaft, so wie die Hochschule ein Teil der Gesellschaft ist»; er sei «wenn auch ein wichtiger, so nicht der einzige Repräsentant der Gesellschaft». Feudalisierung statt Demokratisierung: anders kann man die Auffassung der neuen Hochschulautonomisten kaum charakterisieren. Solange ein Universitätspräsident nicht direkt vom Volk gewählt wird, kann er sich nicht gleichrangig neben das Parlament stellen. Wenn er es trotzdem tut, ist das Geschäftsführung ohne Auftrag oder, deutlicher gesprochen, eine Amtsanmaßung.

Auch das neue Hochschulrecht hat die innerlich weitgehend paralysierte Universität nicht in die Lage versetzt, sich wie Münchhausen an den eigenen Haaren aus dem Sumpf zu ziehen. Die neue «Gruppenuniversität» ist heute in manchen Bereichen noch weniger funktionsfähig als die alte Ordinarienuniversität. Die demokratisch legitimierten Organe dieser Gesellschaft werden daraus Konsequenzen ziehen müssen. Sie sollten es bald tun.

6. DIE LEBENSLÜGE DES RÄTESYSTEMS

EINE AUSEINANDERSETZUNG MIT ERNEST MANDEL, DEM SEKRETÄR DER TROTZKISTISCHEN VIERTEN INTERNATIONALE

März 1972

Im Wintersemester 1971/72 entbrannte ein Konflikt zwischen der Freien Universität Berlin und dem Senat von Berlin. Es ging um die Berufung des Sekretärs der Vierten (trotzkistischen) Internationale, des belgischen Ökonomen Ernest Mandel, auf einen Lehrstuhl für Ökonomische Theorie der Sozialpolitik am Fachbereich Wirtschaftswissenschaften der FU. Ausgesprochen hatte diesen Ruf eine Berufungskommission, deren Mitglieder zum größeren Teil nicht promoviert waren. Vom zuständigen Fachbereichsrat und dem Präsidium der FU, die inzwischen «drittelparitätisch» zusammengesetzt waren, wurde die Berufung nachdrücklich unterstützt: Der Name Ernest Mandel stand als einziger auf der dem Senator für Wissenschaft und Kunst, Werner Stein, überreichten Liste.

Der von dem Sozialdemokraten Klaus Schütz geführte Senat von Berlin fürchtete als Folge einer Berufung Mandels einen weiteren Zustrom radikaler Studenten an die Freie Universität. Gegen die Berufung des Sprechers der Trotzkisten sprach aber auch seine Befürwortung revolutionärer Gewalt beim Übergang zu dem von ihm propagierten Rätesystem. Mit ebendieser Begründung lehnte der Senat eine Berufung Mandels ab. Im März 1972 verhängte der Bundesinnenminister der Regierung Brandt, Hans-Dietrich Genscher, ein Einreiseverbot gegen Mandel. Er folgte damit dem Beispiel seiner Amtskollegen in Frankreich, der Schweiz und den USA.

Mit der Behauptung Mandels, das Rätesystem sei eine besonders reine Form der Demokratie, setze ich mich im folgenden Beitrag für die sozialdemokratische Wochenzeitung «Berliner Stimme» auseinander.

Die Rätedemokratie, so möchte man nach der Lektüre von Harry Ristocks «Plädoyer für Mandel» in der *Berliner Stimme* vom 4. März 1972 vermuten, ist doch wohl nur eine Spielart der uns vertrauten Demokratie. Sie bildet offenbar ähnlich wie das parlamentarische oder das Präsidialsystem einen Unterfall ein und desselben Regierungstyps, des demokratischen, sie kennt eine Vielzahl von Parteien und ist darum auch vom Bundesverfassungsgericht noch nie als unvereinbar mit dem Grundgesetz bezeichnet worden. Stimmt diese These? Da Harry Ristock selbst sich über die Eigenarten eines Rätesystems ausschweigt, scheinen einige Erläuterungen angebracht.

In der neueren Literatur werden gewöhnlich drei Arten von Räten unterschieden.

Erstens gibt es Räte als revolutionäre Kampforgane, die in einer Übergangsphase spontan an die Stelle der alten Gewalten treten oder diese zu kontrollieren versuchen. Ein Beispiel sind die Arbeiter- und Soldatenräte in der deutschen Novemberrevolution von 1918.

Zweitens gibt es Räte als Interessenvertretungen der Arbeitnehmer innerhalb gesellschaftlicher Teilbereiche, namentlich der Wirtschaft. Solche Räte, wie sie etwa das deutsche Betriebsrätegesetz von 1920 einführte, beschneiden in keiner Weise die Rechte des aus allgemeinen Wahlen hervorgegangenen Parlaments.

Anders beim dritten Typ, dem «reinen Rätesystem», das auf Dauer angelegt und von vornherein als Alternative zum parlamentarischen Regime konzipiert ist. Nur mit diesem letzten System wollen wir uns hier befassen. Denn es ist dieser Rätetyp, den Ernest Mandel im Sinn hat und von dem Harry Ristock spricht.

Das «reine Rätesystem» geht zurück auf die Pariser Kommune von 1871 und die Interpretation, die ihr Karl Marx in seinem «Bürgerkrieg in Frankreich» gewidmet hat. Nach Marx war die Kommune die «endlich entdeckte politische Form, unter der die ökonomische Befreiung der Arbeit sich vollziehen konnte». Die Arbeiterklasse, sagt er, kann nicht die fertige Staatsmaschine einfach in Besitz nehmen und diese für ihre eigenen Zwecke in Bewegung setzen. Sie muß sie zerbrechen. Dies geschieht dadurch, daß die Teilung der Gewalten aufgehoben wird. Die Kommune ist mithin nicht eine parlamentarische, sondern eine «arbeitende Körperschaft», vollziehend und gesetzgebend zur gleichen Zeit. Militär, Polizei,

Bürokratie werden zum jederzeit absetzbaren Werkzeug der Kommune. Die richterlichen Beamten verlieren ihre «scheinbare Unabhängigkeit»; auch sie werden «verantwortlich und absetzbar». Nach den Plänen der Kommune soll künftig, und Marx billigt das, eine direkte Wahl nur auf der Ebene der Gemeinde stattfinden. Der Wahlkörper der Gemeinde bestimmt dann die Abgeordneten für die Bezirksversammlung und diese wiederum die Vertreter für die «Nationaldelegation». Ein indirektes Wahlverfahren also, verbunden mit dem imperativen Mandat: Die Abgeordneten sollen jederzeit absetzbar und an die bestimmten Instruktionen ihrer Wähler gebunden sein. Die Kommune in der Sicht von Marx ist das klassische Beispiel eines reinen Rätesystems.

«Der Bürgerkrieg in Frankreich» ist wahrscheinlich die unkritischste Analyse, die Marx je verfaßt hat. So hat er, neben vielem anderen, das stark kleinbürgerliche Element der Kommune geflissentlich übersehen. Friedrich Engels, der sonst ebenfalls nüchterner zu urteilen vermochte, brach gleichwohl noch 1891 in den emphatischen Ruf aus: «Seht euch die Pariser Kommune an. Das war die Diktatur des Proletariats.»

Wladimir Iljitsch Lenin griff das Stichwort nur allzu gern auf. In seiner Programmschrift «Staat und Revolution», verfaßt im Sommer 1917, dekretierte er, ein Marxist sei nur, «wer die Anerkennung des Klassenkampfes auf die Anerkennung der Diktatur des Proletariats erstreckt». Marx' Bild von der Pariser Kommune wird nun zum Modell für ebendiese Diktatur – freilich in einem ganz instrumentalen Sinn. Die Politik wird nicht wie bei Marx durch die Masse der Werktätigen bestimmt. Vielmehr definiert Lenin die Diktatur des Proletariats als «Organisierung der Avantgarde der unterdrückten zur herrschenden Klasse zwecks Niederhaltung der Unterdrücker». Die Avantgarde aber ist die Kommunistische Partei, und sie ist es, die über die Interessen der Unterdrückten befindet.

Auch Trotzki, der früher als Lenin den instrumentalen Wert der Räte für eine Mobilisierung des Proletariats erkannt hatte, ließ nicht zu, daß die Räte eine wirkliche Interessenvertretung der Arbeiter wurden. Der Primat der Partei stand auch für ihn außer Frage, und bei der Niederschlagung des Kronstädter Aufstandes von 1921 hat er ihn brutal exekutiert. Der Trotzkist Mandel bestätigt: «Es gibt … keinen grundsätzlichen Widerspruch zwischen einer revolutionären Organisation Leninschen Musters und einer tatsächlichen Rätedemokratie bzw. Rätemacht. Im

Gegenteil: Ohne die systematische Organisationsarbeit einer revolutionären Avantgarde gerät das Rätesystem entweder unter den Einfluß reformistischer oder halbreformistischer Bürokratien (wie das deutsche Rätesystem 1918 bis 1919), oder es verliert seine politische Schlagkraft, weil es ihm nicht gelingt, die zentralen politischen Aufgaben zu erfüllen ...» (Lenin und das Problem des proletarischen Klassenbewußtseins. In: Lenin. Revolution und Politik. Edition Suhrkamp 383, Frankfurt a. M. 1970, S. 185.)

Ein Vielparteiensystem – ein Anliegen Ernest Mandels? Das können Harry Ristock und das Präsidialamt der Freien Universität doch nicht ernstlich glauben! Gewiß: eine Mehrzahl von Fraktionen ist in einer Zeit revolutionären Umbruchs die Regel.

Aber erstens haben, wie Mandel dem *Spiegel* soeben in schöner Offenheit verraten hat, in seinem System Parteien keinen Platz, die gegen die revolutionären Gesetze verstoßen. Auf Deutsch: Keine Freiheit für den Klassenfeind.

Und zweitens dürfte auch in Zukunft die entschlossenste Fraktion die rivalisierenden Gruppen als Handlanger des Klassenfeindes und der Konterrevolution entlarven können.

Wenn das Präsidialamt der Freien Universität meint, Mandels Revolutionsbegriff sei im Grunde ganz friedfertig, so verwechselt es den Sekretär der Vierten Internationale mit Mahatma Gandhi. In den Statuten der Vierten Internationale wird jedenfalls eindeutig genug jene Aussage der Komintern von 1919, die «den bewaffneten Kampf zum Sturz der internationalen Bourgeoisie und die Schaffung einer internationalen Räterepublik» zum Hauptziel erklärt, als Bestandteil des eigenen Programms bezeichnet.

So schlagkräftig spontan gebildete Räte in offen revolutionären Situationen gewesen sind, über einen längeren Zeitraum hinweg hat das Rätesystem noch nie funktioniert. Dieses System geht aus von der Möglichkeit, Massen auf Dauer zu mobilisieren – und eben dies ist seine Lebenslüge.

Ein Zurück hinter das Prinzip der gesellschaftlichen Arbeitsteilung ist ein romantischer und reaktionärer Wunschtraum.

Das gilt auch für den im engeren Sinn politischen Sektor. Innerhalb gewisser Grenzen ist «Bürokratisierung» eine unvermeidbare Folge des gesellschaftlichen Fortschritts – insofern nämlich, als zu diesem auch die wachsende Differenzierung der sozialen Funktionen gehört. Die Parolen des imperativen Mandats und der direkten Demokratie sind in Wirklichkeit häufig nur Versuche aktivistischer Minderheiten, ihre eigenen Herrschaftsansprüche zu verschleiern. Aber was immer die Absichten der Akteure sind, die objektive Überforderung der Räte provoziert gerade jene bürokratischen und oligarchischen Tendenzen, denen die Rätetheorie so sehr widerstrebt. Die frühe Geschichte der Sowjetunion zeigt, wie schnell ein Rätesystem sich in eine Parteidiktatur verwandeln kann. Es wäre aberwitzig, diese Entwicklung nur auf außenpolitische oder gar auf persönliche Faktoren zurückführen zu wollen.

Die Rechte des einzelnen sind in einem System, das keine unabhängige Gerichtsbarkeit kennt, auf das äußerste gefährdet. Das Bundesverfassungsgericht hat daher die Unabhängigkeit der Gerichte als einen der wesentlichen Bestandteile der freiheitlich-demokratischen Grundordnung bezeichnet. Daneben nennt es: die Achtung vor den im Grundgesetz konkretisierten Menschenrechten, vor allem vor dem Recht der Persönlichkeit auf Leben und freie Entfaltung, die Volkssouveränität, die Gewaltenteilung, die Verantwortlichkeit der Regierung, die Gesetzmäßigkeit der Verwaltung, das Mehrparteiensystem und die Chancengleichheit für alle politischen Parteien mit dem Recht auf verfassungsmäßige Bildung und Ausübung einer Opposition.

Ein Rätesystem à la Lenin, Trotzki und Mandel gewährleistet keines dieser demokratischen Essentials. Peter Lösche hat recht, wenn er in seinem sehr lesenswerten Aufsatz «Rätesysteme im historischen Vergleich» (Probleme der Demokratie heute. «Politische Vierteljahresschrift», Sonderheft 2/1970, S. 79) feststellt, daß in der Praxis alle Versuche, Parlamentarismus und Rätesystem miteinander zu verbinden, gescheitert seien. Ebenso ist ihm zuzustimmen, wenn er als entscheidenden Grund hierfür die Tatsache nennt, daß «beide Systeme auf völlig verschiedenen Organisationsprinzipien beruhen, daß imperatives Mandat, jederzeitige Rückberufbarkeit der Delegierten des Volkes, Ämterrotation, häufige Plebiszite, völlige Aufhebung der Gewaltenteilung inkompatibel sind mit dem parlamentarischen Regierungssystem».

Bis heute haben individuelle und kollektive Freiheiten nur in der repräsentativen und gewaltenteiligen Demokratie westlicher Prägung einen gesicherten Platz. Die Geschichte hat das demokratische Pathos der Räteideologen unglaubwürdig gemacht. Und die Geschichte ist, wie Ernest Mandel zu Recht bemerkt, das einzige Laboratorium der Gesellschaftswissenschaften.

7. DER REALITÄTSGEHALT ENTSCHEIDET

ANTWORT AN ERNEST MANDEL

April 1972

Der folgende Beitrag ist meine Erwiderung auf den im Anhang abgedruckten Offenen Brief Ernest Mandels, seiner Antwort auf meinen Artikel in der «Berliner Stimme» vom 11. März 1972.

Ernest Mandel gliedert seine Replik in vier Abschnitte. Er setzt sich erstens mit meiner These auseinander, in der von ihm angestrebten Ordnung werde es kein wirkliches Mehrparteiensystem geben. Zweitens behauptet er, die Existenz einer revolutionären Vorhutorganisation in einem Rätesystem vertrage sich mit der Geltung des Mehrheitsprinzips innerhalb der Räte. Drittens äußert er sich zur Frage unabhängiger Gerichte, und viertens erörtert er die Chancen eines Regelsystems, sich in der Praxis zu bewähren.

Ich gehe auf Mandels vier Punkte in der von ihm gewählten Reihenfolge ein, ohne mich bei seinen zahlreichen polemischen Unterstellungen aufzuhalten. Eines muß jedoch vorweg gesagt werden: Mein Artikel befaßt sich nicht primär mit den Ansichten Mandels, sondern mit Strukturproblemen eines Rätesystems. Die Motivforschung in allen Ehren: aber es wäre ein Rückfall hinter die bleibenden Einsichten von Karl Marx, würde man die Aussagen politischer Akteure und Ideologen nicht auf ihren Realitätsgehalt hin abklopfen.

Damit zum ersten Punkt, der Mehrparteienfrage. Mandels Rätesystem wird nicht durch allgemeine freie Wahlen an die Macht kommen, sondern – daran lassen seine Äußerungen keinen Zweifel – auf gewaltsame Weise. Fabrikbesetzungen werden das Signal sein, und die zu erwartenden

Reaktionen der Polizei lösen dann den «bewaffneten Kampf zum Sturz der internationalen Bourgeoisie» aus. Alle Kräfte, die sich gegen die gewaltsame Machtergreifung der «revolutionären Avantgarde» wenden, stehen auf der anderen Seite der Barrikade und müssen infolgedessen ausgeschaltet werden. Übrig bleibt, wer den Führungsanspruch der Avantgarde akzeptiert.

Nur auf dieser Basis also wird es in Mandels Rätesystem andere «Parteien» geben. Mandel mag glauben, daß so das Reich der Freiheit aussieht. Ich glaube es nicht. Ich bin vielmehr sicher, daß auch innerhalb des reduzierten politischen Spektrums eines Rätesystems ein wirklicher Pluralismus keinen Platz hat. Es gibt keinerlei Garantie dagegen, daß die historische Erfahrung sich nicht auch hier bestätigt: Wer die Legitimität der Avantgarde in Frage stellt, wird als Staatsfeind behandelt.

Dasselbe gilt, um zum zweiten Punkt zu kommen, für das Mehrheitsprinzip innerhalb der Räte. Die Botschaft von der «Selbsttätigkeit breitester Massen» höre ich wohl, aber nach der Niederschlagung des Kronstädter Aufstandes durch Trotzki kann man diese Parole keinem Trotzkisten mehr abnehmen. Es ist bezeichnend, daß Mandel mit keinem Wort auf diesen Hinweis in meinem Artikel eingeht.

Was das dritte Problem, die Unabhängigkeit der Gerichte, betrifft, so irrt Mandel, wenn er pauschal feststellt: «Im bürgerlichen Staat werden die Richter von der Exekutive ernannt und durch sie versetzt...» So gibt es etwa in mehreren Bundesstaaten der USA eine unmittelbare Volkswahl von Richtern. Das bedeutet übrigens keineswegs einen erhöhten Rechtsschutz für Angehörige von Minderheiten; eher kann man vom Gegenteil sprechen. Bei der Bestellung der Richter des amerikanischen Obersten Gerichtshofes wirkt der Senat mit. Die Richter des deutschen Bundesverfassungsgerichts werden auch nicht von der Exekutive ernannt, sondern durch Bundestag und Bundesrat gewählt. Soviel zum Praktischen. Das Wesentliche an der Unabhängigkeit der Rechtsprechung ist aber, daß kein Richter für seine Entscheidungen von der Exekutive zur Rechenschaft gezogen werden kann. Hier liegt der eigentliche Rechtsschutz für das Individuum. Gegen Klassenjustiz – wie es sie nicht nur im heutigen Amerika gibt, sondern etwa auch im Deutschland der Weimarer Republik vielfach gegeben hat – helfen nur bessere Gesetze, ein gesicherter Rechtsweg zur Aufhebung von Fehlurteilen und, vor allem, eine kritische Öffentlichkeit.

Eine gewaltenteilige Demokratie, und nur ein solches System, kennt derartige Korrektive.

Als letzten Punkt berührt Mandel die historischen Erfahrungen mit Rätesystemen. Er muß einräumen, daß es eine wirkliche Rätedemokratie noch nie gegeben hat. Eine Antwort aber auf die Frage, warum bisher alle Ansätze gescheitert sind, bleibt er schuldig. Der Hinweis auf eine «bürokratische Entartung» ist so lange unergiebig, als nicht auch die tieferen Ursachen ebendieser Entartung untersucht werden. Eine solche Analyse würde am Ende doch wohl zu dem Schluß führen, daß das Proletariat sich niemals in einer Position befunden hat wie das revolutionäre Bürgertum gegenüber dem Feudaladel im Jahr 1789: Der «Dritte Stand» war in der Lage, eine herrschende Klasse abzulösen, die längst aufgehört hatte, irgendwelche gesellschaftlich wichtigen Funktionen auszuüben. Diejenigen, die 1917 unter Mißachtung der Realitäten behaupteten, das Proletariat befinde sich in derselben Situation wie einst die Bourgeoisie, haben folgerichtig keine Diktatur des Proletariats zustande gebracht, sondern nur eine Diktatur über das Proletariat.

Wer eine unaufhebbare Differenz zwischen Unternehmer- und Arbeitnehmerfunktionen nicht leugnet, muß aber deswegen noch lange nicht die Herrschaft unkontrollierter Wirtschaftsmacht hinnehmen. Im Gegenteil! Wenn private Verfügungsmacht sich durch Wettbewerb legitimiert, gibt es kein wirksameres Argument für eine öffentliche Kontrolle von Wirtschaftsmacht als die Tatsache, daß in wesentlichen Bereichen der Wirtschaft eine Kontrolle durch den Markt nicht mehr oder nur in unzureichendem Maß stattfindet. Eine so verstandene Demokratisierung der Wirtschaft ist aber etwas anderes als Mandels Rätestaat. Mandel hätte seiner Sache besser gedient, wenn er eine Analyse und nicht eine Apotheose des Rätesystems vorgelegt hätte.

Mandel will die freiheitliche Grundordnung der Bundesrepublik überwinden, und er will dies auf eine Weise tun, die dem Grundgesetz strikt widerspricht. Nach den Erfahrungen der Weimarer Republik kann es sich dieser Staat nicht leisten, den öffentlichen Dienst seinen grundsätzlichen Gegnern zu öffnen. Ein Mindestmaß von Verfassungsloyalität muß – bei aller unbestreitbaren Notwendigkeit, die Freiheit von Forschung und Lehre extensiv zu interpretieren – auch von Hochschullehrern verlangt werden. Ich halte daher die Entscheidung des Berliner Senats, Ernest

Mandel nicht an die Freie Universität zu berufen, für richtig. Eine unbegrenzte Einreisesperre folgt aus dieser Entscheidung nicht mit Notwendigkeit. Mandel hätte es aber selbst in der Hand klarzulegen, daß der gewaltsame Umsturz nicht mehr sein Programm ist. Nachdem er indes auch seinen «Offenen Brief» nicht dazu benutzt hat, eine solche Erklärung abzugeben, wird man wohl noch eine Weile darauf warten müssen.

8. WIDER DIE VERHARMLOSUNG HITLERS VON LINKS

EINE KRITIK VON THEORIEN DER NEUEN LINKEN

Juni 1978

Soll man mit Achselzucken darüber hinweggehen, wenn die Bundesrepublik Deutschland von einigen ihrer Kritiker als faschistisches Staatswesen bezeichnet wird? Ist die Verblendung derer, die so reden, zu offenkundig, als daß es sich noch lohnt, sachliche Gründe dagegen vorzubringen?

Die Gefahren einer solchen intellektuellen Resignation liegen auf der Hand. Die Verharmlosung des wirklichen Faschismus, die mit dem inflationären Gebrauch dieses Begriffs einhergeht, ist selbst keineswegs harmlos. Sie kann im Extremfall individuellen Terror begründen helfen: Ist ein System erst als faschistisch oder doch wenigstens faschistoid «entlarvt», darf es auch entsprechend bekämpft werden.

Vor dem Extremfall liegt eine Reihe von anderen Möglichkeiten: von der «großen Verweigerung» bis zur Bereitschaft, den vermeintlichen faschistischen Teufel mit dem nur halb entstalinisierten Beelzebub auszutreiben. Es sind nicht wenige, die ein falscher Faschismusbegriff zu einem falsch verstandenen Antifaschismus führt. Eben darum ist es notwendig, sich mit den Faschismusdeutungen der «Neuen (und der nicht mehr ganz so neuen) Linken» auseinanderzusetzen.

Erste These: Weil die marxistische Theorie den Faschismus allein aus dem Kapitalismus ableiten will, begibt sie sich der Möglichkeit, zu erklären, weshalb in der Zwischenkriegszeit von 1918 bis 1939 bestimmte kapitalistische Gesellschaften faschistisch wurden und andere nicht und warum der Faschismus nach dem Ersten Weltkrieg viel größere Chancen hatte als nach dem Zweiten.

Nach wie vor fehlt eine überzeugende marxistische Begründung dafür, weshalb Deutschland das einzige hochindustrialisierte Land war, das während der Weltwirtschaftskrise sein demokratisches System zugunsten einer faschistischen Diktatur aufgab. Die Vereinigten Staaten von Amerika, von der Krise insgesamt nicht minder hart betroffen und gewiß nicht weniger «monopolkapitalistisch» als das Deutsche Reich, antworteten auf die gesellschaftliche Herausforderung der Jahre nach 1929 mit den Reformprogrammen des *New Deal*. Faschistische Bewegungen kamen nur dort an die Macht, wo es noch starke vorindustrielle Kräfte in der «Machtelite» gab – Großgrundbesitzer, Militär, zum Teil auch die Kirche –, die sich konservativen Unternehmergruppen als politische Verbündete im Kampf gegen die Arbeiterbewegung anboten, und wo die ländlichen und städtischen Mittelschichten sowenig in das liberale politische System integriert waren, daß sie zur Massenbasis einer antiparlamentarischen Bewegung werden konnten. Erfolg haben konnte der Faschismus mithin nur in Gesellschaften, die einerseits bereits einen erheblichen Grad der Industrialisierung erreicht hatten, anderseits aber politisch noch stark von den Machtverhältnissen des vorindustriellen Zeitalters geprägt waren.

Das war der Fall in Deutschland und in dem industriell freilich sehr viel weniger entwickelten Italien – und es sind dies die einzigen Länder, in denen man von autonom an die Macht gekommenen «faschistischen Regimen» sprechen kann. Aber neben Gemeinsamkeiten gibt es zwischen dem faschistischen Italien und dem nationalsozialistischen Deutschland auch wesentliche Unterschiede. Der extreme Antisemitismus der Nationalsozialisten etwa bildete eine deutsche Besonderheit. Der Nationalsozialismus war *auch* Faschismus, aber er geht in einem allgemeinen Faschismusbegriff nicht auf. Wird der Nationalsozialismus *nur* als deutscher Faschismus verstanden, so wird er verharmlost.

Die Hauptverantwortung für die nationalsozialistische Machtübernahme fällt in marxistischer Sicht dem großen Kapital zu. Nach der einen Lesart, die stark von Thesen der Geschichtsschreibung der DDR geprägt ist, hat sich eine «Monopolgruppe», die Schwerindustrie, schon frühzeitig entschlossen, die Hitler-Bewegung zu fördern. Eine andere «Monopolgruppe», zu der die exportorientierten Branchen der Chemie und der Elektroindustrie gehörten, ist erst im letzten Augenblick auf den Zug der «Hitler-Papen-Lösung» gesprungen.

Eine zweite, sehr einflußreiche Version stammt von dem unabhängigen Marxisten Alfred Sohn-Rethel. Danach haben sich alle wichtigen Industriegruppen bereits im Sommer 1932 sowohl untereinander als auch mit den Agrariern auf ein imperialistisches Programm zur wirtschaftlichen Beherrschung Südost- und Ostmitteleuropas geeinigt. Dieses Programm, das von den Nationalsozialisten verwirklicht werden sollte, war Sohn-Rethel zufolge für das deutsche Kapital der einzig verbliebene und damit notwendige Ausweg aus der Krise.

Einer quellenkritischen Überprüfung halten beide «Theorien» nicht stand. Richtig ist, daß es in der Schwerindustrie vor 1933 sehr viel mehr Unterstützung für Hitler gab als in den von der Krise weniger hart betroffenen Exportbranchen. Richtig ist ferner, daß die Weimarer Republik durch die industriellen Spitzenverbände nie vorbehaltlos unterstützt wurde – am wenigsten in der Krise nach 1929. Der konservative Flügel der deutschen Unternehmer hat den Abbau des parlamentarischen Systems – durch Förderung antidemokratischer Bestrebungen von rechts und durch einen Konfrontationskurs gegenüber den Gewerkschaften – aktiv vorangetrieben. Aber der Nationalsozialismus war bereits eine Massenbewegung, ehe er von einem erheblichen Teil der Großindustrie Geldspenden empfing.

Die NSDAP mußte nicht schon auf Grund der Wahlergebnisse notwendig an die Macht kommen, zumal die Erfolge dieser Partei an den Urnen seit dem Sommer 1932 deutlich nachgelassen hatten. Es bedurfte durchaus eines Beitrages aus Kreisen der «Machtelite», um Hitler an die Regierung zu bringen. Wesentlicher aber als der Beitrag von Teilen des Unternehmerlagers war das Zutun der preußischen Junker. Sie hatten, anders als die Großindustriellen, das Privileg des direkten Zugangs zum Reichspräsidenten. Sie konnten schließlich Hindenburgs Widerstand gegen eine Kanzlerschaft Hitlers überwinden, nicht zuletzt deswegen, weil der Generalfeldmarschall wie so viele seiner Standesgenossen in jenen «Osthilfeskandal» verwickelt war, dessen Aufdeckung der Machtwechsel vom 30. Januar 1933 verhindern sollte. (Es ging um Unregelmäßigkeiten bei der Sanierung ostpreußischer Güter.)

Die politische Rolle der Rittergutsbesitzer in den Jahren 1932/33 zeigt eindringlich, daß alle Faschismustheorien zu kurz greifen, die für die Bedeutung vorindustrieller Faktoren blind sind. In dieser Hinsicht gibt es auch zwischen «Weimar» und «Bonn» wichtige Unterschiede, die in der neomarxistischen Literatur meist völlig übersehen werden. Daß die Bundesrepublik – schon aus geographischen Gründen, und das heißt: ohne eigenes Verdienst – kein Junkerproblem hatte, war eine der großen Startchancen der zweiten deutschen Demokratie. Der politische Einfluß, der vor 1933 von den preußischen Großgrundbesitzern auf Teile der Industrie, auf die Bauern und den gewerblichen Mittelstand ausgegangen ist, darf ebensowenig unterschätzt werden wie die Tatsache, daß aus eben dieser Schicht ein großer Teil des Offizierskorps stammte.

Zweite These: Die marxistische Theorie hebt die ursprüngliche soziale Funktion der nationalsozialistischen Diktatur hervor –, sie sollte das kapitalistische Wirtschaftssystem stabilisieren –, doch ignoriert sie weitgehend die politischen und ideologischen Ziele des Regimes. Aus der «sozialen Funktion» aber lassen sich diese Ziele nicht ableiten: Sie sind ein eigenständiger Faktor. Wird er unterschätzt, so finden die größten Verbrechen des Nationalsozialismus, allen voran der Massenmord an den Juden, nicht die gebührende Beachtung. Was nicht aus dem Kapitalinteresse abgeleitet werden kann, wird zu einer Randerscheinung, deren Erklärung theoretisch nicht lohnt. Die historische Wirklichkeit wird unzulässig verkürzt.

Es gibt keinen Grund, daran zu zweifeln, daß diejenigen Großindustriellen, die den Nationalsozialismus schon vor 1933 förderten, das um genau der Ziele willen taten, die nach dem Regimewechsel alsbald verwirklicht wurden: Ausschaltung der Gewerkschaften und der politischen Arbeiterbewegung; Beseitigung des parlamentarischen Regierungssystems; Aufrüstung. Unmittelbar dienten alle diese Maßnahmen dazu, die von der Krise am härtesten getroffenen Industriebranchen wieder in die Gewinnzone zu bringen – auf Kosten einer mundtot gemachten Arbeiterklasse.

Aber folgt hieraus, daß die «große Politik» des nationalsozialistischen Deutschland wesentlich von der Industrie bestimmt wurde? Wenn sich die außenwirtschaftlichen Interessen der großen Konzerne auf einen gemeinsamen Nenner bringen ließen, dann war es die Sicherung und Neugewinnung von Absatzmärkten oder von Möglichkeiten der Kapitalanlage außerhalb Deutschlands, wobei die Hauptstoßrichtungen nach West- und Südosteuropa gingen. Die wirtschaftliche und politische Hegemonie Deutschlands in Kontinentaleuropa und möglichst, zwecks besserer Rohstoffversorgung, ein umfangreiches Kolonialgebiet im mittleren Afrika: Das *waren* die klassisch imperialistischen Zielvorstellungen der deutschen Großindustrie, die bis Februar 1938, von den «alten Eliten» an der Spitze von Reichswehr, Auswärtigem Amt und Reichswirtschaftsministerium mitgetragen wurden.

Es war *nicht* die Konzeption Hitlers. Solange die außenpolitischen Ziele der «wilhelminischen» Revisionisten seinen langfristigen Lebensraumplänen nicht widersprachen, konnten sie verfolgt werden. Eine Trennung von den bürgerlichen «Verbündeten» war möglich, wenn sie nicht mehr gebraucht wurden; sie war notwendig, wenn diese «Verbündeten» die Verwirklichung der Ziele Hitlers zu hintertreiben suchten. Und so opportunistisch Hitler in der Wahl seiner Mittel war, im Hinblick auf die letzten Ziele – Vernichtung des Marxismus, Kampf um Lebensraum, zunächst im Osten Europas, und eine «Lösung der Judenfrage» – *war* er doktrinär. Die letzten Ziele waren der Daseinszweck seines Regimes, der allem anderen erst Sinn gab: der Mobilisierung von Zustimmung und der Organisation des Terrors.

Daß Hitler nicht den außenpolitischen Weg ging, den die Industrie wünschte, sondern einen erkennbar riskanteren, hat die Großindustrie nicht daran gehindert, aus den politischen Entscheidungen optimalen wirtschaftlichen Nutzen herauszuholen. Aber zu einem vom «Großdeutschen Reich» beherrschbaren europäischen «Großwirtschaftsraum» rechnete die deutsche Industrie gerade *nicht* die Sowjetunion. Es bedurfte erheblichen Drucks, um deutsche Konzerne zu Investitionen in den eroberten sowjetischen Gebieten zu bewegen. Wirtschaftliche Gründe – Mangel an Facharbeitern und Rüstungsaufträge, welche die vorhandenen Kapazitäten längst überforderten – waren dabei vorrangig. Aber es lag bei nüchternem Urteil auch auf der Hand, daß sich Deutschland mit dem Angriff auf die Sowjetunion endgültig übernommen hatte. Investitionen im neuen östlichen «Lebensraum» waren die unsicherste Kapitalanlage, die sich ein deutscher Unternehmer vorstellen konnte.

Sowenig wie der «Lebensraumkrieg» gegen die Sowjetunion aus Kapitalinteressen abgeleitet werden kann, sowenig auch die Vernichtung der europäischen Juden. Der Haß auf die Juden wird von den meisten Autoren der «Neuen Linken» vorrangig, wenn nicht ausschließlich als bewußte soziale Manipulation verstanden. Aber wenn der Antisemitismus nur vom Klassenkampf ablenken sollte und die Juden als Sündenböcke gebraucht wurden: Warum dann ihre Tötung und der Versuch, das millionenfache Verbrechen vor dem deutschen Volk geheim zu halten? Ohne eine Analyse der Motive Hitlers lassen sich weder der Lebensraumkrieg noch der Mord an den europäischen Juden erklären.

Gewiß: Sowenig wie der italienische Faschismus aus einer Biographie Benito Mussolinis erklärt werden kann, sowenig läßt sich der deutsche Nationalsozialismus aus der persönlichen Entwicklung Hitlers ableiten. Gegen eine isolierende Betrachtung des «Führers», die oft genug nur einem nationalen oder sozialen Entlastungseffekt dient, hat die «Neue Linke» triftige Gründe ins Feld zu führen. Aber sie verfällt ins Gegenteil und klammert Hitler tunlichst aus.

Die Person Hitlers ist neben der nationalsozialistischen Judenpolitik (und damit eng zusammenhängend) der am meisten irritierende Faktor für eine Theorie, welche die Wirklichkeit «aus einem Punkte zu kurieren» strebt – sei es, daß sie, in ihrer verfeinerten Form, einen anonymen kapitalistischen Systemzwang als letzte Ursache auch des extrem «verselbständigten» Verbrechens begreift, sei es, daß sie im Sinne der klassischen kommunistischen Doktrin von 1933 den Faschismus als eine Herrschaftsform bestimmter Elemente des «Finanzkapitals» definiert und den handfesten Merksatz aufstellt, daß «die aus Angehörigen der nichtmonopolistischen Schichten zusammengesetzten faschistischen Massenparteien regelmäßig und notwendig im Augenblick ihrer Machteinsetzung sich als bloße Vollstrecker der monopolkapitalistischen Interessen erweisen und außerstande sind, andere Inhalte zu realisieren» (Reinhard Opitz). Hitler wird verdrängt, weil er nicht in die Theorie paßt. Der Nationalsozialismus stellt sich im Spiegel einer solchen Theorie ungleich harmloser dar als in Wirklichkeit.

Dritte These: Die Theorien der «Neuen Linken» unterlassen eine genauere Analyse der nationalsozialistischen Herrschaftspraxis. Würden die Herrschaftsmittel des Nationalsozialismus näher erforscht, ließen sich Parallelen zum Stalinismus nicht länger verbergen. Einige Autoren verfolgen die Absicht, faschistische Regime den «formaldemokratischen» Herrschaftsformen des «Spätkapitalismus» strukturell ähnlich erscheinen zu lassen und damit die Aktualität des Faschismus zu begründen.

Nach einer Auffassung, die ansatzweise in den 30er Jahren entwickelt wurde und ihre Blütezeit im Kalten Krieg erlebte, bestehen zwischen den faschistischen und den kommunistischen Systemen soviele strukturelle Gemeinsamkeiten, daß man von einem gemeinsamen Regimetypus, dem «totalitären», sprechen kann. Totalitäre Regime sind das Gegenteil einer pluralistischen, rechtsstaatlichen Demokratie.

Es war vor allem die teilweise Entstalinisierung im sowjetischen Einflußbereich, welche die Einsicht gefördert hat, daß es zwischen faschistischen und kommunistischen Systemen auch grundlegende Differenzen gibt: unterschiedliche Lebensdauer und Wandlungsfähigkeit, anderes Verhältnis zur Außenwelt. Während für den Faschismus und erst recht den Nationalsozialismus im Krieg ein Daseinszweck lag, die Aggressivität dieser Regime also primär nach außen gerichtet war, konzentrierte sich der sowjetische Kommunismus seit Mitte der 20er Jahre auf den Klassenkampf im Innern und war notfalls bereit, sich außenpolitisch mit dem Klassenfeind zu arrangieren. Die Revision der «Totalitarismustheorien» war somit nicht zufällig auch eine Begleiterscheinung der westlichen Entspannungspolitik.

Faschismus und Kommunismus unterscheiden sich grundsätzlich in ihren sozialen Grundlagen, ihrer sozialen Funktion und ihren politischen Zielen. Da der Begriff «Totalitarismus» von diesen Differenzen absieht, taugt er nicht als historischer Regimetypus. Darauf besteht die «Neue Linke» mit vollem Recht. Aber zu Unrecht leugnen die meisten neomarxistischen Autoren jedwede Gemeinsamkeit zwischen Kommunismus und Faschismus. Was die Herrschaftspraxis angeht, *gibt* es solche Gemeinsamkeiten. Die Unterdrückung von individuellen und kollektiven Grundrechten, wie sie der rechtsstaatlichen Demokratie eigen sind, ist ein Merkmal von faschistischen wie kommunistischen Diktaturen. Der Hinweis auf unterschiedliche Herrschaftszwecke erledigt nicht die Frage nach den Herrschaftsmitteln. Die Abneigung der meisten Autoren der «Neuen Linken», sich auf einen Vergleich des stalinistischen und des nationalsozialistischen Regierungssystems einzulassen, läuft – manchmal ausgesprochen, meistens unausgesprochen – auf eine zumindest teilweise Entschuldigung der sowjetischen Herrschaftspraxis hinaus.

Es gibt freilich auch andere Gründe, die Frage nach der Herrschaftspraxis im Faschismus nicht allzu ernst zu nehmen. «Wird der Faschismus», so schreibt Johannes Agnoli, «auf die formalistische Barbarei von totalitärer Herrschaft, Eroberung, Ausrottung und Vergasung reduziert, so erübrigt sich eine jede Diskussion darüber, was zum Beispiel am westdeutschen Programm der sozialen Symmetrie oder an der Politik der französischen *‹planification›* generell technokratische und was speziell faschistisch-korporative Züge aufweist.» Das Wesen des Faschismus besteht für Agnoli in der korporativen Organisation der Wirtschaft, in einer vom Staat im Kapitalinteresse geregelten Koordination von Kapital und Arbeit.

Wenn das, was Agnoli für das Wesen des Faschismus ausgibt, wirklich seine Quintessenz wäre, könnte das Etikett «faschistisch» prinzipiell allen Maßnahmen aufgedrückt werden, mit denen unterschiedliche Regime die Beziehungen zwischen Gewerkschaften und Unternehmern zu regulieren und die Produktion zu steigern versuchten – darunter auch die *«Accords Matignon»,* der von der französischen Volksfrontregierung unter Léon Blum vermittelte Grundvertrag zwischen dem Patronat und den Gewerkschaften. Für Agnoli sind in der Tat Faschismus und moderner Interventionsstaat letztlich dasselbe.

Eine derartige Aufblähung des Faschismusbegriffs führt zu seiner völligen inhaltlichen Entleerung. Einen Faschismus mit freien Gewerkschaften, Streikrecht und Tarifautonomie gibt es nicht. Agnolis Mißverständnis des Faschismus ist gewollt. Seine Theorie ist der klassische Fall jener «linken Gegenmanipulation», die er schon darum für gerechtfertigt hält, weil es die Linke heute mit einer «integrierten und für die Argumente der Vernunft taub gewordenen Gesellschaft» zu tun hat.

Nur ein Teil der «Neuen Linken» geht soweit, das System der Bundesrepublik als im Kern faschistisch zu bezeichnen. Andere sehen den Faschismus als drohende Gefahr, die nur von einer «linken» Einheitsfront dauerhaft gebannt werden kann. Voraussetzung hierfür ist die Überwindung angeblicher antikommunistischer Vorurteile. Wie es der Herausgeber der Berliner Zeitschrift *Das Argument,* Wolfgang Fritz Haug, formuliert hat: «Wer den Antikommunismus nicht angreifen will, hat den Antifaschismus verloren.» Diese programmatische Aussage ist bezeichnend für jene Richtung der «Neuen Linken», die das System der Bundesrepublik im Licht der Lehre vom «staatsmonopolistischen Kapitalismus» beschreibt und den Faschismus im Sinn der Kominterndoktrin von 1933 interpretiert.

Wenn es ein gemeinsames Kennzeichen der neomarxistischen Faschismustheorien gibt, dann ist es ihr extremer Funktionalismus. Ins Blickfeld tritt vor allem, wenn nicht gar ausschließlich, was dem Kapitalismus nützt. Von diesem Ansatz her gibt es zwischen kommunistischen und faschistischen Regimen keine, zwischen faschistischen und demokratischen Systemen dagegen viele Gemeinsamkeiten. Faschismus und «formale» Demokratie sind beides «Formen bürgerlicher Herrschaft» (Reinhard Kühnl). Unter diesen gemeinsamen Oberbegriff können dann so unterschiedliche Systeme wie das nationalsozialistische Deutschland und das sozialdemokratische Schweden gebracht werden – und das nur deshalb, weil in beiden Fällen die meisten Produktionsmittel in privater Hand waren.

Für die Arbeiter beider Länder war es aber ein sehr wesentlicher Unterschied, ob sie das Koalitions- und Streikrecht, die Freiheit der Kritik, das freie Wahlrecht hatten oder nicht. Diese Frage war für sie mutmaßlich sehr viel wichtiger als der private oder öffentliche Besitz an Produktionsmitteln. Unter dem Gesichtspunkt des Betroffenseins ist es für die Beurteilung eines Systems entscheidend, ob es die fundamentalen individuellen und sozialen Grundrechte gewährleistet oder nicht. Was immer der Bundesrepublik an Liberalität fehlt – etwa an den Eingangstoren zum öffentlichen Dienst –, von einem faschistischen Regime trennt diesen Staat ein Abgrund.

9. DIE MÄR VOM SOZI HITLER

EINE KRITIK DER JÜNGSTEN UMDEUTUNG DER DEUTSCHEN ZEITGESCHICHTE DURCH FRANZ JOSEF STRAUSS UND EDMUND STOIBER

November 1979

Im Vorfeld der Bundestagswahl von 1980, bei der der bayerische Ministerpräsident und Vorsitzende der CSU, Franz Josef Strauß, als Kanzlerkandidat der Unionsparteien gegen den sozialdemokratischen Amtsinhaber Helmut Schmidt antrat, bemühten sich Strauß und der Generalsekretär der CSU, Edmund Stoiber, um eine Revision des deutschen Geschichtsbildes: Angeregt von einer These, die der Publizist Sebastian Haffner 1978 in seinen viel gelesenen «Anmerkungen zu Hitler» vertreten hatte – Hitler sei kein «Faschist», sondern ein «Populist» gewesen, der eher «linke», sozialistisch anmutende als «rechte», elitäre Ziele verfolgt habe –, behaupteten sie, der Führer der Nationalsozialisten habe seine Wahlerfolge vor allem enttäuschten Wählern der Sozialdemokraten zu verdanken gehabt, sei also eher ein Problem für die SPD als für das bürgerliche Deutschland. Mit dieser Umdeutung der deutschen Zeitgeschichte setzt sich der folgende Beitrag auseinander. Angesichts der Fortschritte der wahlsoziologischen Forschung würde ich heute, anders als in dem Text von 1979, auf die Erfolge hinweisen, die die NSDAP bei der Umwerbung von Arbeitern hatte, die zuvor nicht *SPD oder KPD gewählt hatten. Gerade bei ihnen dürfte die Parole eines «nationalen Sozialismus» auf fruchtbaren Boden gefallen sein.*

Wie mag es im Kopf eines Zeitgenossen aussehen, der sich, was die neuere deutsche Geschichte angeht, ganz auf die Autorität der Herren Strauß und Stoiber verläßt? Er wird uns erstens erklären, daß am 30. Januar 1933 Sozialisten in Deutschland die Macht ergriffen haben, zweitens, daß die Bewegung Hitlers vor allem aus enttäuschten Sozialdemokraten bestand, drittens, daß die Ereignisse vor und nach 1933 ihn als Unionsfreund eigentlich nicht berühren, entweder, weil es seine Partei damals noch gar nicht gab, oder weil sie von jeher für die Freiheit und gegen den Kollektivismus war. Sehen wir uns die drei Behauptungen unseres Zeitgenossen einmal näher an.

I.

Warum hat sich vor allem die NSDAP des Begriffs «nationaler Sozialismus» und anderer links klingender Schlagworte bedient, und weshalb hat sie eine Reihe von Symbolen und politischen Kampfformen der Arbeiterbewegung, von Liedern über Fahnen bis zu Straßenaufmärschen, «umfunktioniert»?

Hitler hat die Antwort oft genug selber gegeben: Er wollte die Arbeiter dem Einfluß der Marxisten entreißen. Hitlers rechter «Sozialismus» zielte nicht auf eine Änderung der Besitzverhältnisse, sondern bloß auf eine neue Wirtschaftsgesinnung. Der Klassenspaltung setzte er die totale Bindung aller an Nation und Rasse entgegen. Aber die Parole eines nationalen Sozialismus gewann der NSDAP nicht die Arbeiter, sondern verschreckte nur die Bürger.

Noch Ende 1932 suchte die Mittelstandsorganisation der NSDAP Handwerker und Kleinhändler zu beruhigen: Das Ziel der nationalsozialistischen Wirtschafts- und Sozialpolitik sei die Entproletarisierung des deutschen Arbeiters. «Sinn der sozialistischen Idee ist die Beeignung der Besitzlosen. Damit steht der Sozialismus Adolf Hitlers in schärfstem Gegensatz zu dem verlogenen Schein-Sozialismus der Marxisten, der sich die Enteignung der Besitzenden zum Ziel gesetzt hat.»

Hitler hat seit 1928 die Propaganda der NSDAP bewußt «entsozialisiert», um die Unterstützung der Mittel- und Oberschichten zu gewinnen. Diese Kursänderung trieb die wirklichen revolutionären Nationalsozialisten um Otto Strasser zum Bruch mit der Partei Hitlers. Am 4. Juli 1930 veröffentlichten sie den Aufruf «Die Sozialisten verlassen die NSDAP». Ein halbes Jahr nach der «Machtübernahme» wurden die Mittelstandsideologen, die einen vagen Antikapitalismus propagierten, ausgeschaltet. Beim Röhm-Massaker im Sommer 1934 opferte Hitler jene Landsknechtsgestalten aus der SA-Führung, welche die bürgerlichen Verbündeten der NSDAP mit dem Ruf nach einer «zweiten Revolution» verschreckt hatten.

Was bis heute einigen Beobachtern des «Dritten Reiches» auch nach 1934 noch «sozialistisch» erscheint, hatte mit dem proletarischen Sozialismus nichts, mit kleinbürgerlichen Ressentiments gegen die alten Führungsschichten sehr viel zu tun. Exponenten dieser Ressentiments waren viele Funktionäre der NSDAP von den Blockwarten bis zu den Gauleitern, die Deutsche Arbeitsfront Robert Leys und, nicht zuletzt, Hitler selbst.

Eine «soziale Revolution» hat es nach 1933 nicht gegeben; die «Volksgemeinschaft» – übrigens nicht, wie CSU-Landesgruppenchef Zimmermann meint, ein sozialistisches Schlagwort, sondern ganz im Gegenteil die von allen bürgerlichen Parteien und den christlichen Gewerkschaften gepriesene Alternative zum marxistischen «Klassenkampf» – blieb eine Beschwörungsformel. Das Bürgertum hat sich von ihr weit mehr beeindrucken lassen als die Arbeiter.

II.

Hitlers Versuch, die NSDAP vom «linken» Image ihrer Frühzeit zu befreien, war durchaus erfolgreich. Drei Jahre nach dem Ausbruch der Weltwirtschaftskrise hatte er die überwältigende Mehrheit des evangelischen Bürgertums für sich gewonnen. Dazu kam die Unterstützung durch konservative Führungsgruppen wie die ostelbischen Großgrundbesitzer und erhebliche Teile der Schwerindustrie. Hitler fand diese Förderung, weil er konsequenter als alle anderen Führer der Rechten versprach, den Marxismus mit Stumpf und Stiel auszurotten – und das hieß: nicht nur Sozialdemokraten, Kommunisten und Gewerkschaften auszuschalten, sondern mit ihnen zugleich auch das parlamentarische System, das ihre Machtentfaltung erst ermöglicht hatte.

Die Wähler der NSDAP kamen, darüber sind sich Historiker und Wahlsoziologen einig, vor allem aus den Reihen der Bauern und der städtischen Mittelschichten. Sie hatten früher für eine liberale oder konservative Partei oder für eine Splitterpartei gestimmt oder waren gar nicht zu den Urnen gegangen. Unzufriedene SPD-Wähler wanderten viel eher zu den Kommunisten ab als zu den Nationalsozialisten – wenn man die Ergebnisse der Reichstagswahlen vom September 1930 bis zum November 1932 zusammenrechnet, etwa im Verhältnis 2 zu 1.

Nach neueren Berechnungen amerikanischer Wahlforscher können höchstens 600 000 frühere SPD-Wähler zwischen dem Mai 1928 und dem Juli 1932, dem Höhepunkt der nationalsozialistischen Wahlerfolge, zur NSDAP übergewechselt sein. Die Verluste der bürgerlichen Parteien waren ungleich größer: Die beiden liberalen Parteien büßten 3,4 Millionen, die Deutschnationalen 2,2 Millionen, andere Rechtsparteien einschließlich der Wirtschaftspartei 3,1 Millionen Stimmen ein. Daß der Nationalsozialismus seine Schwungmasse von den Millionen Wählern erhalten habe, die der SPD weggelaufen seien, so Strauß unter Beifall auf dem jüngsten CSU-Parteitag, zeugt von einem eigenwilligen Umgang mit der historischen Wahrheit.

Die beiden katholischen Parteien, das Zentrum und die Bayerische Volkspartei, können bis zum November 1932 kaum Stimmen an die NSDAP verloren haben – sie verbesserten ihre Position gegenüber 1928 sogar um 670 000 Stimmen. Dennoch darf man sie nicht als einen festgefügten antifaschistischen Block betrachten. Weniger bekannt als die unrühmliche Rolle, die sie – wie alle bürgerlichen Parteien – am 24. März 1933 bei der Verabschiedung des Ermächtigungsgesetzes spielten, ist die Tatsache, daß sie seit August 1932 systematisch auf eine schwarz-braune Koalition hinarbeiteten.

Nach der Reichstagswahl vom 31. Juli 1932, die der NSDAP 37,4 Prozent der Stimmen einbrachte, befand der Vorsitzende der Bayerischen Volkspartei und spätere Bundesfinanzminister und CSU-Politiker Fritz Schäffer: «Der Volkswille hat gesprochen. Wir wollen, daß dieser Volkswille geachtet werde. Der Volkswille hat Adolf Hitler nicht zur Diktatur, aber zur Verantwortung und zum sich einordnenden Sinn in Recht und Verfassung gerufen.»

Für den «Führer» der NSDAP hatten die Gespräche über schwarzbraune Koalitionen – nicht nur im Reich, sondern auch in Preußen – vor allem taktischen Wert: Er konnte damit die konservative Rechte, seinen

Wunschpartner, unter Druck setzen. Das Zentrum und die Bayerische Volkspartei strebten eine Koalition mit den Nationalsozialisten nicht etwa deswegen an, weil sie deren Programm unterschrieben hätten, sondern weil sie glaubten, sie könnten diese Partei oder doch ihre vermeintlich von Hitler geführten vernünftigen Kräfte auf den Weg konstruktiver Arbeit im Rahmen des parlamentarischen Rechtsstaates bringen.

Immerhin gab es im politischen Katholizismus auch gewisse ideologische Sympathien für manche Elemente des Nationalsozialismus. Beifall fanden der Antimarxismus, das Bekenntnis zur Volksgemeinschaft und – nach dem 30. Januar 1933 – die Betonung der Autorität. Das «Scheitern der jetzigen Reichsregierung», schrieb Fritz Schäffer am 8. April 1933, wäre «ein Unglück und eine Gefahr für das gesamte deutsche Volk».

Am 20. April 1933 erhielt Hitler vom Prälaten Kaas, der sich im Vatikan aufhielt, ein Glückwunschtelegramm zu seinem 44. Geburtstag: «Zum heutigen Tage aufrichtige Segenswünsche und die Versicherung unbeirrter Mitarbeit am großen Werk der Schaffung eines innerlich geeinten, sozial befriedeten und nach außen freien Deutschlands.» Zu diesem Zeitpunkt gab es bereits Konzentrationslager in Deutschland.

Die Ereignisse von 1932/33 sind ein dunkles Kapitel in der Geschichte der christlichen Parteien. Sie haben ihre damalige Rolle anscheinend weithin verdrängt. Während sich die Sozialdemokraten selbstkritisch, ja oft geradezu selbstquälerisch mit ihrer Vergangenheit auseinandersetzen, verhalten sich die Führer der Unionsparteien so, als seien sie genau das, was sie ihren politischen Gegnern auf der demokratischen Linken so gern vorwerfen: geschichtslose Gesellen.

III.

Welche Absichten liegen den neuen Geschichtsdeutungen von Strauß und Stoiber zugrunde? Sicher ist, daß sie auf einen Schelmen anderthalbe setzen wollen. Sie wehren sich gegen den törichten Vorwurf des Faschismus – und tun doch just das, was die meisten Autoren der «Neuen Linken» mit ihren Faschismustheorien bezwecken: Sie greifen bestimmte Elemente des Nationalsozialismus heraus und erklären sie für sein Wesen, um so politische Gegner von heute in seine Nähe zu rücken. In beiden Fällen ist der Preis für den manipulativen Umgang mit der Geschichte die Verharmlosung des Nationalsozialismus.

Vermutlich haben die Münchner Geschichtsdenker den Begriff «Kollektivismus» auch nur deswegen wiederbelebt, weil er so schön schillert. Er eignet sich nicht nur dazu, im Stil einer elitären Kulturkritik die «Herrschaft der Massen» zu beklagen. «Kollektivismus»: Das kann auch staatlichen Zwang und Terror und damit dasselbe meinen wie «Totalitarismus».

Was die Begriffsakrobaten von der Isar wollen, ist genau die Mehrdeutigkeit. Sozialismus und Nationalsozialismus sollen als zwei Seiten ein und derselben Medaille erscheinen. Darin zumindest erweisen sich Strauß und Stoiber als gelehrige Schüler Josef Stalins, für den Sozialdemokraten und Faschisten ebenfalls Zwillingsbrüder waren.

IV.
NACH DEM MAUERFALL

1. MEHR ALS EIN ZUSAMMENBRUCH

EIN HISTORIKER ERLEBT UND ANALYSIERT DIE FRIEDLICHE REVOLUTION VON 1989 IN LEIPZIG

August 1993

Am 2. Oktober 1989 fand die zweite der legendär gewordenen Leipziger Montagsdemonstrationen statt. 20 000 Menschen zogen durch die Straßen der Messestadt. Professoren der Karl-Marx-Universität sah man kaum darunter. Doch einer von ihnen war seit jenem Montag regelmäßig mit dabei, und er machte sich Notizen über das, was er beobachtete: Hartmut Zwahr, Professor an der Sektion Geschichte. Jetzt hat er, gestützt auf diese Aufzeichnungen und umfassende Recherchen, ein Buch über den Umbruch von 1989/90 vorgelegt. Es ist beides zugleich: wissenschaftliche Analyse und persönliches Zeugnis. Und es ist glänzend geschrieben. Geschichtserzählung als Geschichtserklärung: Der Sozialhistoriker Zwahr beherrscht diese Kunst wie nur wenige in seiner Zunft.

«Wer in dem Menschenstrom auf dem Leipziger Ring mitgegangen ist an den Montagen seit dem 2. und dem 9. Oktober», schreibt Zwahr, «begriff seine Schritte an der Seite der vielen anderen als Selbstbefreiung und den Wiedergewinn der eigenen Würde.» Das ist ein bewegender, weil unverkennbar auch autobiographischer Satz. Da stilisiert sich einer nicht zum Helden, macht rückblickend keinen Widerstandskämpfer aus sich, sondern sagt ganz einfach, warum der Herbst 1989 für ihn zur persönlichen Zäsur wurde. Der ansteckende Mut der Bürgerrechtler gab ihm, der Mitglied der SED gewesen war, die Kraft, auch nach außen zu bekunden, was er seit langem wußte: daß das System des real existierenden Sozialismus an sich selbst gescheitert und durch nichts mehr zu retten war. Zwahrs Buch steht im Dienst dieser Erkenntnis, und schon der Titel ist eine Kampfansage an alle, die im Rückblick die DDR schönreden wollen: «Ende einer Selbstzerstörung».

Im Untertitel ist dann freilich von der «Revolution in der DDR» die Rede, und das mit vollem Bedacht. Zwahr lehnt die «Implosionsthese» ab, wonach die DDR 1989/90 schlicht zusammengebrochen sein soll. Vielmehr habe die «Selbstzerstörung» der DDR mit einer «Selbstbefreiung» geendet. Anders gewendet: «Die friedliche Revolution brachte die Wende! Sie führte den Machtwechsel und über diesen schließlich den Systemwechsel herbei... Wer die Wucht der Demonstrationen nicht gespürt und deren langen Rhythmus nicht verarbeitet hat, dem ist Wesentliches entgangen.»

Der Prozeß fortschreitender Selbstzerstörung hatte in den achtziger Jahren längst alle Teile des gesellschaftlichen Lebens erfaßt. Die realsozialistische Wirtschaftsordnung verlangte den «autoritären Zugriff auf den Menschen» und ließ schon deshalb keine Demokratisierung des politischen Systems zu. Künstlich niedrige Mieten, ein Kernelement der vielgerühmten «Einheit von Wirtschafts- und Sozialpolitik», hatten zur Folge, daß die Häuser, zumal die älteren, immer mehr verfielen. Eine rücksichtslose Ausbeutung der Bodenschätze und die Verschwendung von Energie ruinierten in katastrophalem Ausmaß die natürliche Umwelt. Aber «oben», bei den Politbürokraten im engeren Zirkel der Macht, wurden diese Entwicklungen schlicht ignoriert. «Abschaffung der Wirklichkeit» nennt Zwahr die Verdrängung all dessen, was nicht ins Wunschdenken der SED-Führung paßte.

Im September 1989 trat die Krise der DDR in ihr entscheidendes Stadium. Als das «Bruderland» Ungarn seine Grenzen zu Österreich öffnete, geriet das politische System der DDR, so formuliert Zwahr bildhaft drastisch, «zwischen zwei Räder, die sich in entgegengesetzte Richtungen zu drehen begannen». Das eine Rad war der täglich anschwellende Flüchtlingsstrom, das andere die erstarkende Bürgerrechtsbewegung. Die Leipziger Montagsdemonstration vom 2. Oktober bedeutete den «Durchbruch zur Massenhegemonie» und damit den «Beginn der demokratischen Revolution».

Eine Woche später fielen die Würfel, und zwar in Leipzig, wie Zwahr betont, und nicht in Ost-Berlin. Der Verzicht auf die blutige Niederschlagung des Massenprotests (80 000 Menschen zogen an diesem Tag durch die Leipziger Innenstadt) wurde von Honeckers «Kronprinz» Egon Krenz nicht angeordnet, sondern nur nachträglich gebilligt. Ausschlaggebend war das rechtzeitige Einlenken von Teilen der Leipziger SED-Bezirksleitung.

Den Notizen, die Zwahr bei den Montagsdemonstrationen angefertigt hat, verdankt sein Buch nicht nur die Anschaulichkeit, sondern auch den Rang einer Geschichtsquelle. Wir erfahren zum Beispiel, welche Sprüche am 6. November dem Ersten Sekretär der Bezirksleitung der SED auf Transparenten entgegengehalten wurden, nämlich: «Eine Schlange häutet sich, aber bleibt eine Schlange», «Kaputte Städte, Wälder, Seen – SED, wir danken schön» und «Bei SED und FDJ sitzen Sie in der letzten Reihe». Auf die Enthüllungen über die Jagdvergnügen von Honecker, Mittag und Mielke antworteten einige Demonstranten am 4. Dezember mit einem Transparent, dessen Text die vielleicht schärfste Abrechnung mit der SED enthielt: «Wir warn das Tier im Jagdrevier».

Leipzig steht im Mittelpunkt der Studie, aber es beherrscht sie nicht total. Zwahr ordnet das dortige Geschehen konsequent in den Gesamtzusammenhang der «friedlichen Revolution» in der DDR ein. Auf seine wichtigste Frage, warum die «demokratische Revolution» ab Mitte November 1989 binnen weniger Wochen in eine «nationaldemokratische Revolution» umschlug, liefern dann aber doch wieder die Leipziger Montagsdemonstrationen die Antwort. In einem Punkt ist sich Zwahr ganz sicher: Die nationalen Parolen, die man seit dem 13. November in Leipzig hören und lesen konnte – erst «Deutschland! Deutschland!» und dann «Deutschland einig Vaterland!» –, waren spontan und kein Echo auf Reden westdeutscher Politiker.

Für Zwahr ist der Übergang von der «demokratischen» in die «nationaldemokratische» Phase der Revolution eine unmittelbare Folge der Öffnung von Berliner Mauer und innerdeutscher Grenze. Die millionenfache Begegnung mit der Wohlstandsgesellschaft der Bundesrepublik rief einen «Westschock» hervor und dieser einen weiteren «Tabubruch». Eine Mehrheit der Demonstranten verlangte nun nicht mehr Reformen im staatlichen Rahmen der DDR, sondern die Beseitigung der DDR und die Vereinigung der Deutschen.

Die Ablösung des Rufes «Wir sind das Volk», der populärsten Parole des Oktobers, durch den Sprechchor «Deutschland einig Vaterland», ging mit einer sozialen Umschichtung der Demonstrationsteilnehmer einher. In der ersten, «demokratischen» Phase, von Ende September bis Anfang November 1989, hatten Intellektuelle im weitesten Sinn den Ton angegeben. In der zweiten Phase, die mit der Öffnung der Mauer am 9. November 1989 begann, meldete sich die bislang schweigende Mehrheit, an ihrer Spitze die Arbeiter, zu Wort. Bemerkenswert ist in diesem Zusammenhang, was Zwahr aus einer Befragung von 2000 Leipziger Demonstranten am 11. Dezember 1989 mitteilt: 74 Prozent der Facharbeiter, aber nur 21 Prozent der Studenten sprachen sich für eine Vereinigung der beiden deutschen Staaten aus. Damit paßt ein anderer Befund gut zusammen: Von den Studenten, die in der ersten Phase der Revolution kaum in Erscheinung getreten waren, bekannten sich am 11. Dezember 53 Prozent als Anhänger der SED, von den Facharbeitern nur 9 Prozent.

Die Forderung nach deutscher Einheit ist für den Intellektuellen Zwahr kein Anlaß, rückblickend mit den Demonstranten zu hadern. Er räsoniert auch nicht über angeblich vertane Chancen – eine «Erneuerung mit den eigenen Kräften» etwa oder einen gesamtdeutschen Verfassungsdiskurs als Weg zu einer anderen Form von Einheit. Er erklärt vielmehr, warum es zu der «Wende in der Wende», dem Triumph der Einheitsparolen, kam: «Eine Masse von Arbeitern, Angestellten, Handwerkern, in der Mehrzahl ‹kleine Leute›, darunter viele Jugendliche aus den Betrieben, auch das Gros der Restgeneration der Alten war es, die sich über alle politischen Konventionen und Tabus auf beiden Seiten der Mauer hinwegsetzten und dieses Deutschland einig Vaterland! herausschrien, weil das unter den Bedingungen von Selbstzerstörung ihre einzige Vision war. Eine andere konnten diese Menschen nicht mehr haben.»

Zwahr hat recht. Aber er fordert mit diesem Urteil auch die Frage heraus, wie tragfähig sein Begriff von «Revolution» ist. Eine objektiv revolutionäre Rolle spielten die ostdeutschen Massen nur einen kurzen historischen Moment lang, vom Oktober 1989 bis zum März 1990. Mit der Wahlentscheidung vom 18. März 1990, einem Votum für den raschen Beitritt zur Bundesrepublik, war diese Rolle beendet. Eine derartige Staatsliquidation paßt in keines der klassischen Revolutionsmodelle. Also werden Historiker und Sozialwissenschaftler noch lange darüber streiten, ob das Ende der DDR das Ergebnis einer Revolution war.

Zwahrs Darstellung konzentriert sich auf die Zeit bis zur ersten und letzten freien Wahl einer DDR-Volkskammer im März 1990. Er versteht sein Buch in erster Linie wohl als Aufruf an seine Landsleute in den neuen Bundesländern, sich keine Illusion zu machen über die fortwirkende Last jener Vergangenheit, die sie mit ihrem Votum für die Einheit überwinden wollten. Doch solche Illusionen gab und gibt es auch im Westen Deutschlands. Die Aufklärung, die Zwahr bewirken will, tut beiden Teilen des vereinten Landes not.

2. EIN STREIT UM WEIMAR

MIT EINEM «DIALOG ÜBER DIE VERGANGENHEIT» MÖCHTE DIE PDS EINEN KEIL IN DIE SOZIALDEMOKRATIE TREIBEN

November 1994

«Witzig», lautete Gregor Gysis Kommentar, als er vor Journalisten auf das Verlangen der Mitarbeiter von PDS-Bundestagsabgeordneten zu sprechen kam, die SPD solle sich für eine Reihe sozialdemokratischer Sünden entschuldigen.

Die Liste der Untaten, für die die SPD bei der PDS Abbitte tun soll, ist lang. Sie reicht vom Ja zu den Kriegskrediten vom 4. August 1914 bis zur «faktischen Abschaffung des Grundrechts auf Asyl» im Jahre 1993. Als weitere Leichen im Keller der SPD werden aufgeführt: die «publizistische Beihilfe des ‹Vorwärts› zum Mord an Karl Liebknecht und Rosa Luxemburg», die Rolle des Volksbeauftragten Gustav Noske «bei der Niederschlagung der Novemberrevolution», der Berliner «Blutmai» von 1929, der Aufruf der SPD zur Wiederwahl des Reichspräsidenten von Hindenburg im Frühjahr 1932, Kurt Schumachers Wort von den «rotlackierten Faschisten», die «Zustimmung zur Wiederbewaffnung der BRD, zur Notstandsverfassung, zur Großen Koalition unter dem NSDAP-Mitglied Kiesinger» – und so weiter. Es fehlt fast nichts, was aus Sicht der PDS geeignet sein könnte, geschichtsbewußten Sozialdemokraten Gewissensqualen zu bereiten.

An der Funktion des «Dialogs über die Vergangenheit», den Gysi der SPD vorschlägt, gibt es also nichts zu deuteln: Es ist ein Kampf um die kulturelle Hegemonie innerhalb der Linken, den die PDS mit Appellen an das schlechte Gewissen der Sozialdemokraten zu gewinnen hofft. Natürlich wird die Partei des Demokratischen Sozialismus dabei nicht kleinlich sein und Fehler der Kommunisten zuhauf eingestehen. Weil Selbstkritik für die Exkommunisten zu einer Frage des politischen Überlebens geworden ist, kann man aus der Not auch eine Tugend machen und sich den Sozialdemokraten als Vorbild für den richtigen Umgang mit der eigenen Geschichte empfehlen.

Eine gemeinsame «linke» Fehlerdiskussion würde entlastend und integrierend wirken – entlastend, weil geteiltes Leid bekanntlich halbes Leid ist, integrierend, weil der Dialog schließlich in jene Wiedervereinigung münden könnte, die nach Meinung mancher «Linker» der deutschen Einheit überhaupt erst einen historischen Sinn verleihen würde: die Wiedervereinigung der marxistischen Arbeiterbewegung, die sich im Ersten Weltkrieg über der Frage der Bewilligung von Kriegskrediten gespalten hatte. Daß die «Einheit der Linken» nur um den Preis einer neuen Spaltung zu haben wäre, versteht sich von selbst und wird von der PDS gewollt: Für «Godesberger» Sozialdemokraten ist innerhalb der Linken, wie Gysi sie anpeilt, kein Platz.

Gelernt ist gelernt: Die Art und Weise, wie die PDS auf die Dialogwünsche einiger, nicht nur ostdeutscher Sozialdemokraten eingeht, verrät dialektisches Geschick. Inhaltlich ist das, was die Autoren des jüngsten Streitpapiers zur Geschichte der deutschen Sozialdemokratie zu sagen haben, freilich sehr viel weniger eindrucksvoll.

Das Geschichtsbild, dem die Zuarbeiter der PDS-Parlamentarier anhängen, ist, was die SPD angeht, über die offizielle, von Walter Ulbricht persönlich überwachte «Geschichte der deutschen Arbeiterbewegung» aus dem Jahr 1966 nicht wesentlich hinausgelangt. Daß die SPD sich mit ihrer Geschichte seit Jahrzehnten selbstkritisch, ja oft selbstquälerisch auseinandersetzt: Gysis junge Garde weiß es nicht oder tut so, als wisse sie es nicht. Die sozialdemokratische Zustimmung zu den Kriegskrediten im August 1914 können die Autoren nur deshalb als Skandal präsentieren, weil sie das Hauptmotiv verschweigen: die Sorge vor einem Einmarsch russischer Truppen. Die Verfasser spielen auf ein erbärmliches Hetzgedicht an, das der Vorwärts am 13. Januar 1919, zwei Tage vor der Ermordung von Karl Liebknecht und Rosa Luxemburg, veröffentlichte. Daß der Autor sich nach der Bluttat im sozialdemokratischen Parteiorgan für seine gereimte Entgleisung entschuldigt hat, bleibt wohlweislich unerwähnt.

Kein Wort auch davon, daß Gustav Noske 1920 von seinen Parteifreunden als Reichswehrminister gestürzt wurde und fortan in der SPD als «Unperson» galt, daß Karl Zörgiebel, der Hauptverantwortliche des katastrophalen Polizeieinsatzes bei den Maiunruhen von 1929, im Jahr darauf seines Postens als Berliner Polizeipräsident enthoben wurde. Noch weniger paßt den «Historikern» der PDS ins Konzept, was zum Thema Hindenburg hätte gesagt werden müssen: Seine erste Wahl zum Reichspräsidenten verdankte der kaiserliche Generalfeldmarschall 1925 nicht zuletzt der Tatsache, daß die KPD im zweiten Wahlgang an der sinnlosen Zählkandidatur Ernst Thälmanns festhielt und damit einen Erfolg des gemeinsamen Kandidaten der «schwarz-rot-goldenen» Parteien, Wilhelm Marx, vereitelte. Als die Sozialdemokraten 1932 Hindenburgs Wiederwahl unterstützten, war er der einzige Kandidat, der den Sieg Hitlers noch verhindern konnte.

Die Geschichtsklitterungen der PDS haben Methode. Verbissen hält die Ex-SED an ihrer historischen Lebenslüge fest, eine einige marxistische Arbeiterbewegung hätte die Republik retten und Hitler verhindern können. Wahr ist, daß die Spaltung der deutschen Arbeiterbewegung beides war: Vorbelastung und Vorbedingung der ersten deutschen Demokratie. Die marxistische Vorkriegssozialdemokratie lehnte eine Zusammenarbeit mit bürgerlichen Parteien grundsätzlich ab. Wäre die SPD nicht am Streit um die Kriegskredite zerbrochen, dann an einem Eintritt von Sozialdemokraten in ein Koalitionskabinett. Die parlamentarische Demokratie von Weimar kam überhaupt nur zustande, weil der gemäßigte Flügel der marxistischen Arbeiterbewegung, die Mehrheitssozialdemokratie, bereit war, mit den gemäßigten Kräften des Bürgertums zusammenzuwirken. Was die Kommunisten als «Klassenverrat» brandmarkten, war das Gesetz, nach dem Weimar angetreten war: der «Klassenkompromiß».

Der Gegensatz zwischen Sozialdemokraten und Kommunisten war nicht taktischer, sondern existentieller Natur. Für die Mehrheitssozialdemokraten war die parlamentarische Demokratie das logische Resultat aus der bisherigen Verfassungsentwicklung Deutschlands und zugleich der Brückenschlag zu den klassischen Demokratien des Westens. Die Kommunisten propagierten die «Diktatur des Proletariats» und die Verbrüderung mit den russischen Bolschewiki. Der von der jungen KPD mitgetragene Januaraufstand von 1919, oft auch «Spartakusaufstand» genannt, war der Versuch einer putschistischen Minderheit, die Wahlen zur Verfassunggebenden Nationalversammlung, die auf den 19. Januar angesetzt waren, gewaltsam zu verhindern. Wäre der Versuch gelungen, hätte Deutschland einen Bürgerkrieg ähnlich wie in Rußland erlebt. Was immer die regierenden Mehrheitssozialdemokraten sich an Fehlentscheidungen und Unterlassungen in der revolutionären Gründungsphase der Weimarer Republik vorhalten lassen müssen: Sie hätten aufgehört, Demokraten zu sein, wären sie den Kräften des Umsturzes nicht entgegengetreten.

Bereits im Jahre 1920 setzte die Bolschewisierung des deutschen Kommunismus ein. Sie machte den Bruch innerhalb der Arbeiterbewegung unheilbar. Über der Frage, ob sie sich der neuen, von Lenin gegründeten Kommunistischen Internationale anschließen und damit auf das bolschewistische Partei- und Revolutionsmodell festlegen solle, spaltete sich damals die Unabhängige Sozialdemokratische Partei – die 1917 gegründete Partei der Kriegskreditgegner, der bis Ende Dezember 1918 auch die «Spartakusgruppe» um Karl Liebknecht und Rosa Luxemburg angehört hatte. Die radikale Mehrheit entschied sich für den Anschluß an die Kommunistische Internationale und die Vereinigung mit der KPD, die erst dadurch zur proletarischen Massenpartei aufstieg; die gemäßigte Minderheit blieb zunächst eine selbständige Partei, vereinigte sich dann aber 1922 unter dem Eindruck einer Welle rechtsradikaler Terroranschläge, die am 24. Juni jenes Jahres in der Ermordung des Reichsaußenministers Walther Rathenau gipfelten, wieder mit den Mehrheitssozialdemokraten. Koalitionen mit bürgerlichen Parteien fielen der Vereinigten Sozialdemokratie fortan schwerer als in der Zeit, in der es zwei sozialdemokratische Parteien gegeben hatte: Die ehemaligen Unabhängigen verstärkten den linken, orthodox marxistischen Flügel der Partei, der «Klassenkompromisse» auf das Maß des innen- und außenpolitisch absolut Unvermeidbaren beschränken wollte.

Die PDS spekuliert, wenn sie die «Einheit der Linken» beschwört, auf das fortwirkende Erbe des Marxismus in der Sozialdemokratie. Tatsächlich bildete dieses Erbe schon zu Zeiten der Weimarer Republik keine Brücke mehr zwischen den verfeindeten Flügeln der sozialistischen Arbeiterbewegung. Was George Bernard Shaw von Engländern und Amerikanern behauptet hat – sie seien zwei Völker, getrennt durch eine gemeinsame Sprache –, läßt sich in abgewandelter Form auf das Verhältnis von

Sozialdemokraten und Kommunisten anwenden: Es handelte sich um zwei Parteien, die getrennt waren durch gemeinsame ideologische Wurzeln. Diesen Wurzeln war es zuzuschreiben, daß beide Parteien oft noch dieselben Begriffe benutzten, aber höchst Unterschiedliches darunter verstanden. «Klassenkampf» etwa hieß für die meisten Sozialdemokraten längst pluralistische Interessenpolitik im Sinne der Arbeitnehmer. Für die Kommunisten bedeutete «Klassenkampf» Zuspitzung der gesellschaftlichen Konflikte mit dem Endziel der proletarischen Revolution.

Am 4. Juli 1928 brachte der kommunistische Abgeordnete Arthur Ewert, innerhalb des Parteispektrums eher ein «Gemäßigter», vor dem Plenum des Reichstags die Haltung der KPD zur Weimarer Republik auf eine knappe Formel: «Die Kommunistische Partei steht diesem Staat, seinen Institutionen und seiner Politik grundsätzlich ablehnend gegenüber. Sie ist für die Zertrümmerung dieses Staates und seiner Institutionen.» Zwei Wochen später begann in Moskau der Sechste Weltkongreß der Kommunistischen Internationale, der alle kommunistischen Parteien auf eine neue, ultralinke Generallinie festlegte. Ihr wesentlichstes Merkmal war der verschärfte Kampf gegen die Sozialdemokraten – die «Sozialfaschisten», wie sie seit 1929 durchgängig genannt wurden. Auch nachdem Hitlers Nationalsozialisten längst zur weitaus stärksten deutschen Partei aufgestiegen waren, blieb es bei der 1928 beschlossenen Linie. Anfang September 1932 legte das Exekutivkomitee der Komintern die Prioritäten nochmals unmißverständlich klar: «Nur wenn der Hauptschlag gegen die Sozialdemokratie, diese soziale Hauptstütze der Bourgeoisie, gerichtet wird, kann man den Hauptklassenfeind des Proletariats, die Bourgeoisie, mit Erfolg schlagen und zerschlagen.» Die Sozialdemokratie war seit 1930 die staatstragende Partei der Republik. Die KPD dagegen sah sich als die Partei des gewaltsamen Umsturzes. Mit ihrer Bürgerkriegspropaganda schürten die Kommunisten Ängste, die niemand so geschickt auszubeuten verstand wie Hitler.

Die PDS hat mit dem Erbe der KPD bis heute nicht gebrochen. Sie pflegt es mit Bedacht – was so weit geht, daß sie sich im Ostteil Berlins vehement dagegen wehrt, Straßen einen neuen Namen zu geben, die nach prominenten Kommunisten, darunter engen Mitarbeitern Stalins, benannt sind. Zwar räumt die PDS schwerwiegende Fehler in der Politik der KPD und auch persönliche Fehler des langjährigen Parteivorsitzenden Ernst Thälmann ein. Aber diese Kritik ist bis heute eher punktuell geblieben und nicht grundsätzlich geworden.

Grundsätzliche Kritik üben hieße auszusprechen, was offenkundig ist: Die Ausrichtung der KPD am Modell der Bolschewiki und ihrer Revolution vom Oktober 1917 bedeutete einen radikalen Bruch mit den demokratischen Traditionen der europäischen Arbeiterbewegung. Die selbstgewählte Abhängigkeit von der Kommunistischen Internationale führte mit innerer Notwendigkeit dazu, daß die KPD das wurde, was Richard Löwenthal eine «abgeleitete totalitäre Partei» genannt hat. Im Zuge der Stalinisierung in der zweiten Hälfte der zwanziger Jahre verwandelte sich die deutsche Partei in ein gefügiges Werkzeug des sowjetischen Diktators. Die ultralinke Generallinie von 1928 machte selbst einen «Waffenstillstand» oder «Burgfrieden» zwischen den beiden Arbeiterparteien SPD und KPD unmöglich. So eindrucksvoll der Antifaschismus vieler deutscher Kommunisten war: Die Politik ihrer Partei und ihrer Internationale hat mit dazu beigetragen, daß in Deutschland die extremste Erscheinungsform des Faschismus an die Macht kam.

Das Regime, das die deutschen Kommunisten nach dem Zweiten Weltkrieg, gestützt auf die sowjetische Besatzungsmacht, errichteten, trug alle Züge einer totalitären Diktatur: die Monopolisierung der politischen Gewalt in den Händen der herrschenden Partei, politische Abhängigkeit der Justiz, terroristische Unterdrückung jedweder Art von Opposition, Allgegenwart der Geheimpolizei. In der Spätphase der DDR verstärkten sich dann die eher autoritären Züge des Systems, ohne daß es seine totalitären Strukturen wirklich aufgab.

Die PDS, die in ihrem Statut von 1991 «Respekt vor dem Widerstand gegen totalitäre Diktaturen jeglicher Art» bekundet, macht ansonsten einen Bogen um den Begriff «totalitär». Der Grund: Es ist das «linke» Tabu, das einen Vergleich linker und rechter Diktaturen von vornherein ausschließt. Nun spricht in der Tat alles gegen eine Gleichsetzung unterschiedlicher Diktaturen, aber nichts gegen einen Vergleich, der ja neben Gemeinsamkeiten auch Unterschiede zutage fördert. Daß es zwischen den von Hitler und Stalin geprägten Regimen, was die Herrschaftsmethoden angeht, Gemeinsamkeiten gab, kann nur leugnen, wer einem dieser Systeme befangen gegenübersteht. Das eben ist das Problem der PDS. Deshalb wehrt sie sich auch mit allen Mitteln juristischer Spitzfindigkeit gegen das Eingeständnis, daß die DDR ein Unrechtsstaat war und bis zum Herbst 1989 blieb.

Die PDS ist eine posttotalitäre Partei, die mit ihrer totalitären Vergangenheit nicht konsequent gebrochen hat, sondern sich, wenn es ernst wird, apologetisch zu ihr verhält. Die Frage, ob die PDS dem demokratischen Spektrum zuzuordnen ist, beantwortet sich daher von selbst: bisher nicht. Die Partei des Demokratischen Sozialismus hat sich dem Prozeß einer Formaldemokratisierung unterzogen, aber die Wertgrundlagen der westlichen, repräsentativen Demokratie nicht wirklich angeeignet. Das Ja der PDS zur Demokratie steckt voller Vorbehalte: In ihrem Programm von 1993 erklärt sie den «außerparlamentarischen Kampf um gesellschaftliche Veränderungen (für) entscheidend»; in ihrem Verfassungsentwurf von 1994 fordert sie die Errichtung einer Vielzahl von demokratisch nicht legitimierten gesellschaftlichen Räten. Wenn die PDS in ihrem Programm gegen die «Verwestlichung des Ostens» zu Felde zieht, appelliert sie bewußt an tiefsitzende Ressentiments gegenüber dem Westen schlechthin – Ressentiments, die während der Weimarer Republik mal in rechter, mal in linker Gewandung auftraten, doch stets den gleichen, antidemokratischen Effekt hatten.

Der Erfolg der PDS in den neuen Bundesländern hat viel damit zu tun, daß die SED aus den Weimarer Erfahrungen radikal andere Schlußfolgerungen gezogen hat als der Parlamentarische Rat in Bonn. Während sich im Westen eine neue, nicht mehr relativistische, sondern «wehrhafte» und diesmal auch funktionstüchtige Demokratie entwickelte, wurde den Ostdeutschen eine zweite Diktatur verordnet, die sich «antifaschistisch», aber nicht demokratisch legitimierte. Von dem Mangel an Demokratie unter der SED profitiert die PDS. Ihr vulgärdemokratischer Populismus findet Beifall, weil die politische Kultur der westlichen Demokratie in der ehemaligen DDR noch keine festen Wurzeln hat schlagen können.

Es wäre ein Rückfall in das positivistische Demokratieverständnis von Weimar, wenn demokratische Parteien der PDS mit dem schlichten Hinweis auf ihren Wähleranteil einen Zugang zur Macht öffnen würden. Zu den Errungenschaften der zweiten deutschen Demokratie gehört der Grundkonsens, daß demokratische Parteien sich nur mit demokratischen Parteien verbünden dürfen. Was gegenüber «rechts» gilt, muß auch gegenüber «links» verteidigt werden. Mag die PDS den Sirenengesang von der «Einheit der Linken» auch noch so kräftig anstimmen: Die Gemeinsamkeit der Demokraten ist ein zu teuer erkauftes Gut, als daß es auf dem Altar politischer Opportunitäten geopfert werden dürfte.

3. «DER KRONPRINZ WAR EIN REAKTIONÄRER OPPORTUNIST»

EIN INTERVIEW ZUM STREIT UM BESITZANSPRÜCHE DES HAUSES HOHENZOLLERN

Dezember 2019

Wenige Jahre nach der Wiedervereinigung Deutschlands begann das Haus Hohenzollern einen Rechtsstreit über den Umgang der Bundesrepublik mit dem ehemaligen Besitz des preußischen Königs- und deutschen Kaiserhauses, darunter historischen Gebäuden und Tausenden von Kunstwerken, die 1945 von der sowjetischen Besatzungsmacht enteignet worden waren und sich nunmehr im Besitz der Bundesrepublik Deutschland beziehungsweise der Länder Berlin und Brandenburg befinden. Das Ausgleichsleistungsgesetz von 1994 band Entschädigungen für sowjetische Enteignungen an die Voraussetzung, dass die Antragsteller nicht dem nationalsozialistischen oder kommunistischen System erheblichen Vorschub geleistet haben.

Um ebendiesen Punkt geht es in einem Gutachterstreit, der inzwischen zu einem Teil des Rechtsstreits geworden ist. Eine breite Öffentlichkeit begann sich für die damit verbundenen historischen Fragen zu interessieren, seit der Fernsehmoderator Jan Böhmermann im November 2019 die bis dahin vertraulichen Gutachten ins Netz gestellt hat. Darunter befindet sich auch die umfangreichste der Stellungnahmen, die der deutschen Historiker Wolfram Pyta und Rainer Orth, die in ihrem vom Haus Hohenzollern erbetenen Gutachten zu dem Ergebnis kommen, dass der Chef des Hauses Hohenzollern in der Zeit der Weimarer Republik und des «Dritten Reiches», der ehemalige Kronprinz Wilhelm, dem Nationalsozialismus keineswegs erheblichen Vorschub geleistet habe.

Der andere von dem Haus Hohenzollern beauftragte Gutachter, der aus-

tralische, in Cambridge lehrende Historiker Christopher Clark, hat sein ursprüngliches Votum, in dem er zum gleichen Schluss kam wie später Pyta und Orth, unter dem Eindruck der Gegenargumente, vor allem der vom Land Brandenburg beauftragten Gutachter Stephan Malinowski und Peter Brandt, inzwischen widerrufen. Um meine Beurteilung der Kontroverse geht es in dem folgenden Interview mit dem ZEIT*-Redakteur Christian Staas.*

DIE ZEIT: Hat Kronprinz Wilhelm dem Nationalsozialismus erheblichen Vorschub geleistet? Von dieser Frage hängt ab, ob die Hohenzollern einen Rechtsanspruch darauf haben, für nach 1945 erlittene Enteignungen entschädigt zu werden. Herr Winkler, wie lautet Ihre Antwort?
Heinrich August Winkler: Die Antwort lautet Ja. Der Kronprinz hat allein dadurch, dass er Anfang April 1932 beim zweiten Gang der Reichspräsidentenwahl dazu aufgerufen hat, Adolf Hitler statt Hindenburg zu wählen, einen wichtigen Beitrag dazu geleistet, Hitler im konservativen, kaisertreuen Deutschland salonfähig zu machen. Zuvor hatte er selbst mit einer Kandidatur geliebäugelt und Hitler im Gegenzug für die Unterstützung durch die NSDAP das Amt des Reichskanzlers angeboten.
ZEIT: Hatte seine Wahlempfehlung denn einen Effekt? Er selbst hat sich damit gebrüstet, Hitler zwei Millionen neue Wähler beschert zu haben.
Winkler: Tatsächlich hat Hitler gegenüber dem ersten Wahlgang zwei Millionen Stimmen hinzugewonnen. Die gehen natürlich nicht alle auf das Konto des Kronprinzen, aber die Historiker sind sich einig, dass sie im Wesentlichen aus dem Lager jener hochkonservativen Wähler kamen, die im ersten Gang für den Kandidaten des paramilitärischen Stahlhelms, Theodor Duesterberg, gestimmt hatten. Der trat danach nicht mehr an.
ZEIT: Inzwischen liegen vier Historiker-Gutachten zur Frage der Vorschubleistung vor. Und inzwischen sind sie alle frei zugänglich …
Winkler: Was sehr zu begrüßen ist. Schlüsselereignisse der deutschen Geschichte wie der 30. Januar 1933 bedürfen nach wie vor des öffentlichen Diskurses und nicht irgendwelcher Geheimgutachten, die der Debatte entzogen sind.
ZEIT: Für das Land Brandenburg erstellten Stephan Malinowski und Peter Brandt je eine Studie. Die Hohenzollern beauftragten zunächst Christopher Clark, etwas später legten Wolfram Pyta und Rainer Orth

ein Gutachten vor, dessen Existenz bis vor Kurzem geheim gehalten wurde. Sie haben alle vier Studien gelesen. War die Lektüre lehrreich?

Winkler: Die Gutachten diskutieren, bei allen Unterschieden, im Wesentlichen bekannte Fakten. Über manche Folgerung aber kann ich mich nur wundern. So gelangt Christopher Clark auf einer sehr dünnen Quellen- und Literaturbasis zu dem Schluss, Kronprinz Wilhelm sei «einer der politisch zurückhaltendsten und am wenigsten kompromittierten Personen» unter den fürstlichen Kollaborateuren mit den Nationalsozialisten gewesen. Das widerspricht allen historischen Erkenntnissen.

ZEIT: In dem zweiten Gutachten, das die Position der Hohenzollern stärken soll, erscheint Wilhelm dagegen als Schlüsselfigur – um eine Kanzlerschaft Hitlers zu verhindern.

Winkler: Das Gutachten von Wolfram Pyta, dem wir eine bedeutende Biografie Hindenburgs verdanken, und seinem Co-Autor Rainer Orth hat mich einigermaßen erstaunt. Wobei die Autoren in einem Punkt recht haben, den die insgesamt sehr überzeugenden Beiträge von Brandt und Malinowski stärker hätten betonen müssen: Kronprinz Wilhelm gehörte *nicht* zu denen, die die Machtübertragung an Hitler vom 30. Januar 1933 vorbereitet haben. Die war das Werk einer Gruppe von hochkonservativen Politikern, Schwerindustriellen und ostelbischen Rittergutsbesitzern, angeführt von dem früheren Reichskanzler Franz von Papen. Dessen Plan war es, Hitler «einzurahmen» durch eine konservative Ministermehrheit. Im Gegensatz zu Papen stand damals Kurt von Schleicher, der am 3. Dezember 1932 Papens Nachfolge angetreten hatte und in Personalunion Reichswehrminister blieb. Zu dessen Freunden und Verbündeten gehörte in dieser Phase Kronprinz Wilhelm.

ZEIT: Schleichers Ziel sei es gewesen, in Zusammenarbeit mit dem Reichsorganisationsleiter der NSDAP Gregor Strasser eine Kanzlerschaft Hitlers zu verhindern, schreiben Pyta und Orth.

Winkler: Schleicher war zu diesem Zeitpunkt gegen eine Kanzlerschaft Hitlers, wollte die Nationalsozialisten aber an der Macht beteiligen. Mitte Dezember 1932 sagte er vor Befehlshabern der Reichswehr, das Ziel sei «die Mitarbeit der Nazi unter Strasser unter dem Messiassegen Hitlers». Hitler wollte er zum Vizekanzler machen und bot ihm dieses Amt Anfang Dezember 1932 auch an, aber ohne Erfolg. Anschließend bemühte er sich, Gregor Strasser einzubinden, der als eine Art nationalsozialistischer «Realo» galt. Sollte Hitler nicht einwilligen, wollte Schleicher die NSDAP spalten und mit Hitler und seinen Anhängern notfalls «auf Hauen und Stechen» kämpfen. Das war Teil seiner sogenannten Querfront-Politik, die vom Strasser-Flügel der NSDAP bis zu den Gewerkschaften reichen sollte, um seinem Präsidialkabinett gesellschaftlichen Rückhalt zu verschaffen.

ZEIT: Und der Kronprinz half ihm dabei?

Winkler: Er hat seinem Freund Schleicher Informationen aus dem Braunen Haus, der Parteizentrale, zukommen lassen, wo er einen Vertrauensmann hatte namens Ritter von Hörauf, der Strasser nahestand und Hitlers Anspruch auf die ganze Macht äußerst kritisch sah. Das Gutachten von Pyta und Orth zitiert ausgiebig aus den Berichten Höraufs, die der Kronprinz an Schleicher weiterleitete.

ZEIT: Handelt es sich um bisher unbeachtete Quellen, wie das Gutachten suggeriert?

Winkler: Nein, diese Dokumente sind mitnichten neu. Sie sind erstmals 1978 in dem auch von Pyta zitierten Buch Volker Hentschels *Weimars letzte Monate* veröffentlicht worden, und zwei der wichtigsten Dokumente sind in dem 1986 erschienenen Band *Das Kabinett Schleicher* aus der Reihe *Akten der Reichskanzlei* abgedruckt. Sie sind der Forschung wohlbekannt.

ZEIT: Hatte Schleichers Querfront eine Chance?

Winkler: Bei den Gewerkschaften fand Schleicher ein positives Echo, nicht aber bei der SPD. Bei den Nationalsozialisten scheiterte er: Strasser wich der Kraftprobe mit Hitler aus.

ZEIT: Was, wenn eine Spaltung der NSDAP gelungen wäre?

Winkler: Womöglich hätte Hitler getan, was er in der Parteikrise nach den Verlusten bei der Wahl vom November 1932 angekündigt hatte: Wenn die Partei zerfalle, mache er in drei Minuten mit der Pistole Schluss. Doch das ist reine Spekulation. Fest steht dagegen, dass die Haltung Schleichers gegenüber Hitler lange Zeit alles andere als eindeutig war. Dem Eindruck, den Pyta und Orth erwecken, dass der General ein konsequenter Hitler-Gegner gewesen sei, widerspreche ich nachdrücklich.

ZEIT: Weil Schleicher lange Zeit nur ein alternatives Konzept der Einhegung verfolgte?

Winkler: Vor allem, weil er 1932 entscheidend zur Verschärfung der deutschen Staatskrise beigetragen hat. Als Chef des Ministeramtes im Reichswehrministerium hat er im Frühjahr 1932 die Weichen für einen Regimewechsel gestellt, nämlich die Umwandlung des gemäßigten, parlamentarisch tolerierten Präsidialsystems unter dem Zentrumskanzler Heinrich Brüning in ein offen antiparlamentarisches, autoritäres Präsidialregime unter Franz von Papen. Ende April und im Mai hat Schleicher die entscheidenden Verhandlungen mit Hitler geführt, um dessen Unterstützung für die Bildung einer neuen, weit rechts stehenden Reichsregierung zu erhalten. Hindenburg brachte er dazu, den im September 1930 gewählten Reichstag aufzulösen und Neuwahlen anzuordnen. Das von Brüning erlassene SA-Verbot wurde aufgehoben. So geriet Deutschland in eine Staatskrise, von der vor allem die NSDAP profitierte. Das zeigte sich bei der Reichstagswahl vom 31. Juli 1932: Wie abzusehen war, wurde die NSDAP zur stärksten Partei – aber sie hatte keine Mehrheit. Auch für eine Allianz mit den Deutschnationalen reichte es nicht. Was es dafür gab, war eine negative Mehrheit von Nationalsozialisten und Kommunisten.

ZEIT: Welche Handlungsoptionen blieben in dieser Situation noch?

Winkler: Im Kreis um Papen und Hindenburg erwog man, den Staatsnotstand zu verhängen. Die Nervosität war groß. Nicht wenige fürchteten einen Bürgerkrieg. Eine Kanzlerschaft Hitlers galt da manchem als geringeres Übel. Zeitweilig dachte auch Reichswehrminister Kurt von Schleicher so. Am 6. August 1932 bot er Hitler in Geheimverhandlungen das Amt des Reichskanzlers und der NSDAP mehrere Ministerien an, darunter das Innenministerium. Schleicher scheiterte damals am Veto Hindenburgs – weshalb er fortan nicht mehr daran dachte, Hitler zum Kanzler zu machen. Stattdessen entwickelte er sein Querfront-Konzept.

ZEIT: Laut Pyta und Orth war Hitler 1932/33 auf demokratischem Wege nicht mehr zu stoppen. Sehen Sie das auch so?

Winkler: Dass eine parlamentarische Krisenlösung seit der Reichstagswahl vom 31. Juli 1932 nicht mehr möglich war, ist evident. Diese Zuspitzung der Staatskrise aber war das Werk jener antirepublikanischen Eliten, die mit Weimar brechen wollten und denen das gemäßigte, von der SPD tolerierte Präsidialregime, wie Heinrich Brüning es verkörperte, ein Dorn im Auge war. Zu dieser ultrakonservativen Elite zählte auch Kronprinz Wilhelm.

ZEIT: Hätte man Hitler noch verhindern können?

Winkler: Hindenburg hätte im Januar 1933 Schleicher auch nach einem Misstrauensvotum des Reichstags geschäftsführend im Amt behalten oder einen nicht polarisierenden «unpolitischen» Reichskanzler ernennen können. Stattdessen ließ er sich von Papen überzeugen, Hitler an der Spitze eines mehrheitlich konservativen Kabinetts sei die ungefährlichste Krisenlösung, ja die einzige Alternative zum Bürgerkrieg.

ZEIT: Was, wenn Brüning 1932 im Amt geblieben wäre? Hätten die Chancen für eine Re-Stabilisierung der Republik nicht ganz gut gestanden?

Winkler: Die nächsten Reichstagswahlen wären dann erst im September 1934 fällig gewesen. Und es gab seit dem Spätsommer 1932 Anzeichen für eine allmähliche wirtschaftliche Erholung, sodass theoretisch die Möglichkeit bestanden hätte, an einer Zuspitzung der Staatskrise vorbeizukommen. Aber das Machtzentrum um Hindenburg wollte den Bruch mit Brüning und einen scharfen Rechtsruck.

ZEIT: Welche Rolle spielte der Kronprinz in diesen dramatischen Monaten?

Winkler: Er versuchte, die Krise für sich zu nutzen. Ende 1932, Anfang 1933 stand er aufseiten Schleichers. Anders als Pyta und Orth suggerieren, macht ihn diese Episode aber nicht zu einem grundsätzlichen Gegner Hitlers. Nach dem 30. Januar 1933 erwies er dem neuen Regime umgehend seine Reverenz; besonders deutlich am sogenannten Tag von Potsdam am 21. März 1933.

ZEIT: Pyta und Orth zufolge sollte das die Konservativen stärken, nicht die Nationalsozialisten.

Winkler: Natürlich wollte der Kronprinz die deutschnationalen Verbündeten Hitlers unterstützen, aber genau das *war* ja ein Beitrag zur Stabilisierung der Regierung Hitler, die aus einer Koalition von Nationalsozialisten, Deutschnationalen und Stahlhelm bestand, der sogenannten Kampffront Schwarz-Weiß-Rot. Bei den Wahlen vom 5. März 1933 hatte die NSDAP zwar erhebliche Gewinne gegenüber dem November 1932 verbuchen können, aber mit 43,9 Prozent war sie weit entfernt von der absoluten Mehrheit. Dazu brauchte Hitler die Kampffront, auf die acht Prozent entfielen. Er war also noch auf die Legitimation durch die Konservativen angewiesen, und genau das geschah durch die Reaktivierung des Preußenmythos am Tag von Potsdam in der Garnisonkirche, zwei Tage vor der Verabschiedung des Ermächtigungsgesetzes. Das symbolische Kapital, das der Kronprinz durch seine Präsenz einbrachte – er verkörperte die monarchische Tradition –, war für die Nationalsozialisten von außerordentlichem Wert. Wenn das keine erhebliche Vorschubleistung zugunsten des «Dritten Reiches» war, was dann?

ZEIT: Pyta und Orth deuten so ziemlich alles, was der Kronprinz im Sinne der Nationalsozialisten getan hat, als einen Akt des versteckten Widerstands: Der Wahlaufruf von 1932 habe Arbeiter davon abgeschreckt, Hitler zu wählen. Und gegen das SA-Verbot habe er opponiert, um die NSDAP zu ruinieren, die ja die SA-Kader bezahlen müsse.

Winkler: Diese Überlegungen sind nicht nur spekulativ, sie erscheinen mir schlicht abwegig.

ZEIT: Noch 1940 schrieb Wilhelm ein Glückwunschtelegramm an «meinen Führer», kurz nachdem einer seiner Söhne an der Westfront gefallen war. Christopher Clark deutet das als ein taktisches Anbiedern. Die Familie habe Enteignungen durch die Nationalsozialisten befürchtet.

Winkler: Wenn es so war, gilt Bismarcks Wort: «Motiv ändert die Wirkung nicht.»

ZEIT: War der Kronprinz ein überzeugter Anhänger des NS-Regimes?

Winkler: Nein, aber er gehörte zu jenen, die in der Herrschaft Hitlers im Großen und Ganzen einen immensen Fortschritt gegenüber der Weimarer Republik sahen und im Führerstaat eine der Demokratie weit überlegene Staatsform.

ZEIT: Für wie wichtig hielten umgekehrt die Nationalsozialisten den Kronprinzen? Aus Goebbels' Tagebüchern spricht nach 1933 vor allem Verachtung: Wilhelm sei ein «Anschmeißer», der «Brechreiz» errege. Von Hitler ist Ähnliches überliefert.

Winkler: Hitler und Goebbels mögen den Kronprinzen verachtet haben. Entscheidend bleibt, dass Wilhelm als eines der prominentesten Mitglieder der alten Eliten geholfen hat, konservative Vorbehalte gegen Hitler abzubauen und seine Herrschaft nach dem 30. Januar 1933 zu legitimieren.

ZEIT: Zu welchem abschließenden Urteil über den Kronprinzen kommen Sie?

Winkler: Er war ein reaktionärer Opportunist, der als Fernziel die

Wiederherstellung der Monarchie anstrebte. Dafür wollte er Hitler instrumentalisieren. Aber es lief genau umgekehrt: Hitler hat den Kronprinzen für die Festigung seiner Herrschaft instrumentalisiert. Wer ihn nachträglich zum Hitler-Gegner stilisiert, entlastet ihn zu Unrecht – und die antirepublikanischen Verbündeten und Steigbügelhalter Adolf Hitlers gleich mit. Insoweit ist das Gutachten von Wolfram Pyta und Rainer Orth Apologie pur. Ihre Argumentation erinnert an die konservativen Geschichtsdeutungen der Fünfzigerjahre. Für alles Unheil waren demnach «Hitler und seine Spießgesellen» verantwortlich, nicht aber diejenigen, die Hitler an die Macht verholfen und ihn bei der Machtausübung unterstützt hatten.

ZEIT: Wir haben Wolfram Pyta gebeten, seine Thesen im Streit mit Ihnen zu verteidigen. Er hat es zur Bedingung gemacht, dass geschichtspolitische Fragen ausgeklammert bleiben.

Winkler: Wer bestimmt hier, was «Geschichtspolitik» ist? Eine solche Vorbedingung kommt einer Gesprächsverweigerung gleich.

ZEIT: Und die Hohenzollern? Eigentlich sollte sich herumgesprochen haben, dass ein offener Umgang mit der NS-Geschichte der beste Weg ist. Wie erklären Sie sich, dass die Nachfahren Wilhelms II. so beharrlich versuchen, die eigene Beteiligung kleinzureden und kleinreden zu lassen?

Winkler: Es geht natürlich um Besitzansprüche. Zudem wäre ein offener Blick auf die Rolle des Hauses Hohenzollern nach seiner Entmachtung wohl überaus peinlich.

ZEIT: Wobei durch die juristisch bedingte Fixierung auf Kronprinz Wilhelm vieles in den Gutachten noch nicht einmal ausführlich zur Sprache kommt, etwa die Frage des Antisemitismus.

Winkler: Das ist in der Tat ein Manko. Das sehr viel massivere nationalsozialistische Engagement eines jüngeren Bruders des Kronprinzen, August Wilhelm, eines hohen SA-Führers, wird ebenfalls zu wenig beachtet. Und immer wieder muss man auch auf den sich radikalisierenden Antisemitismus Wilhelms II. im niederländischen Exil hinweisen. Der einzige Hohenzollern-Prinz, der zeitweilig mit dem konservativen Widerstand in Verbindung stand, war Louis Ferdinand, und dem hat sein Vater, Kronprinz Wilhelm, ein weiteres Engagement gegen Hitler untersagt. Die Gesamtbilanz ist für das Haus Hohenzollern fatal.

4. GEWALT VON RECHTS, GEWALT VON LINKS

DER STREIT UM DAS «SCHWARZBUCH DES KOMMUNISMUS»

Juni 1998

1997 erschien in Paris das dem Andenken des Historikers François Furet gewidmete «Livre noir du communisme»: eine Abrechnung mit den Verbrechen des Kommunismus und namentlich des Stalinismus, die sogleich kontroverse Debatten auslöste. Im Jahr darauf hatte die deutsche Fassung, das «Schwarzbuch des Kommunismus», ein ähnlich vielstimmiges Echo. Dazu trug auch das neu hinzugekommene Kapitel «Die Aufarbeitung des Sozialismus in der DDR» bei, das der Bundesbeauftragte für die Unterlagen des Staatsicherheitsdienstes der ehemaligen DDR, Joachim Gauck, und der Theologe und frühere Bürgerrechtler Ehrhart Neubert verfasst hatten.

Am 16. Juni 1998 fand in der Berliner «Urania» eine von dem Herausgeber des «Tagesspiegel», Hermann Rudolph, moderierte Podiumsdiskussion über das «Schwarzbuch» statt, an der dessen Mitarbeiter Stéphane Courtois, Joachim Gauck, die Historiker Jürgen Kocka, Wolfgang Wippermann und ich teilnahmen. Die Veranstaltung verlief infolge mehrfacher lautstarker Störaktionen einer radikal linken Gruppe äußerst turbulent, ja teilweise handgreiflich, und löste damit den ersten Polizeieinsatz in der Geschichte der «Urania» aus. Der folgende Text gibt meinen Beitrag zu dieser Diskussion wieder.

Der Streit über das «Schwarzbuch des Kommunismus» findet auf ideologisch vermintem Gelände statt. Selbst wo die Debatte vordergründig nur die Zahlen der Opfer von Kommunismus und Nationalsozialismus betrifft (ein Feld, auf dem vor allem der Verfasser der Einleitung, Stéphane Courtois, scharfe und begründete Kritik herausgefordert hat), geht es in Wirklichkeit meist um etwas anderes: um die Legitimität des Begriffs «totalitär» und um die Legitimität einer öffentlichen Debatte über die Verbrechen kommunistischer Regime.

Kommunistische und faschistische Systeme gleichzusetzen wäre absurd. Der Vergleich zwischen Kommunismus und Nationalsozialismus aber ist nicht nur legitim, sondern notwendig. Er eröffnet die Chance, Gemeinsamkeiten und Unterschiede herauszuarbeiten; er erlaubt es, Gegenstände schärfer zu erkennen, als es ohne Vergleich möglich wäre; er bedeutet also gerade nicht Gleichsetzung. Auch der Begriff «totalitär» zielt, wissenschaftlich angewandt, nicht auf eine Gleichsetzung unterschiedlicher Systeme, sondern auf die Erkenntnis von Übereinstimmungen der jeweiligen Herrschaftspraxis.

Es gibt diese Übereinstimmungen, und sie haben eine gemeinsame Ursache: Es sind der Anspruch auf den ganzen Menschen und die Orientierung am Ziel des neuen Menschen, den ursprünglich alle totalitären Regime propagierten und den sie gewaltsam erschaffen wollten. Dieser Anspruch und dieses Ziel markieren das, was neu war an der totalitären Diktatur und was sie von herkömmlichen autoritären Herrschaftsformen trennte. Eine überzeugende Alternative zum Begriff «totalitär» ist nicht in Sicht. Der Begriff «moderne Diktatur», den manche bevorzugen, ist viel zu vage und zu harmlos, als daß er die Nachfolge antreten könnte.

Muß man am Ende des zwanzigsten Jahrhunderts wirklich noch begründen, daß es legitim, ja notwendig ist, sich mit den Verbrechen aller totalitären Diktaturen, also auch der kommunistischen, zu beschäftigen? Offenbar ja. Es gibt zwar zahllose wissenschaftliche Veröffentlichungen über die Verbrechen Stalins, aber immer noch eine verbreitete Neigung, im Stalinismus einen Betriebsunfall des Kommunismus sehen. Lenin gilt vielen, die sich für «links» halten, weiterhin als tragischer Held. Über seine Revolution heißt es im Programm einer im Bundestag vertretenen deutschen Partei: «Dem welthistorischen Ereignis der sozialistischen Oktoberrevolution von 1917 verdankt die Mehrheit grundlegende günstige Entwicklungen im zwanzigsten Jahrhundert.» Das Zitat stammt aus dem Programm der PDS vom Januar 1993.

Tatsächlich stand die Herrschaftspraxis der Bolschewiken von Anfang an unter der Devise: «Wer sich widersetzt, ist zu erschießen.» In dieser Parole gipfelte ein Aufruf der Volkskommissare vom 22. Februar 1918. Er zielte auf Männer und Frauen aus der Bourgeoisie, die sich weigerten, unter Aufsicht der Rotgardisten Gräben auszuheben. Der Verfasser des Aufrufs war Lenin. Es ist ein Verdienst von Nicolas Werth, Autor des umfangreichsten Beitrags zum «Schwarzbuch», des Teiles über die Sowjetunion, daß er die ganze Absurdität des Versuches herausarbeitet, den «guten Lenin» gegen den «bösen Stalin» auszuspielen. Doch für eine historische Ortsbestimmung des Kommunismus reicht es nicht aus, bis auf Lenin zurückzugehen. «Radikal sein ist die Sache an der Wurzel fassen», hat der junge Marx einmal bemerkt. Die Kritik des Kommunismus darf nicht bei Lenin stehenbleiben und vor Marx haltmachen.

Courtois meint in seinem zusammenfassenden Essay unter dem Titel «Warum?», Marx habe der «Urerfahrung des Terrors» unter Robespierre, also der jakobinischen Phase der Französischen Revolution, nur wenig Aufmerksamkeit geschenkt. Courtois irrt. Die Grundannahme von Marx und Engels war, daß die «bürgerliche» Revolution von 1789 sich auf höherer Ebene wiederholen mußte: als proletarische und damit als letzte aller Revolutionen. Den Terror der Jakobiner hielt Marx geradezu für beispielhaft, und aus den Erfahrungen von 1848 zog er den Schluß, daß das Proletariat die einmal eroberte Macht nur durch die «Permanenzerklärung der Revolution, die Klassendiktatur des Proletariats», also durch die rücksichtslose Unterdrückung der Klassengegner, sichern konnte.

Lenin wich von Marx sehr viel weniger ab, als ihm Karl Kautsky, einer der frühesten sozialdemokratischen Kritiker der Bolschewiken, unterstellte. Aber es war derselbe Kautsky, der 1918, damals noch Mitglied der Unabhängigen Sozialdemokraten, die bolschewistische «Diktatur des Proletariats» als «Diktatur eines Teiles des Proletariats über einen anderen Teil» und drei Jahr später, noch schärfer und rundum zutreffend, als «Diktatur über das Proletariat» bezeichnete. Die Diktatur einer Minderheit, so lautete Kautskys klarsichtiges Verdikt, finde ihre kraftvollste Stütze in einer ergebenen Armee, und je mehr die Minderheit die Gewalt der Waffen an die Stelle der Majorität setze, «desto mehr drängt sie auch jede Opposition dahin, ihr Heil im Appell an die Bajonette und Fäuste zu suchen, statt im Appell an die Wahlstimmen, der ihr versagt ist: dann wird der Bürgerkrieg die Form der Austragung politischer und sozialer Gegensätze».

Die unterschiedliche Haltung zum Bürgerkrieg steht am Beginn des historischen Konflikts zwischen der demokratischen und der totalitären

Linken. Lenin und die Bolschewiken propagierten den Bürgerkrieg, die sozialdemokratischen Parteien aller Schattierungen lehnten ihn ab. Das Stichwort «Bürgerkrieg» markiert aber auch den Punkt, wo die Extreme sich berühren. Die Bürgerkriegspropaganda der Kommunisten rief soziale, ja existentielle Ängste hervor, und an diese Ängste hat niemand so erfolgreich appelliert wie die italienischen Faschisten um Mussolini und die deutschen Nationalsozialisten um Hitler. Die Angst vor der roten Revolution war nicht der einzige Faktor, der den Parteien Mussolinis und Hitlers und ihren Bürgerkriegsarmeen Anhänger zutrieb. Aber ohne diesen Faktor ist der Aufstieg dieser neuen Rechten nicht zu erklären.

Die demokratische Linke, die vor acht Jahrzehnten einen klaren Trennungsstrich zur totalitären Linken gezogen hat, wird durch das «Schwarzbuch» nicht delegitimiert, sondern bestätigt. Die totalitäre Linke aber hat sich diskreditiert, seit es sie gibt. Die Beschwörung des Mythos von der Einheit der Linken dient einem durchsichtigen Zweck: Es geht darum, einer unangenehmen Frage auszuweichen – der Frage, in welchem Maß die totalitäre Linke für die Katastrophen des zwanzigsten Jahrhunderts, darunter auch die deutsche Katastrophe der Jahre 1933 bis 1945, mitverantwortlich ist.

Alles, was Wissenschaftler tun, um die Untaten, die durch und im Namen von Kommunisten begangen wurden, aufzuklären, ist nach Meinung mancher Historiker suspekt, weil es angeblich darauf hinausläuft, Auschwitz zu relativieren. Eine ärgere Instrumentalisierung des Holocaust ist kaum denkbar. Der Judenmord als Argument gegen die Aufarbeitung von Verbrechen kommunistischer Regime: Es fällt schwer, dieses Denkmuster nicht zynisch zu nennen. Apologetisch ist es allemal.

Im übrigen wird auch künftig, wie schon beim deutschen «Historikerstreit» von 1986, scheitern, wer Auschwitz relativieren möchte. Es gibt kein Staatsverbrechen, das die historische Bedeutung des Holocaust auch nur im geringsten mindern könnte. Das Besondere an der Ermordung der europäischen Juden war nicht nur, wie Courtois meint, die technische Perfektion dieses Genozids. Das deutsche Menschheitsverbrechen wurde durch ein Land begangen, das stolz war auf seine lange rechtsstaatliche Tradition und seinen Anteil an der europäischen Aufklärung – ein von der Kultur des Westens geprägtes Land. Was immer wir aus dem «Schwarzbuch» oder auf andere Weise über kommunistische Verbrechen in anderen

Teilen der Welt erfahren: Den Deutschen erwächst daraus keine Entlastung.

Der nationalsozialistische Rassenmord war die letzte Konsequenz aus einer zutiefst primitiven Weltanschauung, eines zur innerweltlichen Erlösungsreligion gesteigerten Antisemitismus. Gewalt war für die Nationalsozialisten (wie auch für die italienischen Faschisten) ein Selbstzweck, zu dem sie sich offen bekannten – ein Kultgegenstand. Der Kommunismus war in allen seinen Ausformungen ebenfalls eine innerweltliche Erlösungsreligion. Aber niemals konnte oder wollte er seine intellektuelle Prägung durch die Hegelsche Philosophie leugnen, von der Marx behauptete, er habe sie vom Kopf auf die Füße gestellt. Entsprechend «dialektisch» fielen und fallen die Rechtfertigungen von Gewalttaten aus. Aber läßt sich daraus ein Anspruch auf mildernde Umstände bei der Beurteilung kommunistischer Verbrechen ableiten? Und will man es ernsthaft als entlastenden Faktor bewerten, daß kommunistische Regime, die ein gewisses Alter erreicht hatten, auf den offenen totalitären Massenterror verzichten konnten, nachdem sein Zweck, die Unterwerfung der Menschen, weitgehend erreicht war?

Die Geschichte des zwanzigsten Jahrhunderts zeigt, daß Menschheitsverbrechen auch unter Berufung auf das Ziel der Befreiung der Menschheit und im Namen von Gleichheit, Gerechtigkeit und Fortschritt begangen werden können. Doch es gibt keinen idealen Zweck, der es rechtfertigen würde, zu seiner Verwirklichung ein System der Unterdrückung zu errichten. Das «Schwarzbuch» könnte, bei allen seinen Mängeln, dazu beitragen, daß sich diese Einsicht auch bei jenen durchsetzt, die den Kommunismus noch immer für eine gute Idee halten, die leider nur schlecht durchgeführt wurde.

5. GRIFF NACH DER DEUTUNGSMACHT

ZUM TOD DES HISTORIKERS FRITZ FISCHER

Dezember 1999

Ohne ihn hätten die Deutschen ein anderes Geschichtsbild: Das kann man von kaum einem deutschen Historiker des 20. Jahrhunderts mit so viel Recht sagen wie von Fritz Fischer, der am Mittwoch [1. Dezember 1999] im Alter von 91 Jahren in Hamburg gestorben ist. Im Jahre 1961 erschien das Buch, das ihn mit einem Schlag berühmt machte: «Der Griff nach der Weltmacht. Die Kriegszielpolitik des kaiserlichen Deutschland 1914/1918». Es war ein Großangriff auf die von Generationen von deutschen Historikern gelehrte, von Generationen von Deutschen geglaubte Auffassung, das Deutsche Reich treffe keine besondere Schuld am Ausbruch des Ersten Weltkriegs, und folglich habe Deutschland gut daran getan, sich nach 1918 gegen die «Kriegsschuldlüge» der Sieger zur Wehr zu setzen.

Fischer bemühte sich im «Griff nach der Weltmacht» und weiteren Veröffentlichungen, darunter dem 1969 vorgelegten Buch «Der Krieg der Illusionen. Die deutsche Politik von 1911 bis 1914», um den Nachweis, dass die Reichsleitung nach dem Attentat von Sarajevo alles getan habe, um die Habsburgermonarchie in einen Krieg mit Serbien hineinzutreiben und damit sehenden Auges den großen Krieg auszulösen. Der Erste Weltkrieg, nach dem Urteil des amerikanischen Historikers und Diplomaten George F. Kennan die «Urkatastrophe dieses Jahrhunderts», war Fischer zufolge für Deutschland kein Verteidigungskrieg, sondern ein Krieg um die Vormachtstellung in Europa und um den Aufstieg zur Weltmacht. Die Belege, die der Hamburger Historiker zu Gunsten dieser These beibrachte, waren erdrückend und bedrückend. Denn viele der belastenden Dokumente aus den Akten des Auswärtigen Amtes hatten schon der ersten Koalitionsregierung der Weimarer Republik, dem Kabinett Scheidemann, im Frühjahr 1919 vorgelegen. Doch gegen den Rat des sozialdemokratischen Reichspräsidenten Friedrich Ebert entschied sich damals die Mehrheit der Minister gegen eine Veröffentlichung. Zu groß war ihre Furcht, sie könnten mit einem Eingeständnis deutscher Schuld den Siegern in die Hände arbeiten. Die Zurückhaltung der Demokraten erleichterte das Geschäft der nationalistischen Rechten. Diese verbreitete fortan jene Kriegsunschuldlegende, die für Hitlers Aufstieg zur Macht ähnlich wichtig werden sollte wie ihre Zwillingsschwester, die Dolchstoßlegende.

Die Thesen Fischers lösten heftigen Widerspruch aus, aber sie setzten sich in der Hauptsache durch. Auf dem Berliner Historikertag vom Oktober 1964 fielen die Würfel. In einer mehrstündigen Redeschlacht behauptete sich Fischer, unterstützt von jüngeren Historikern und auch von Fritz Stern, gegen die meisten Einwände seiner Widersacher. Die «Fischer-Debatte» war der erste große Historikerstreit der Bundesrepublik, der die Öffentlichkeit insgesamt erregte. Was wir heute «Geschichtskultur» nennen, bildete sich in der ersten Hälfte der sechziger Jahre heraus. Das gebildete West-Deutschland nahm Abschied von deutschnationalen Legenden und entwickelte ein selbstkritisches Verhältnis zu seiner nationalen Tradition. Die Öffnung der Bundesrepublik gegenüber der politischen Kultur des Westens erhielt in jenen Jahren, also geraume Zeit vor 1968, ihr historisches Fundament. Kein Wissenschaftler hatte daran so viel Anteil wie Fritz Fischer.

Von Hause aus war der gebürtige Franke evangelischer Theologe. In diesem Fach hatte er sich 1935 in Berlin habilitiert. Die theologischen Wurzeln seines Denkens blieben auch im Werk des Historikers erkennbar: Fischer ging es, gut lutherisch, immer um die Frage von persönlicher Verantwortung und Schuld. Dabei überzog er nicht selten. Strukturen interessierten ihn weniger als Persönlichkeiten; den Vergleich der deutschen Politik mit der Politik anderer Mächte sparte er aus. Er spitzte seine Thesen im Verlauf der Zeit immer mehr zu und betonte die Kontinuität der deutschen Eliten im 20. Jahrhundert schließlich so stark, dass das Neue an Hitlers Politik darüber fast verblasste. Die Erfahrung des Zweiten Weltkriegs prägte seine Sicht des Ersten, und daraus erklären sich manche seiner Einseitigkeiten, die von der Forschung inzwischen korrigiert worden sind. Der Lebensleistung dieses Historikers tut das keinen Abbruch. Fritz Fischer hat den Deutschen geholfen, sich aus der Gefangenschaft von Geschichtslegenden zu befreien, die zu nationalen Lebenslügen geworden waren. Sein moralischer Mut war nicht minder ausgeprägt als sein wissenschaftlicher Erkenntnisdrang. Die Deutschen haben Grund, Fritz Fischer dankbar zu sein.

6. EIN DENKER DES JAHRHUNDERTS DER EXTREME

AM 15. APRIL 2008 WÄRE RICHARD LÖWENTHAL 100 JAHRE ALT GEWORDEN

April 2008

Sein 80. Geburtstag am 15. April 1988 war der letzte runde, den Richard Löwenthal noch erlebte. Der emeritierte Professor für Politische Wissenschaften, streitbare Publizist und engagierte Sozialdemokrat feierte diesen Tag zusammen mit Freunden und ehemaligen Schülern. Beim Abendessen in einem Berliner Hotel traten die Gäste aus dem In- und Ausland in einen Wettstreit um das schönste Bonmot, das sie von «Rix» gehört hatten. Die Auswahl war groß. Mir hat sich eines besonders eingeprägt: Bei einer Diskussion in den frühen Achtzigerjahren erwähnte ein Teilnehmer, dass Bundesinnenminister Friedrich Zimmermann (CSU) wieder einmal die Endgültigkeit der deutsch-polnischen Grenze an Oder und Neiße in Frage gestellt habe. Löwenthals lakonischer Kommentar: «Polen zwischen Zar und Zimmermann».

Sein Witz und seine Schlagfertigkeit waren legendär. Sein Mut war es nicht minder. Während der Jahre der Studentenrebellion vor und nach 1968 suchte Richard Löwenthal immer wieder die öffentliche Auseinandersetzung mit den jungen Radikalen, auch mit Rudi Dutschke, den er einmal einen «verwirrten Mann guten Willens» nannte. Bei einer Redeschlacht im Auditorium Maximum der Freien Universität Berlin im Jahre 1967 saß «Rix» zusammen mit Dutschke auf dem Podium. Der Studentenführer las längere Passagen aus einer marxistischen Analyse des Faschismus vor, die ein gewisser Paul Sering 1935 in der Prager *Zeitschrift für Sozialismus* veröffentlicht hatte. Dutschke lobte die Thesen des Autors und enthüllte dann seine Identität: «Paul Sering» war das Pseudonym

Richard Löwenthals gewesen. Der Ex-Marxist bedankte sich höflich: «Ich freue mich, dass ich in Rudi Dutschke einen posthumen Schüler gefunden habe.»

Dem Marxismus in seiner radikalsten Form hatte sich Löwenthal in früher Jugend zugewandt. Im Sommer 1926, im Alter von 18 Jahren, war der Sohn einer bürgerlichen jüdischen Familie, nunmehr Student der Nationalökonomie im ersten Semester an der Universität seiner Heimatstadt Berlin, aus Protest gegen die herrschenden gesellschaftlichen und politischen Verhältnisse der Kommunistischen Partei Deutschlands und ihrer Studentengruppe, der «Kostufra» (Kommunistische Studentenfraktion), beigetreten. Als Nachfolger seines intellektuellen Mentors und Freundes Franz Borkenau übernahm er Ende 1927 oder Anfang 1928 die Leitung des Studentenverbandes. Kurz darauf vollzog die Kommunistische Internationale jene «ultralinke Wende», in deren Vollzug die Sozialdemokraten zu einem Flügel des Faschismus erklärt und als «Sozialfaschisten» diffamiert wurden. Löwenthal und Borkenau lehnten den neuen Kurs ab und provozierten Ende 1929 durch einen «Disziplinbruch» ihren Ausschluss aus der KPD.

Damit begann eine längere politische Wanderung des jungen Löwenthal: von der rechtskommunistischen «KPO» (Kommunistische Partei-Opposition) über die 1933 gegründete linkssozialistische Gruppe «Neu-Beginnen» in die Sozialdemokratie. Nach der Machtübertragung an Hitler arbeitete Löwenthal, inzwischen in Heidelberg zum Dr. phil. promoviert, zwei Jahre lang im sozialistischen Widerstand, also im «Untergrund». Finanziell hielt er sich dadurch über Wasser, dass er Studenten bei der Abfassung ihrer Doktorarbeiten «half». 1935 sah er sich zur Emigration gezwungen. Über Prag gelangte er nach Paris und London und über die politische Publizistik zum Journalismus.

Zwei Jahre nach Kriegsende erschien (noch unter dem Namen «Paul Sering») in einem kleinen Nürnberger Verlag sein erstes Buch, das in der wiedergegründeten SPD und vor allem bei ihren jüngeren Intellektuellen großen Widerhall fand. Es hieß «Jenseits des Kapitalismus» und trug den Untertitel «Ein Beitrag zur sozialistischen Erneuerung». In Großbritannien endgültig zum Sozialdemokraten gereift, analysierte Löwenthal in dieser Schrift die historischen Ursachen der Spaltung der marxistischen Arbeiterbewegung in Sozialdemokraten und Kommunisten, die russische

Rückständigkeit als Bedingung des Charakters des Bolschewismus, die Gründe für den Aufstieg und den Triumph faschistischer Bewegungen nach dem Ersten Weltkrieg und die Chancen, den Verlauf kapitalistischer Wirtschaftskrisen durch staatliche Konjunkturpolitik zu mildern. Löwenthals Ortsbestimmung der Gegenwart mündete in ein Plädoyer für die Verwirklichung eines freiheitlichen «demokratischen Sozialismus» als Alternative zum amerikanischen Kapitalismus und zum totalitären Kommunismus der Sowjetunion. Nur wenn das freie Europa und das britische Commonwealth sich gemeinsam dieser Vision einer neuen Gesellschaft verschrieben, hatten sie nach der Überzeugung des Autors noch eine Möglichkeit, sich in der Welt zu behaupten: als «dritte Kraft» zwischen den Vereinigten Staaten und der Sowjetunion.

1948, im Jahr der Berlin-Blockade und der Luftbrücke, kehrte Löwenthal als Korrespondent der britischen Nachrichtenagentur Reuters nach Deutschland zurück und wurde nach ausgedehnten Studienreisen 1954 außenpolitischer Leitartikler des Londoner «Observer». Die Erfahrung des Kalten Krieges überzeugte Löwenthal rasch, dass Europa als «dritte Kraft» eine Illusion war. Er wurde zum leidenschaftlichen Verteidiger des Atlantischen Bündnisses und einem international angesehenen Analytiker des Weltkommunismus und der internationalen Beziehungen. Er schrieb für deutsche, englische, amerikanische, französische und italienische Zeitschriften und legte 1957 eine zusammen mit Willy Brandt verfasste Biografie Ernst Reuters, des Oberbürgermeisters und später Regierenden Bürgermeisters von Berlin, in den dramatischen Jahren zwischen der Blockade und dem Arbeiteraufstand vom 17. Juni 1953 vor – eine Darstellung, die Löwenthal wohl auch deshalb reizte, weil Reuter wie er selbst erst Kommunist gewesen war, ehe er sich den Sozialdemokraten anschloss. Nach einem Forschungsaufenthalt, den er 1959/60 am Russian Research Center der Harvard-Universität verbrachte, erhielt Löwenthal 1961 einen Ruf auf den ersten und einzigen Lehrstuhl für Außenpolitik am Otto-Suhr-Institut der Freien Universität Berlin.

Eine bessere Wahl hätte die Alma mater in Dahlem nicht treffen können. Richard Löwenthal war ein begnadeter akademischer Lehrer. Er sprach meist frei und stets prägnant und druckreif, er diskutierte mit Leidenschaft und blieb auf keine Frage eine Antwort schuldig. Dem studentischen Ruf nach einer Reform der Ordinarienuniversität verschloss er sich nicht, dem «romantischen Rückfall» der Achtundsechziger und dem zunehmenden Dogmatismus des SDS, des Sozialistischen Deutschen Studentenbundes, aber trat er mit schneidender Schärfe und beißender Ironie entgegen. «Marxistische Methoden in der Wissenschaft ja, leninistische Methoden in der Hochschulpolitik nein»: Das war die einprägsame Formel in einer öffentlichen Erklärung, mit der er 1971 eine Gruppe jüngerer Hochschullehrer, zu der auch ich gehörte, bei ihren Bemühungen um eine Abkehr von dem gescheiterten Modellversuch mit der «Drittelparität», der gleich starken Vertretung von Professoren, Assistenten und Studenten im Institutsrat des Otto-Suhr-Instituts, unterstützte.

Im Zuge der hochschulpolitischen Auseinandersetzungen hatte Löwenthal 1970 zusammen mit liberalen und konservativen Professoren den «Bund Freiheit der Wissenschaft» gegründet, der der Zerstörung der Universitäten durch studentischen Radikalismus und politischen Opportunismus wirksamen Widerstand entgegensetzen wollte. Mit konservativen Demokraten könne man kooperieren, mit linken oder rechten Antidemokraten jedoch nicht, erläuterte er gegenüber jüngeren Kollegen seine aktive Mitwirkung bei dieser Initiative. Als der «BuF» sich auch gegen die sozialdemokratische Schulpolitik wandte, trat Löwenthal 1978 aus. Innerhalb der Sozialdemokratie stand er längst auf dem «rechten» Flügel; ja er wurde immer mehr zu dessen intellektuellem Wortführer. Ende 1970 verfasste er im Auftrag des Parteivorstands jenen «Abgrenzungsbeschluss», der die «friedliche Koexistenz» zwischen Staaten mit unterschiedlicher Gesellschaftsordnung bejahte, einer «ideologischen Koexistenz» mit den Kommunisten aber eine Absage erteilte. Der Adressat des Beschlusses waren die Hochschulgruppen der Jungsozialisten, die zu jener Zeit immer wieder Bündnisse mit kommunistischen Gruppen eingingen.

Elf Jahre später, Ende 1981, schrieb Löwenthal, mittlerweile Mitglied der Grundwertekommission der SPD, ein Thesenpapier, in dem er der unter den Grünen weitverbreiteten Meinung, die Industriegesellschaft sei ein geschichtlicher Irrweg der Menschheit, scharf widersprach und jede Zusammenarbeit zwischen SPD und Grünen strikt ablehnte. Nachdem mehrere prominente Sozialdemokraten, darunter Herbert Wehner, auf Bitten von Annemarie Renger, der damaligen Vizepräsidentin des Bundestages, das Manifest unterschrieben hatten, kam es zum Eklat. Der Parteivorsitzende Willy Brandt, ein langjähriger Weggefährte und Freund

Löwenthals, empfand die Erklärung zurecht als Kampfansage an seinen Kurs einer gezielten Öffnung gegenüber den Grünen und der von ihnen mitgetragenen pazifistischen und neutralistischen «Friedensbewegung». Es sollten einige Jahre vergehen, bis es zu einer Aussöhnung zwischen Brandt und Löwenthal kam.

Größere Bücher hat Löwenthal nach seiner Reuter-Biografie nicht mehr geschrieben. Mehrfach aber fasste er seine Analysen der internationalen Beziehungen, der Wandlungen des Kommunismus und der westlichen Industriegesellschaften in gewichtigen Aufsatzbänden zusammen: «Chruschtschow und der Weltkommunismus», «Gesellschaftswandel und Kulturkrise» und «Weltpolitische Betrachtungen» sind die drei einschlägigen Titel. Zu dem von Hans-Peter Schwarz und ihm herausgegebenen Band «Die zweite Republik», der 1974 aus Anlass des 25. Jahrestages der Gründung der Bundesrepublik erschien, steuerte er eine eindringliche Studie über die deutsche Außenpolitik von Adenauer bis Brandt bei. 1965, zu Beginn der Ära Breschnew, gelangte er zu dem hellsichtigen Schluss, dass sich unter Chruschtschow die totalitäre Dynamik der Sowjetunion erschöpft hatte, während ihre totalitären Institutionen sich noch immer behaupteten.

Löwenthal war ein entschiedener Befürworter der Ostpolitik der Regierung Brandt-Scheel und ein früher Kritiker des amerikanischen Krieges in Vietnam. Er verteidigte, ganz im Sinne des zweiten sozialdemokratischen Bundeskanzlers Helmut Schmidt, den «Doppelbeschluss» der NATO, mit dem das westliche Bündnis im Dezember 1979 die sowjetische Hochrüstung auf dem Gebiet der Mittelstreckenraketen beantwortete. Die Allianz bot Moskau Verhandlungen über eine Beschränkung der «eurostrategischen» Waffen an und legte sich für den Fall, dass die Verhandlungen scheitern sollten, auf eine westliche «Nachrüstung» fest.

Zu einem neuerlichen Konflikt mit Brandt und der Parteimehrheit, die einer Nachrüstung immer deutlicher widersprachen, wollte es Löwenthal aber nicht kommen lassen. Das Scheitern der Raketenverhandlungen nahm er zum Anlass, den USA mangelnde Kompromissbereitschaft vorzuwerfen. Ende Mai 1983, acht Monate nach dem zweiten Bonner Machtwechsel, der Ablösung Helmut Schmidts durch den Christdemokraten Helmut Kohl, lehnte er es ab, an jenem «Professorenmanifest» mitzuwirken, in dem sozialdemokratische Hochschullehrer die

SPD vor sicherheitspolitischen Illusionen und einer Politik der «Äquidistanz» gegenüber Washington und Moskau warnten. Als sich die SPD im November 1983 auf ihrem Kölner «Raketenparteitag» mit überwältigender Mehrheit gegen eine Nachrüstung aussprach, gehörte er zum Bedauern mancher seiner jüngeren Freunde nicht zu denen, die der kleinen Minderheit der Antragsgegner um Helmut Schmidt öffentlich den Rücken stärkten.

Am 9. August 1991 starb Richard Löwenthal nach langer schwerer Krankheit. Ein spürbar bewegter Willy Brandt hielt bei der Gedenkfeier im Schöneberger Rathaus eine seiner letzten großen Reden, in der er das politische Wirken des toten Freundes würdigte, aber auch freimütig von dem sprach, was ihn und «Rix» zeitweilig entzweit hatte. Einen «Nachfolger» hat Löwenthal nicht gefunden: weder als Vordenker der Sozialdemokratie noch als Analytiker der Weltpolitik. Er war eine intellektuelle Ausnahmeerscheinung, geprägt durch das «Jahrhundert der Extreme», wie der Historiker Eric Hobsbawm die Zeit vom Ausbruch des Ersten Weltkriegs bis zur Auflösung der Sowjetunion genannt hat.

Löwenthal verfügte über die Fähigkeit, das aktuelle Geschehen sofort in den Gang der Geschichte einzuordnen und in aktuellen Vorgängen die Entwicklungen zu erkennen, die erst keimhaft in ihnen angelegt waren. Die Werte, für die er focht, waren die des Westens. Wer wissen will, was diesen Westen ausmacht und wofür er einzustehen hat, tut auch heute noch gut daran, Richard Löwenthal zu lesen.

7. HELLAS STATT HOLOCAUST?

JÜRGEN HABERMAS, EGON FLAIG UND DER «HISTORIKERSTREIT» VON 1986

Juli 2011

Was mag im Kopf eines Zeitgenossen vorgehen, der zum ersten Mal im Leben am 13. Juli 2011 durch einen Beitrag des Rostocker Althistorikers Egon Flaig auf den Wissenschaftsseiten der *Frankfurter Allgemeinen Zeitung* etwas über den «Historikerstreit» des Jahres 1986 erfahren hat? Nur auf diesen Artikel angewiesen, wird er vermuten müssen, dass der berühmte Philosoph Jürgen Habermas – Flaig zufolge ein ziemlich ungebildeter Patron – am 11. Juli 1986 in der *ZEIT* über den Berliner Historiker Ernst Nolte und drei seiner Kollegen hergefallen ist, um sie mithilfe von Zitatverkrümmungen und «Tricks», wie sie im «Lumpenjournalismus» (Flaig) üblich sind, an den Pranger zu stellen. Dabei hätten, meint Flaig, die Beschuldigten nur eine «Mahnung» ausgesprochen, «nämlich, dass die Vergangenheit der Deutschen nicht zwölf Jahre beträgt, sondern ein gutes Jahrtausend und [...] dass die Vergangenheit der Deutschen als Teil der europäischen Kultur mindestens bis zur griechischen Klassik zurückreicht».

Dankenswerterweise nennt Flaig das Buch, in dem man die Debatte von 1986 nachlesen kann: den im Jahr darauf erschienenen Band «Historikerstreit. Die Dokumentation der Kontroverse um die Einzigartigkeit der nationalsozialistischen Judenvernichtung». Wer sich dort kundig macht, wird freilich feststellen, dass der Disput anders verlief, als Flaig es darstellt. Den «Historikerstreit» löste Ernst Nolte am 6. Juni 1986 mit seinem in der FAZ veröffentlichten Aufsatz «Vergangenheit, die nicht vergehen will» aus. Darin versuchte er, die Vernichtung der europäischen

Juden aus Stalins Verbrechen abzuleiten und Hitlers Vorgehen als einen Akt der Putativnotwehr verstehbar zu machen. Nolte stellte Fragen, die sich von selbst zu beantworten schienen. «Vollbrachten die Nationalsozialisten, vollbrachte Hitler eine ‹asiatische› Tat vielleicht nur deshalb, weil sie sich und ihresgleichen als potentielle oder wirkliche Opfer einer ‹asiatischen› Tat betrachteten? War nicht der ‹Archipel GULag› ursprünglicher als Auschwitz? War nicht der ‹Klassenmord› der Bolschewiki das logische und faktische Prius des ‹Rassenmords› der Nationalsozialisten?» Das war der Text, der Habermas den Anstoß zu seiner scharfen (und, was Noltes angebliche Mitstreiter anging, nicht eben differenzierten) Replik gab – der Text, ohne den der «Historikerstreit» nicht stattgefunden hätte.

Flaig lockt seine Leser kaum absichtslos auf eine falsche Fährte. Würde er, wie es einem Historiker geziemt, Noltes Text als Quelle ernst nehmen und kritisch interpretieren, könnte er ihn nicht als unvoreingenommenen Versuch deuten, die zwölf Jahre der nationalsozialistischen Herrschaft in die großen Zusammenhänge der deutschen und europäischen Geschichte einzuordnen. Er müsste vielmehr zu dem Schluss gelangen, dass es Nolte um eine Apologie jenes Deutschland ging, das sich 1933 oder schon vorher Hitler zugewandt hatte. Diese Absicht aufzudecken konnte aber nicht im Sinn des Autors Flaig sein. Denn ihn leitet dasselbe Motiv wie Nolte: Es ist der Wunsch nach einer Apologie des bürgerlichen Deutschland.

Egon Flaig glaubt oder gibt zu glauben vor, dass alle Hinweise auf die Einzigartigkeit der nationalsozialistischen Judenvernichtung einem einzigen großen Zweck dienen: der moralischen Erpressung der Deutschen «durch die anderen Völker» und durch deutsche Autoren, die diesen nach dem Munde reden. Einem der Autoren, die auf der Einzigartigkeit der Shoah insistieren, dem in Leipzig und Tel Aviv lehrenden Historiker Dan Diner, wirft Flaig «Einschüchterung» durch «moralischen Terror» vor, und das deshalb, weil Diner es 1987 als eine «narzisstische Kränkung» bezeichnet hat, «einem Ereignis ausgesetzt zu sein, das sich menschlicher Vorstellungs- und Fassungskraft entzieht». Gemeint ist die Ermordung der europäischen Juden.

Der Vorstellungs- und Fassungskraft von Egon Flaig entzieht sich das Geschehen von Bełżec, Sobibór, Treblinka, Majdanek und Auschwitz offenbar nicht. Er bekennt sich nicht das erste Mal zu dem, was Diner als Gefahr benennt: der vergleichenden «Banalisierung» der Shoah. Erkennen, schreibt Flaig, sei nur möglich, «wenn man so sehr als möglich kontextualisiert, relationiert, relativiert und revidiert». Da das für alle historischen Erscheinungen gelte, muss es nach Flaig auch für das Vernichtungswerk der SS gelten.

Auf welche Weise Flaig die Relativierung des Judenmordes und der anderen gar nicht eigens erwähnten Massenmorde der Nationalsozialisten zuwege bringen will, lässt er in dem von der *FAZ* publizierten Text offen. Hofft er, historische Entlastung durch den Vergleich mit den Verbrechen Lenins und Stalins, Maos und Pol Pots zu finden? Sonderlich originell wäre das nicht. Wie auch immer, am Ziel allen Kontextualisierens, Relationierens, Relativierens und Revidierens lässt er keinen Zweifel aufkommen – es geht ihm darum, den Deutschen das «Grundrecht jeder Generation auf Erden» zu sichern: die «Normalität». Dieses Grundrecht wird ihnen nämlich von «Habermas und seinesgleichen» (im Einklang mit den schon erwähnten «anderen Völkern») verweigert: «Abnormalität als Dauerzustand, verhängt von moralisierenden Fanatikern? Kann das gut gehen?» – «Natürlich nicht», pflegte Stalin solche selbst gestellten rhetorischen Fragen zu beantworten. Flaig variiert: «Gewiss nicht.»

Der Autor kennt auch die wahren Motive der «moralisierenden Fanatiker». Sie wollten, dass die Abnormalität der Deutschen bewahrt bleibe. Andernfalls ließe sich deren «mythische Einzigartigkeit» nicht länger behaupten. «Einzigartigkeit» aber sei etwas, was nicht an den Dingen selber hafte, sondern ihnen vom Betrachter zugeschrieben werde, um einem Ereignis eine spezifische «Bedeutung» zu verleihen. Das reflektierende Subjekt ist dabei völlig frei, kein semantischer Gerichtshof schreibt ihm irgendetwas vor. Flaig weiß seine Freiheit zu nutzen: «Und wenn ich behaupte, die athenische Demokratie sei ebenso einzigartig wie die Shoah, dann kann ich dafür einen guten Grund nennen: Sie ist nämlich für mich bedeutsamer als die Shoah.»

Dieses Argument ist nun wirklich originell. Denn im Zusammenhang mit der Ermordung der europäischen Juden ist es, außer von Flaig, noch nicht vorgetragen worden. Es gibt zwar Historiker, welche die viel gerühmte Demokratie des Perikles für einen Mythos halten – beginnend mit Thukydides, der in seiner Würdigung des großen athenischen Staatsmannes schreibt, seine Regierungsweise sei «angeblich eine Demokratie gewesen, in Wirklichkeit aber zur Herrschaft durch den ersten Mann geworden». Doch darüber mag der in seinem Fachgebiet mehrfach durch Preise und Ehrungen ausgezeichnete Althistoriker Flaig anders denken – wie es auch sein gutes Recht wäre, die Art und Weise für vorbildlich zu halten, mit der ein Volksgericht der Athener das öffentliche Wirken des Sokrates dauerhaft unterband. Dass Flaig den Holocaust für ein minder bedeutsames Ereignis hält, würde, falls er diese Auffassung auch in seinen Vorlesungen verkünden sollte, unter die Freiheit der Lehre fallen. Er leugnet die Judenvernichtung ja nicht. Er findet nur, wie ganz ähnlich schon vor vielen Jahren der Althistoriker Franz Josef Strauß, dass man die Deutschen aufgrund sonstiger guter Leistungen nicht dauernd mit Auschwitz behelligen sollte.

Flaig weiß, was den Deutschen zur ersehnten Normalität verhelfen kann: Es ist die Besinnung auf jenes schon erwähnte deutsche und europäische Kulturerbe, das im klassischen Hellas wurzelt. «Denn von dort stammt der Großteil jener politischen Errungenschaften, aus denen sich die ‹westliche Kultur› so lange gespeist hat. Wenn diese Errungenschaften für uns von Bedeutung sind, dann ist es grober Unfug, dass die Erinnerung an die Untaten des NS-Regimes den Kern unserer Memorialkultur darstellen soll. Denn das kulturelle Gedächtnis jedweder politischen Gemeinschaft muss notwendigerweise nicht nur die mala, sondern auch die bona exempla einschließen.»

Nun wissen wir also, was Egon Flaig im Innersten von Habermas, Diner und einigen irregeleiteten deutschen Historikern trennt. Im gegnerischen Lager erzeugt man nach Flaigs Meinung Mythen, «indem man das historisch Besondere isoliert, es aus dem Kontext herauslöst und den Kontext mit wuchtigen Schlägen zertrümmert und pulverisiert. Das radikal dekontextualisierte Besondere lässt sich dann bequem auf ein Podest stellen. Und dann braucht man bloß noch den Weihrauch schwenken. Der Tanz ums goldene Kalb ‹Unerklärbarkeit› kann beginnen.»

Falls Flaig weiß, wie der Holocaust zu erklären ist, hat er die Leserinnen und Leser der *FAZ* an diesem Wissen leider nicht teilhaben lassen. Erklären lässt sich aber durchaus, was die Ermordung der europäischen Juden bis heute so vielen, vielleicht den meisten, die sich damit befassen, als «einzigartig» erscheinen lässt: Es ist die systematische, industrielle Menschenvernichtung durch ein Land, von dem man dies auch zu Beginn des Zweiten Weltkrieges noch nicht erwartet hätte. Deutschland gehörte kulturell zum Westen, es hatte die großen europäischen Emanzipationsprozesse seit dem Mittelalter mit vollzogen, ja im Fall der Reformation in Gang gesetzt. Es hatte teilgehabt an der europäischen Aufklärung und im 19. Jahrhundert einen Rechtsstaat hervorgebracht, der westlichen Maßstäben entsprach. Es war als Sozialstaat ein Vorbild für andere geworden; es war zu Beginn des 20. Jahrhunderts ein hoch entwickeltes Industrieland und eine der führenden Wissenschaftsnationen der Welt.

Der Rostocker Historiker beruft sich auf den europäischen und westlichen Kontext, um dem Holocaust eine mindere Bedeutung zuzuweisen. In Wirklichkeit war es ebendieser westliche Kontext Deutschlands, der die westlichen Demokratien so auf die Ermordung der europäischen Juden reagieren ließ, wie sie es taten. «Es besteht kein Zweifel», schrieb der britische Kriegspremier Winston Churchill – ein für Flaig allerdings wohl höchst verdächtiger Zeuge – am 11. Juli 1944 im Zusammenhang mit der Deportation der ungarischen Juden an Außenminister Anthony Eden, «dass es sich hier um das wahrscheinlich größte und schrecklichste Verbrechen der ganzen Weltgeschichte handelt, das von angeblich zivilisierten Menschen im Namen eines großen Staates und eines führenden Volkes Europas mit wissenschaftlichen Mitteln verübt wird.»

Der Holocaust war ein Menschheitsverbrechen, begangen von einem Land des alten Okzidents, dessen traditionelle Eliten sich gleichwohl von den Nationen des transatlantischen Westens in einem wesentlichen Punkt unterschieden: Deutschland hatte sich das normative Projekt des Westens, die Ideen der Amerikanischen Revolution von 1776 und der Französischen Revolution von 1789, bis 1918 allenfalls teilweise zu eigen gemacht. Die unveräußerlichen Menschenrechte, die Prinzipien der Volkssouveränität und der repräsentativen Demokratie bildeten keinen Teil der politischen Kultur des Kaiserreiches. Gehorsam gegenüber einem Staat, der als Rechtsstaat per definitionem nichts Unrechtes anordnen konnte, stand beim Bürgertum des Bismarckreiches höher im Kurs als der Gedanke politischer Verantwortung für das Gemeinwesen. Im Ersten Weltkrieg stellten die deutschen Kriegsideologen den «Ideen von 1789» die «Ideen von 1914» gegenüber und präsentierten damit den deutschen Kultur-, Macht- und Obrigkeitsstaat als überlegene Antwort auf die universellen Werte der westlichen Demokratien.

Nach der Niederlage von 1918 galt die parlamentarische Demokratie von Weimar einem großen Teil der meinungsbildenden Eliten als Staatsform der Sieger und darum als «undeutsch» – eine Deutung, der sich Hitler anschloss. Der Nationalsozialismus war die extremste Steigerung des antiwestlichen Ressentiments der Deutschen. Erst nach der zweiten Niederlage im Jahr 1945 setzte im Westteil Deutschlands jener langwierige und widerspruchsvolle Prozess ein, von dem Habermas in seinem Artikel in der *ZEIT* vom 11. Juli 1986 rückblickend schrieb: «Die vorbehaltlose Öffnung der Bundesrepublik gegenüber der politischen Kultur des Westens ist die intellektuelle Leistung unserer Nachkriegszeit, auf die gerade meine Generation stolz sein könnte.»

Von alledem ist bei Flaig mit keinem Wort die Rede. Sein erkenntnisleitendes Interesse ist ein anderes. Er postuliert den historischen Vergleich, aber nicht um den Ort nationalsozialistischer, faschistischer und kommunistischer Völkermorde und anderer Verbrechen gegen die Menschlichkeit in einer europäischen Gedenkkultur bestimmen zu können, sondern um den deutschen Judenmord zu entdramatisieren, seine Singularität als «Banalität» zu entlarven und seine «Sakralisierung» zu bekämpfen. Flaig schreibt weder, wofür es gute Gründe gäbe, gegen eine tagespolitische Instrumentalisierung von Auschwitz an, noch geht er der berechtigten Frage nach, ob beim «Historikerstreit» nicht von beiden Seiten «Geschichtspolitik» betrieben wurde (dieses Wort kam übrigens erst damals auf).

Stattdessen schickt seine Betrachtung zur 25. Wiederkehr der Kontroverse die Leserinnen und Leser der *FAZ* auf eine Zeitreise. Der Autor versetzt sie in die Geisteswelt der fünfziger Jahre, die in Ausläufern bis in die achtziger Jahre dauerte und den Hintergrund des «Historikerstreites» bildet. Es ist die Welt der deutschnationalen Geschichtsapologie, zu deren Versatzstücken es gehörte, dass Deutschland keine besondere Schuld am Ausbruch des Ersten Weltkrieges trug, dass Hitlers Machtübernahme eine Folge des «Diktats von Versailles» und außerdem ein «Betriebsunfall» war, dass die Wehrmacht bis zum bitteren Ende ebenso anständig geblieben war wie die überwältigende Mehrheit der Deutschen und dass, soweit es auf deutscher Seite Verbrechen gab, diese ausschließlich auf das Konto von Hitler, Himmler und ihren Spießgesellen gingen.

Man muss nicht Geschichte studiert haben, um dieses Geschichtsbild, sagen wir es höflich, für überholt zu halten. Aber es ist in Deutschland offenbar noch heute möglich, Geschichte in dem Geist zu lehren, der dieses Geschichtsbild hervorgebracht hat. Das weiß man jetzt auch außerhalb von Rostock.

8. «IN POLEN ENTSCHEIDET SICH DAS SCHICKSAL EUROPAS»

WAS DEUTSCHLAND DEM WIRKEN VON BRONISŁAW GEREMEK UND JERZY HOLZER VERDANKT

2016

Der Zufall wollte es, dass meine erste Reise nach Polen Anfang Juni 1979 zeitlich zusammenfiel mit dem ersten triumphalen Besuch von Papst Johannes Paul II. in seiner Heimat nach der Wahl des Erzbischofs von Krakau zum Pontifex Maximus im Oktober 1978. Anlass meiner Fahrt nach Polen war eine Einladung des Historischen Instituts der Polnischen Akademie der Wissenschaften, wo ich am 7. Juni 1979 einen Vortrag über das Thema «Wandlungen des deutschen Nationalismus» hielt.

Die erste Station der Reise war Krakau. Es folgten Warschau, Danzig und Masuren. Auf der Fahrt nach Danzig hörten wir, meine Frau und ich, immer wieder, so in Thorn, Kulm und Marienburg, aus zahllosen offenen Fenstern die Übertragung von Auftritten des Papstes in Warschau, darunter einer großen «open air»-Messe. Kurz vor Kulm hielt uns eine kleine Gruppe von Angehörigen der offiziellen Jugendorganisation des Regimes auf, die uns in einem fast rührend anmutenden «acte de présence» beweisen zu wollen schien: «Wir sind auch noch da!» Wie zuvor in Warschau waren wir auch in Danzig zutiefst beeindruckt von der wiederaufgebauten Altstadt – einer architektonischen Leistung, zu der es kaum deutsche Parallelen gibt.

Und dann kam, 35 Jahre nachdem ich Anfang August 1944 als Fünfjähriger zusammen mit meiner Mutter und meiner Großmutter meine Geburtsstadt Königsberg in Richtung Württemberg hatte verlassen können, die erste Begegnung mit dem ehemaligen Ostpreußen nach dem

Krieg – und zwar mit dem südlichen Teil, den ich damals noch nicht kennengelernt hatte und dessen landschaftliche Schönheit mich überwältigte: erst Elbing und Frauenburg und die Frische Nehrung, dann die masurische Seenlandschaft und die Rominter Heide. Wir standen in der Nähe von Goldap an Warntafeln, die auf die nahe Grenze zum nördlichen, jetzt sowjetischen Teil des einstigen Ostpreußen, zur Kaliningradskaja Oblast, hinwiesen, und ich dachte mir: Königsberg werde ich wohl nie wiedersehen. Es sollte dann, zweieinhalb Jahre nach der Auflösung der Sowjetunion, doch noch anders kommen: Im Juli 1994 stand ich vor meinem (unzerstörten) Geburtshaus im Vorort Juditten.

Meine erste Polenreise hatte eine Vorgeschichte, die Ende 1977 oder Anfang 1978 in Washington begann. Ich nahm damals ein Stipendium am Woodrow Wilson International Center for Scholars wahr. Unter den Fellows war auch der polnische Ideenhistoriker Andrzej Walicki. Eines Tages machte er mich mit einem neu eingetroffenen Warschauer Kollegen, dem Mediävisten Bronisław Geremek, bekannt. Wir freundeten uns rasch an. Ich diskutierte mit «Bronek» über seine Studien zur Sozialgeschichte des späten Mittelalters, über die (das war *sein* Begriff) «Modernisierungsdiktatur» des Deutschen Ritterordens im späteren Ostpreußen, vor allem aber über die Chancen der polnischen Opposition, die kommunistische Diktatur zu überwinden und Polen in ein freies Land zu verwandeln. Geremek interessierte sich seinerseits für einen kleinen Aufsatzband, dessen Korrekturfahnen ich gerade las («Revolution, Staat, Faschismus. Zur Revision des Historischen Materialismus», Göttingen 1978) und besonders für meine Marx-Kritik in den Texten «Zum Verhältnis von bürgerlicher und proletarischer Revolution bei Marx und Engels» (meine Freiburger Antrittsvorlesung vom November 1973) und «Primat der Ökonomie? Zur Rolle der Staatsgewalt bei Marx und Engels».

Nach Freiburg zurückgekehrt, lud ich Bronisław Geremek zu einem Gastvortrag an die Albert-Ludwigs-Universität ein. Er kam, sprach über die Armut und die sozialen Randschichten im Spätmittelalter, diskutierte mit Freiburger Kollegen, darunter dem kurz zuvor aus den USA nach Deutschland zurückgekehrten Sozialhistoriker Hans Rosenberg, führte Gespräche über die jüngste Entwicklung in Polen und lud mich zu einem Gegenbesuch nach Warschau ein.

Während unseres Aufenthaltes in der polnischen Hauptstadt wohnten wir bei einem anderen polnischen Historiker, unserem Freund Jerzy Holzer, dem Autor des bemerkenswerten, 1975 in Wiesbaden erschienenen Buches «Parteien und Massen. Die politische Krise in Deutschland 1928–1930», und seiner Frau, der Historikerin Barbara Holzerova. In Warschau lernten wir auch Broneks Frau, die Althistorikerin Hanna Geremka, kennen. Wir waren beeindruckt von der offenen, gänzlich undoktrinären Diskussion nach meinem Vortrag an der Akademie der Wissenschaften – unvorstellbar, dass dergleichen in der DDR oder einem anderen Land des «Ostblocks» möglich gewesen wäre.

Noch offener und rückhaltloser wurde außerhalb der Diensträume von Akademie und Universität debattiert und kritisiert. In Polen gab es die aus der Teilungszeit, genauer gesagt, aus dem russischen «Kongresspolen», stammende, unter der deutschen Besatzung nach 1939 wiederbelebte Tradition der «fliegenden Universität», die in wechselnden Privatwohnungen zusammenkam. Hier wurde intellektueller und politischer Widerspruch eingeübt; die Zivilgesellschaft hatte hier eine ihrer stärksten Bastionen. Polen war anders als die anderen Staaten des Warschauer Paktes: freier, pluralistischer, westlicher. Mit diesem Eindruck, in dieser Gewissheit fuhren wir Mitte Juni 1979 in den deutschen Südwesten zurück.

Im August 1980, rund ein Jahr nach der ersten Visite von Papst «Jan Pawel» in seiner Heimat, geschah das «Wunder von Danzig», das es ohne die Massenmobilisierung vom Juni 1979 wohl gar nicht gegeben hätte: die Gründung der unabhängigen selbstverwalteten Gewerkschaft Solidarność in der Danziger Leninwerft. Eine unabhängige Gewerkschaft in einem kommunistischen Staat: das bedeutete einen Bruch mit Lenins Theorie von den Gewerkschaften als bloßem «Transmissionsriemen» der kommunistischen Partei und damit eine Infragestellung der Grundlagen des «real existierenden Sozialismus». Geremek gehörte zu den engsten Beratern des Gewerkschaftsgründers Lech Wałęsa, Holzer zum Kreis der intellektuellen Unterstützer. Geremek mahnte die Aktivisten der neuen Massenbewegung immer wieder, besonnen vorzugehen und der Sowjetunion keinen Vorwand für eine militärische Intervention nach dem Prager Vorbild von 1968 zu liefern – eine Haltung, mit der er sich viele Gegner innerhalb von Solidarność schuf.

Ein militärisches Eingreifen der Warschauer-Pakt-Staaten schien mehrfach unmittelbar bevorzustehen. Es wurde aber, wie Jerzy Holzer später belegen konnte, nicht ernsthaft geplant. Moskau, durch den Krieg in Afghanistan seit 1979 ohnehin schon militärisch stark in Anspruch genommen, setzte vielmehr auf eine «polnische Lösung» des Machtkampfes zwischen Solidarność und dem Regime, wie sie dann am 13. Dezember 1981 in Form der Verhängung des Kriegsrechts durch den Ministerpräsidenten, Armeegeneral Jaruzelski erfolgte. Geremek war unter den Ersten, die interniert wurden. Gegen ihn, der wie der wenig später ebenfalls internierte Holzer aus einer jüdischen Familie stammte und den Holocaust nur mit knapper Not überlebt hatte, lief eine perfide, von der nationalistischen «Grünwald-Gruppe» gesteuerte antisemitische Kampagne an. Anfang 1982 trat er in einen zweiwöchigen Hungerstreik, der ihn in akute Lebensgefahr brachte. Viel später als die meisten anderen Internierten kam er erst Ende 1982 frei. Am 17. Mai 1983 wurde er jedoch erneut verhaftet und ins Warschauer Rakowiecki-Gefängnis gebracht. Die Freilassung erfolgte Ende Juli 1983 im Zuge der Aufhebung des Kriegsrechts und einer damit verbundenen politischen Amnestie – beides Ereignisse, die im Zusammenhang mit dem zweiten Papstbesuch in Polen im Juni 1983 standen.

Am 19. Mai 1983 trafen meine Frau und ich zu unserem zweiten Besuch in Polen ein – und waren erstaunt, dass auf unser Glockenzeichen in der uliza Piwna 25 in der Warschauer Altstadt niemand reagierte. Von einem nahegelegenen Restaurant aus riefen wir Jerzy Holzer an, der uns bat, sofort zu ihm zu kommen. Dort erfuhren wir von Geremeks neuerlicher Verhaftung. Das erste, was wir auf dem Rückweg nach Feiburg von West-Berlin aus taten, war ein transatlantisches Telefongespräch: Wir informierten Hanna Geremka, die sich zu Forschungszwecken in Dumbarton Oaks bei Washington aufhielt, von «Broneks» Verhaftung.

Nach seiner Freilassung fuhren wir im September 1983 ein drittes Mal nach Polen. Da Geremeks Wohnung systematisch abgehört wurde (wie später, nach der Epochenwende von 1989/90, herauskam, von zwei polnischen Geheimdiensten, dem sowjetischen KGB und der ostdeutschen Stasi), verschoben wir alle wichtigen Gespräche auf die Tage, die wir gemeinsam auf der Datscha der Geremeks am Narew verbringen wollten. Dort waren wir einigermaßen sicher, ungestört über alles sprechen zu können, was uns bewegte. Eines unserer Themen war die Frage, wie man nach 1945 in Polen zum Kommunisten, ja zum Stalinisten werden, also den Weg gehen konnte, den Bronisław und Hanna Geremek gegangen waren – und was bei beiden den Bruch mit dem Marxismus-Leninismus bewirkt hatte.

Mit der tristen polnischen Gegenwart wollten sich weder die Geremeks noch die Holzers abfinden. Im Frühjahr 1985 trafen wir uns alle sechs, zusammen mit Maria Walicka, der geschiedenen Frau von Andrzej Walicki, der inzwischen in Australien lehrte, in deren Sommerhaus in Masuren. Der einstige Besitzer des kleinen Anwesens lebte inzwischen in der Bundesrepublik; in der Küche, unserem bevorzugten Aufenthaltsort, prangten über dem Herd die altdeutschen Sinnsprüche «Trautes Heim, Glück allein» und «Eigener Herd ist Goldes wert».

Im Vordergrund aller Gespräche standen die Zukunft Europas und Polens, obenan die Frage, wie es um die Chancen der nach wie vor verbotenen Gewerkschaft Solidarność bestellt war, wieder legal wirken zu können. Auf scharfe Kritik stieß vor allem bei Geremek die Haltung der deutschen Sozialdemokratie (deren Mitglied ich seit 1962 war) gegenüber den Bürgerrechtsbewegungen in Ostmitteleuropa und namentlich gegenüber Solidarność: Alle sozialistischen und sozialdemokratischen Parteien Europas suchten den Kontakt zur polnischen Opposition, stellte er fast schon resigniert fest, außer der griechischen PASOK, von der er vemutete, dass sie vom KGB beeinflusst werde, und der SPD. Was Geremek, der sich selbst als Sozialdemokrat empfand, aufbrachte, war der rigide Etatismus der «zweiten Phase» der sozialdemokratischen Ostpolitik: die beharrliche Unterordnung der Menschenrechtsfragen unter den Primat der «gemeinsamen Sicherheit» – eine Prioritätensetzung, die dazu führte, dass die maßgeblichen deutschen Sozialdemokraten mit Willy Brandt an der Spitze ausschließlich Verbindungen zu den Staats- und Parteiführungen der Ostblockstaaten pflegten und die Kräfte ignorierten, denen es um politischen und gesellschaftlichen Wandel im Sinne der westlichen Werte ging.

1985 war auch das Jahr, in dem Jerzy Holzer die erste Geschichte von Solidarność vorlegte. Nach der Proklamation war es ihm gelungen, das Archiv der nunmehr verbotenen Gewerkschaft vor dem Zugriff des Regimes zu bewahren. Auf dieses Material stützte sich seine Darstellung, die er auf geheimen Weg, mit Hilfe eines westlichen Diplomaten, an mich gelangen ließ. Die Stiftung Volkswagenwerk ermöglichte die Übersetzung ins Deutsche; der Verlag C.H.Beck brachte das Werk unter dem Titel «‹Solidarität›. Die Geschichte einer freien Gewerkschaft in Polen» heraus. Es war die erste, wissenschaftlich fundierte Analyse des jüngsten Kapitels des polnischen Ringens um Freiheit und Selbstbestimmung. Das persönliche Risiko, das Holzer damit einging, nahm er in Abstimmung mit seiner Frau bewusst in Kauf.

Wirtschaftlich war die Lage Polens Mitte der achtziger Jahre so ernst, dass sich die Führung Anfang 1986 zur Anhebung der Wochenarbeitszeit von 42 auf 47 Stunden und zur Erhöhung der Lebensmittelpreise genötigt sah. Mehrere große Streiks, unter anderem an der Danziger Leninwerft und in den Bergbaugebieten, ließen im Sommer 1987 bei der Staats- und Parteiführung die Neigung wachsen, mit der nach wie vor illegalen Opposition Verbindung aufzunehmen. Die Forderung nach einem solchen nationalen Dialog hatten Anfang des Jahres als erste Holzer und Geremek erhoben: Holzer in einem Offenen Brief an Staats- und Parteichef Jaruzelski, kurz darauf Geremek in einem Zeitungsinterview.

Dem Vorspiel des großen Dialogs, einer Unterredung zwischen Innenminister Czesław Kiszczak und Lech Wałęsa Ende August 1988, folgte am 30. November ein Fernsehstreitgespräch zwischen Wałęsa und dem Vorsitzenden des offiziellen Gewerkschaftsbundes, das der Friedensnobelpreisträger des Jahres 1983 souverän für sich entschied. Knapp drei Wochen später gründete Wałęsa das oppositionelle «Bürgerkomitee beim Vorsitzenden der Unabhängigen Selbstverwalteten Gewerkschaft Solidarność», das offenbar als Vorform einer politischen Partei gedacht war.

Bei der Partei- und Staatsführung hatte sich mittlerweile die Erkenntnis gefestigt, dass es ohne ernsthafte Gespräche mit der Opposition eine innenpolitische Beruhigung nicht geben konnte. Der Rückendeckung des ersten Mannes im Kreml, des Reformators Michail Gorbatschow, durfte sich Jaruzelski dabei sicher sein. Am 6. Februar 1989 begannen in Warschau die Gespräche am Runden Tisch, dem ersten des annus mirabilis, zu dem Vertreter des Bürgerkomitees gehörten, die intellektuellen Köpfe der unabhängigen Gewerkschaft, unter ihnen Tadeusz Mazowiecki und Bronisław Geremek.

Ende Juli 1989 bat mich der nordrhein-westfälische Ministerpräsident Johannes Rau, ihn auf einer Reise nach Warschau zu begleiten, die er aus Anlass des 50. Jahrestages der Wiederkehr des deutschen Überfalls auf

Polen am 1. September 1989 unternehmen wollte. Intensiver, als es ihm selbst möglich sein werde, sollte ich mit Bronisław Geremek sprechen und ihm nachher darüber berichten. Geremek war nach dem triumphalen Wahlsieg des Bürgerkomitees bei den halbfreien Parlamentswahlen im Juni 1989 zum Fraktionsvorsitzenden des politischen Arms von Solidarność im Sejm, Mazowiecki zum ersten nicht-kommunistischen Ministerpräsidenten seit 1945 gewählt worden. Es war also ein radikal verändertes Polen, in das ich im Sommer 1989 zurückkehrte.

Das erste Gespräch, das ich mit Geremek führen konnte, fand am 30. August im unmittelbaren Anschluss an die offizielle Begegnung zwischen der Delegation von Rau und den Vertretern des Bürgerkomitees im Sejm statt. «In Polen entscheidet sich das Schicksal Europas» hatte der Fraktionsvorsitzende aus diesem Anlass gesagt. In dem etwa eineinhalbstündigen Gespräch mit meiner Frau und mir ging es um die innenpolitischen Kräfteverhältnisse in Polen, um die Entwicklung des Bürgerkomitees zur politischen Partei und um die Rollenverteilung zwischen Mazowiecki und Geremek. Dann ging «Bronek» auf die Kontakte zwischen Solidarność und der sowjetischen Seite ein. «Solange Gorbatschow am Ruder ist, wird es nach seiner Meinung keine sowjetische Intervention in Polen geben. Denn das wäre das Ende von Perestrojka»: So notierte ich in meinem Tagebuch.

Am Abend desselben Tages kam es am Rande eines Empfangs des Botschafters der Bundesrepublik zu einem etwa halbstündigen Gespräch, an dem außer Geremek, Rau, der Staatssekretär der Düsseldorfer Staatskanzlei, Wolfgang Clement, und ich teilnahmen. Geremek brachte das, was zur Zeit in Polen geschah, auf den Begriff einer «peaceful revolution». (Ob er der erste war, der diese Bezeichnung benutzte, weiß ich nicht.) In der Tschechoslowakei werde die Entwicklung schon bald in ungarischen oder polnischen Bahnen weitergehen, sagte Geremek. Im Hinblick auf die DDR äußerte er sich, was die Chancen von Glasnost (Transparenz) und Perestrojka (Transformation) anging, eher skeptisch und verwies auf die ökonomische Stabilisierung des ostdeutschen Staates durch die Bundesrepublik.

Das ausführlichste Gespräch zwischen Bronisław und Hanna Geremek, meiner Frau und mir fand am Abend des 31. August in der Wohnung der Geremeks in der uliza Piwna statt und dauerte rund vier Stunden.

«Bronek» sprach von seiner Besorgnis, dass die vereinbarte Bildung einer Koalitionsregierung aus Bürgerkomitee und Polnischer Vereinigter Arbeiter Partei unter der Führung Mazowieckis sich noch länger hinziehen könnte. Er erwäge einen Offenen Brief an Mazowiecki zu schreiben, weil die Fraktion des Bürgerkomitees weitere Verzögerungen nicht hinnehmen werde. Rückhaltlos sprach er über die dünne Personaldecke bei Solidarność. Unter anderem gebe es keinen überzeugenden Kandidaten für das Außenministerium.

Wir sprachen dann über den Zusammenhang zwischen der deutschen Frage und dem Verhältnis der beiden Bündnissysteme, also NATO und Warschauer Pakt, zueinander. Ich brachte den Gedanken eines überwölbenden Systems kooperativer Sicherheit ins Gespräch. In meinem Tagebuch heißt es dann: «Das neue Polen wäre laut G. sowohl mit einer deutschen Wiedervereinigung als auch mit einer deutschen Konföderation einverstanden. Ich lege dar, weshalb der Ruf nach einer staatlichen Wiedervereinigung meines Erachtens die Demokratisierung der DDR erschwert.» Über die Beziehungen zwischen Solidarność und der SPD sagte Geremek, sie seien seit etwa einem Jahr gut.

Meine Bedenken hinsichtlich der Forderung nach einer deutschen Wiedervereinigung teilte Geremek nicht. Bereits am Abend vorher hatte er am Rande des Empfangs in der bundesdeutschen Botschaft «Bild am Sonntag» ein Interview gegeben, in dem er sich für die Wiedervereinigung Deutschlands aussprach. Als ich am 2. September, auf der Fahrt in den Urlaub in der Bretagne über die «Deutsche Welle» vom Inhalt seiner Ausführungen erfuhr, war ich konsterniert. Die Geschichte hat Geremek recht gegeben. Ihm war frühzeitig klar, dass das, was 1989 in Polen geschah, Teil einer weltgeschichtlichen Epochenwende war, in deren Mittelpunkt die Überwindung der Nachkriegsordnung von Jalta, also der Spaltung Europas und des alten europäischen Okzidents in einen freien und einen unfreien Teil, stand. Eine Fortdauer der deutschen Zweistaatlichkeit war unter solchen Bedingungen höchst unwahrscheinlich. Ich brauchte selbst nach dem Fall der Berliner Mauer am 9. November 1989 noch rund zwei Monate, um zu dieser Einsicht zu gelangen und mich für die bundesstaatliche Einheit Deutschlands auszusprechen.

Die Verbindung zu unseren polnischen Freunden Bronisław Geremek und Jerzy Holzer blieb erhalten, solange sie lebten. Holzer übernahm im

Oktober 1989 die Funktion des Koordinators des Deutsch-Polnischen Forums, einer bilateralen Gesprächsrunde, auf polnischer Seite. Er schrieb in der Folgezeit einige bedeutende Bücher, darunter eine europäische Geschichte des 20. Jahrhunderts, eine auch ins Deutsche übersetzte Geschichte des Kommunismus in Europa und den 2007 in Bonn auf deutsch erschienenen geistvollen Essay «Polen und Europa – Land, Geschichte, Identität». Im Alter von 84 Jahren starb der Doyen der polnischen Deutschland-Historiker am 14. Januar 2015 in seiner Geburtsstadt Warschau.

Geremek übernahm nach den Parlamentswahlen vom September 1997 das Amt des Außenministers in der Regierung von Jerzy Buzek: eine Funktion, in der der polyglotte Gelehrte seine analytischen ebenso wie seine diplomatischen Fähigkeiten glänzend entfalten konnte. Von Geremeks außenpolitischem Sachverstand und seinen europäischen Erfahrungen profitierte, auch nach seinem Ausscheiden aus dem Amt des Außenministers im Mai 2000, immer wieder der postkommunistische Staatspräsident der Jahre 1995–2005, Aleksander Kwaśniewski, den er kontinuierlich beriet. Als Parteivorsitzender der Freiheitsunion, des liberalen Flügels des einstigen Solidarność-Lagers (2000/2001) war Geremek weniger erfolgreich: Den Zusammenhalt der heterogenen Gruppierung zu bewahren gelang ihm nicht. 1998 wurde ihm der Aachener Karlspreis verliehen.

Im Juni 2004, kurz nach dem Beitritt Polens zur Europäischen Union, für den er leidenschaftlich gekämpft hatte, wurde Geremek ins Europäische Parlament gewählt. Er schloss sich der Allianz der Liberalen und Demokraten an und gehörte von Anfang an zu den bedeutendsten Köpfen der Versammlung. In diese Zeit fällt eine (nicht öffentlich ausgetragene) Kontroverse zwischen uns über eine EU-Mitgliedschaft der Türkei: Im Unterschied zu mir hatte er sich von einem Gegner zu einem Befürworter von Beitrittsverhandlungen mit dem Land am Bosporus gewandelt. Unter der Präsidentschaft des nationalkonservativen Lech Kaczyński nach 2005 war er einer der schärfsten Kritiker des Warschauer Rechtskurses.

Das letzte Mal sah und sprach ich Geremek am 3. Juli 2008 in der American Academy in Berlin-Wannsee anlässlich der Verleihung des Henry-Kissinger-Preises an den früheren amerikanischen Präsidenten George H. W. Bush. Zehn Tage später starb Geremek bei einem Verkehrsunfall auf dem Weg von Warschau nach Brüssel. Sein Biograph Reinhold

Vetter hat ihn den «Strategen der polnischen Revolution» genannt. Das *war* er, und zugleich ein großer Europäer, ein mutiger Streiter für Menschenrechte und Freiheit – der politischste Intellektuelle, dem ich je begegnet bin.

Ohne die Selbstbefreiung Polens hätte es keine erfolgreiche Bürgerrechtsbewegung in der DDR, keine Wiedervereinigung Deutschlands im Oktober 1990 und nicht die Wiedervereinigung des europäischen Okzidents im Mai 2004, den «big bang» der Osterweiterung der Europäischen Union, gegeben. Die deutsche Frage konnte 1990 nur gelöst werden, weil zeitgleich durch die endgültige, völkerrechtlich verbindliche Anerkennung der deutsch-polnischen Grenze an Oder und Görlitzer Neiße ein anderes Jahrhundertproblem, die polnische Frage, gelöst wurde. Die Gründung der Solidarność im August 1980 erscheint im Rückblick als Vorrevolution der friedlichen Revolutionen von 1989 in Ostmitteleuropa. Bronisław Geremek und Jerzy Holzer haben den weltgeschichtlichen Epochenwandel von 1989 entscheidend vorangetrieben und mitgestaltet. Wie Deutschen haben allen Grund, ihnen dankbar zu sein.

9. GAB ES IHN DOCH, DEN DEUTSCHEN SONDERWEG?

ANMERKUNGEN ZU EINER KONTROVERSE

Juni 2021

Totgesagte leben länger, so heißt es. Offenbar gilt das auch von der Denkfigur eines «deutschen Sonderwegs» in die Moderne. Endlich, so jubelten schon vor gut vier Jahrzehnten konservative Publizisten, sei die Legende vom Sonderweg der Deutschen, ihrer notorischen Abweichung vom angeblich normalen Entwicklungspfad der westlichen, zumal der angelsächsischen Völker hin zu Freiheit und Demokratie der Garaus gemacht worden, und zwar ausgerechnet durch zwei junge, eindeutig linke englische Historiker, nämlich David Blackbourn und Geoff Eley, in ihrem 1980 erschienenen Buch «Mythen deutscher Geschichtsschreibung». Sie hätten, so formulierte es Eberhard Straub in der *Frankfurter Allgemeinen* vom 27. Januar 1981, die Deutschen von ihren «eingebildeten Leiden» befreit.

Seit 1980 hört und liest man die Behauptung von der Widerlegung der «Sonderwegsthese» immer wieder, und das keineswegs nur von konservativen Debattenteilnehmern. Blackbourn und Eley hätten die «Sonderwegsthese auf das Abstellgleis historiografischer Thesen befördert», schrieb unlängst der in Cambridge forschende deutsche Historiker Oliver Haardt in der *Süddeutschen Zeitung*. Die These vom deutschen Sonderweg gelte mittlerweile als weithin unhaltbar.

Das wissenschaftliche Fundament der Intervention von Haardt ist sein 2020 erschienenes Buch «Bismarcks ewiger Bund. Eine neue Geschichte des Deutschen Kaiserreiches». Anders als es der Untertitel nahelegt, ist das voluminöse, aus einer von Christopher Clark betreuten Dissertation hervorgegangene Werk nicht etwa eine Gesamtgeschichte des

Kaiserreichs, sondern eine Verfassungsgeschichte der Jahre 1867 bis 1918 im weiteren, den stillen Verfassungswandel und die Verfassungswirklichkeit einbeziehenden Sinn. Dem Anspruch einer Neuinterpretation wird Haardt am stärksten in den Abschnitten gerecht, in denen er vom Bedeutungsverlust des föderativen Verfassungsorgans, des Bundesrates, handelt. Ansonsten überwiegt das, was aus den zum Teil ausgiebig zitierten, zum Teil nicht zur Kenntnis genommenen Schriften anderer Autoren hinlänglich bekannt ist.

Die These von einem deutschen Sonderweg weist Haardt unter Berufung auf Blackbourn und Eley entschieden zurück. Was er ihr entgegensetzt, ist aber nichts anderes als die These von einem föderalistischen deutschen Sonderweg contre la lettre. Es war demnach die «mission impossible», das Unvermögen, die konstitutionelle Monarchie in Form des Bundesstaates von 1871 evolutionär weiterzuentwickeln, was Deutschland substantiell von anderen Verfassungsstaaten, auch von anderen Bundesstaaten wie den USA und der Schweiz, unterschied und die weitere deutsche Geschichte belastete, ja in Gestalt einer verbreiteten Antipathie gegen den Föderalismus wesentlich zum Scheitern der Weimarer Republik und zum Erfolg der Nationalsozialisten beitrug. Von grundsätzlichen deutschen Vorbehalten gegenüber der westlichen Demokratie ist bei Haardt hingegen keine Rede.

Eine andere, inzwischen vielbeachtete Stimme im Chor der Kritiker der Sonderwegsthese ist die der Historikerin Hedwig Richter, Professorin an der Universität der Bundeswehr in München. 2017 legte sie ihr drei Jahre später mit dem Anna Krüger Preis für gute und verständliche Wissenschaftssprache ausgezeichnetes Buch «Moderne Wahlen. Eine Geschichte der Demokratie in Preußen und den USA im 19. Jahrhundert» vor. Anders als Haardt schöpft sie in breitem Umfang aus archivalischen Quellen, und zwar aus deutschen wie aus amerikanischen. Die Einzelbefunde zu beiden Ländern sind meist überaus sprechend, das Ergebnis aber nicht überraschend: Im Zuge der Erweiterung des Wahlrechts gab es zwischen Preußen und den Vereinigten Staaten zahlreiche Parallelen. Eine Bilanz der dabei aufgetretenen Missstände fällt zu Lasten der USA aus: Wahlfälschungen, Korruption, Gewalt, Alkohol und Rassismus spielten im Mutterland der modernen Demokratie eine größere Rolle als im Königreich Preußen. Von den Vorkämpfern des «progressive movement» um 1900 heißt es sogar: «Man kann fast sagen, die Reformer bemühten sich um preußische Verhältnisse in den USA» (S. 505).

Die Sonderwegsthese scheint damit ad absurdum geführt. Das deutsche Bürgertum war laut Richter auch im europäischen Vergleich «nicht besonders rückständig und adelshörig, die deutsche Gesellschaft nicht besonders militarisiert, die deutschen Liberalen erwiesen sich nicht als singuläre Verräter an der fortschrittlichen Sache, der Kulturpessimismus war nicht tiefer verwurzelt als in anderen Ländern» (S. 27 f.). Leider spielen europäische Länder bei Richter nur eine geringe Rolle. Dabei wäre ein Vergleich zwischen Preußen und England angesichts vieler struktureller Gemeinsamkeiten sehr viel erhellender gewesen als der zwischen Pommern und South Carolina, Berlin und New York, den regionalen Schwerpunkten der Arbeit. Angesichts der fundamental verschiedenen gesellschaftlichen und politischen Rahmenbedingungen, die von Richter zwar nicht ignoriert, aber doch weithin vernachlässigt werden, sind die Folgerungen, die sie aus ihrer Untersuchung von Wahlpraktiken zieht, im Großen und Ganzen vorgezeichnet. Die Reduzierung von westlicher Demokratie auf allgemeine, freie und gleiche Wahlen erweist sich als petitio principii.

Zum vermeintlich entscheidenden Schlag gegen die Sonderwegsthese holt Hedwig Richter aber erst in ihrem neuen, im Herbst 2020 vorgelegten, in einigen Medien hochgelobten, in anderen scharf kritisierten Buch «Demokratie. Eine deutsche Affäre» aus. Die Botschaft klingt tröstlich: Schon seit dem 18. Jahrhundert haben sich die Deutschen auf die Demokratie hin entwickelt; sie bedurften dazu keiner Beihilfe westlicher Nationen; sie waren diesen vielmehr in vielen Bereichen wie dem Wahlrecht oft weit voraus; was man den Deutschen an Obrigkeitshörigkeit, Militarismus und Antisemitismus vorhalten kann, das gab es weiter westwärts genauso. Das von Bismarck vor 150 Jahren gegründete deutsche Kaiserreich erscheint aus dieser Sicht als ein ganz überwiegend fortschrittliches Kapitel der neueren deutschen Geschichte. Die späte Parlamentarisierung im Oktober 1918 wird denn auch von Richter als Werk der «progressiven Kräfte», obenan der Sozialdemokraten, dargestellt (S. 191). Kein Wort von der ausschlaggebenden Rolle der Obersten Heeresleitung um Ludendorff und Hindenburg, die damit die Verantwortung für die Niederlage den friedensbereiten Mehrheitsparteien des Reichstags zuschieben wollte.

Erst bei der Judenvernichtung durch das nationalsozialistische Deutschland endet für Richter «jede Ähnlichkeit mit anderen Ländern» (S. 245). In den folgenden beiden Sätzen heißt es dann aber gleich wieder einschränkend: «Fast überall war die liberale Demokratie bis 1940 zu einem Ende gekommen. Diktaturen, Autoritarismus, Rassismus und Antisemitismus beherrschten die Zeit» (ebd.). Fazit: Die «Sonderwegserzählungen» sind widerlegt. «Die deutsche Geschichte ist kein langer Weg in den Westen, Deutschland war stets ein Teil des Westens»; es war «ein recht gewöhnlicher Fall der Demokratiegeschichte»; einen «langen deutschen Weg in die NS-Diktatur und den Holocaust» gab es so wenig wie «eine deutsche Sondergeschichte». «Der Nationalsozialismus entstand aus einer Demokratie und aus weit über hundert Jahre alten demokratischen Traditionen» (S. 325 f.).

Im Unterschied zu Haardt nennt Richter die von ihr befehdeten, angeblich längst widerlegten, aber immer noch aktiven «Sonderwegshistoriker» nur selten beim Namen, und noch seltener sind Zitate aus ihren Schriften. Wer mit diesem Disput nicht vertraut ist, wird sich wundern. Gibt es wirklich deutsche Historiker, die bestreiten, dass Deutschland ein Teil des historischen Westens ist, dass es sich in vieler Hinsicht sehr ähnlich entwickelt hat wie die (heutigen) Demokratien Westeuropas und Nordamerikas, dass der Begriff «Westen» für höchst unterschiedliche nationale Ausformungen gewisser grundlegender gemeinsamer Prägungen steht? Wird irgendwo geleugnet, dass das Deutsche Reich von 1871 nicht nur ein militaristischer Obrigkeitsstaat, sondern auch ein Rechts- und Sozialstaat mit einer entwickelten Parlamentskultur und einem für damalige Verhältnisse überaus fortschrittlichem Reichstagswahlrecht, dem allgemeinen gleichen Wahlrecht für Männer, gewesen ist? Und wer sind die Historiker, für die die deutsche Geschichte, und vor allem die Zeit nach der Reichsgründung von 1871, gradlinig, ja zwangsläufig auf den 30. Januar 1933, die Machtübertragung an Hitler, hinauslief?

Die Fragen zu stellen heißt sie zu beantworten. Was bei Richter als «Sonderwegserzählung» erscheint, ist ein Popanz. Es ist überdies ein Rückfall hinter den Debattenstand der 1980er Jahre. Eley und Blackbourn hatten sich aus guten Gründen gegen jede Idealisierung des vermeintlichen britischen «Modells» gewandt und auch deswegen die fortschrittlichen, «bürgerlichen» Züge des Bismarckreiches sehr viel stärker hervorgehoben als manche ihrer deutschen Kollegen, unter ihnen Hans-Ulrich Wehler, der Autor des knappen, von zeitgenössischen Modernisierungstheorien inspirierten, bewusst konfrontativ gehaltenen Buches «Das deutsche Kaiserreich 1871–1918» von 1973, und seine jüngeren Kollegen Jürgen Kocka, Hans-Jürgen Puhle und der Autor dieses Artikels.

Eley und Blackbourn hatten freilich auch kurzerhand die These von der fehlenden bürgerlichen Revolution als einer Grundtatsache der deutschen Geschichte mit der marxistisch inspirierten Gegenthese gekontert, Bismarcks «Revolution von oben», die von Kriegen begleitete Reichseinigungspolitik der Jahre 1864 bis 1871, sei ihrem gesellschaftspolitischem und ökonomischem Effekt nach eine vollgültige bürgerliche Revolution gewesen – eine Behauptung, die nur aufstellen konnte, werde dazu neigte, in der Sphäre des Politischen und in der politischen Kultur lediglich Phänomene des «Überbaus» zu sehen.

Der «Sonderwegsstreit» war in den 1980er Jahren kein neues Thema mehr. Begonnen hatte der Schlagabtausch mit der polemischen Gegenüberstellung der deutschen «Ideen von 1914» und der westlichen Ideen von 1789, der ideologischen Begleitmusik zum Ersten Weltkrieg. Ordnung, Zucht und Innerlichkeit versus Freiheit, Gleichheit, Brüderlichkeit: Man tut den deutschen Protagonisten mit dieser Verkürzung kein Unrecht. Einem ihrer Kontrahenten, dem amerikanischen Soziologen Thorstein Veblen, gelang es 1915 immerhin, in seinem Buch «Imperial Germany and the Industrial Revolution» über einen sarkastischen Angriff auf das autoritäre und militaristische Preußentum und das von ihm geprägte Deutschland sowie über eine plakative Verherrlichung der Freiheitsliebe der englischsprachigen Völker hinauszugelangen. Bei aller Überspitzung und Verzerrung bot seine Schrift auch eine scharfsinnige Analyse bestimmter archaischer Traditionsüberhänge im zeitgenössischen Deutschland. Ebendieser Qualität wegen wurde Veblens Buch zu einer Quelle der Inspiration für Generationen angelsächsischer, nach 1945 auch deutscher Soziologen und nicht zuletzt deutscher Historiker. Veblen avancierte mit anderen Worten zum eigentlichen intellektuellen Stichwortgeber der These vom deutschen Sonderweg.

In den Jahren nach 1918 war das anders. Wenn deutsche Historiker der Weimarer Republik von einem «deutschen Weg» sprachen, dann war das positiv gemeint: Deutschland war dieser Lesart zufolge schon auf

Grund seiner geografischen Lage genötigt, einen starken Staat wie den preußischen hervorzubringen; es war auf den Primat der Außenpolitik geradezu existenziell angewiesen und konnte sich deshalb ein liberales, dem schwankenden Wählerwillen unterworfenes parlamentarisches Regierungssystem wie das britische nicht leisten. Der Nähe zum Denken in Bismarckschen Kategorien entsprach die Distanz der meisten Historiker zur Demokratie von Weimar.

Die Autoren der «Konservativen Revolution» gingen noch weiter. Das Gefühl der Demütigung durch die Niederlage im Ersten Weltkrieg und den Vertrag von Versailles kompensierten sie durch einen deutschen Exzeptionalismus im Zeichen der Reichsidee. 1923, im Jahr der Ruhrbesetzung, erschien das (von den Nationalsozialisten sogleich freudig rezipierte) Buch «Das dritte Reich» von Arthur Moeller van den Bruck, einem der Pioniere dieser rechten Intellektuellenbewegung. Nach dem ersten Reich, dem Heiligen Römischen Reich deutscher Nation, und dem zweiten, dem von Bismarck geschaffenem kleindeutschen «Zwischenreich» ohne Österreich sollte das kommende «dritte Reich» wieder großdeutsch sein, also Österreich miteinschließen. «Das Reich» war aus dieser Sicht etwas anderes und mehr als ein Nationalstaat. «Es gibt nur Ein Reich, wie es nur Eine Kirche gibt. Was sonst diesen Namen beansprucht, das ist nur Staat, oder das ist Gemeinde oder Sekte. Es gibt nur Das Reich.»

Zehn Jahre später, 1933, traten nicht wenige Autoren der «Konservativen Revolution» in den Dienst des inzwischen real existierenden «Dritten Reiches». Im gleichen Jahr begann der große Exodus jüdischer, liberaler und linker deutscher Intellektueller, aus deren Reihen einige der wichtigsten Urheber der neuen, kritischen Debatte über die Besonderheiten der deutschen Geschichte hervorgingen. Wenn es für sie eine verbindende Frage gab, dann war es die nach den tieferen Ursachen jener «deutschen Katastrophe», von der 1946 rückblickend der Berliner Historiker Friedrich Meinecke sprach. Es war *diese* Frage, die Schriftsteller des deutschen Exils wie Thomas Mann, linke Intellektuelle wie Franz Borkenau und Richard Löwenthal, Philosophen wie Helmuth Plessner, Soziologen wie Reinhard Bendix, Juristen wie Ernst Fraenkel und Historiker wie die Meinecke-Schüler Hajo Holborn und Hans Rosenberg umtrieb und die sie an ihre Schüler weitergaben.

Keine Zusammenfassung, wohl aber eine reife Frucht dessen, was im deutschen Exil über den Gang der deutschen Geschichte gedacht wurde, war das 1957 erschienene Buch des amerikanischen Holborn-Schülers Leonard Krieger «The German Idea of Freedom. History of a Political Tradition». Krieger sprach nicht von einem «deutschen Sonderweg», sondern von einer «German divergence». Er meinte damit ein Nebeneinander, ja eine Verbindung von zwei unterschiedlichen Vorstellungen von Freiheit in Deutschland: einer, die nur innerhalb des engen Rahmens des Obrigkeitsstaates, und einer anderen, die nur in einem «absoluten Reich jenseits aller Staaten» verwirklicht werden könnte.

Der deutsche Hang zum Denken in den Kategorien einer spekulativ entwickelten absoluten Freiheit erscheint bei Krieger als Kompensationsversuch. Er entwickelte sich nicht zufällig im Mutterland der Reformation, in dem es den Fürsten gelungen war, dem bürgerlichen Denken den Stempel ihrer, der fürstlichen «Libertät» aufzudrücken, es mithin obrigkeitlich zu verformen – ein Befund, der sich mit Thomas Manns Betrachtungen zur deutschen Innerlichkeit in seiner Rede «Deutschland und die Deutschen» vom Mai 1945 berührt.

In der Bundesrepublik wurde Kriegers Ansatz vor allem von dem Soziologen Ralf Dahrendorf 1965 in seinem Buch «Gesellschaft und Demokratie in Deutschland» aufgegriffen, das seinerseits den von Eley und Blackbourn kritisierten jüngeren deutschen Historikern und vielen anderen wichtige Denkanstöße gab. Die Frage aller Fragen lautete für sie seit den 1960er Jahren: Warum war Deutschland das einzige hochindustrialisierte Land des historischen Westens, das im Zuge der Weltwirtschaftskrise nach 1929 sein demokratisches System preisgab und durch ein totalitäres Regime von rechts ersetzte? Damit rückte das Problem der Kontinuität zwischen Kaiserreich und Weimarer Republik, ja zwischen der älteren und der jüngeren deutschen Geschichte in den Mittelpunkt des Forschungsinteresses. Das geschah nicht, auch wenn das Kritiker gerne behaupten, im Sinne einer negativen Teleologie, der ausschließlichen Ausrichtung der deutschen Geschichte auf die Jahre 1933 oder 1945 hin. Die Frage lautete vielmehr, welche Strukturen und Traditionen den Weg in die Katastrophe begünstigt haben oder, anders gewendet, warum in der entscheidenden Situation die freiheitsfreundlichen Kräfte den freiheitsfeindlichen Kräften unterlagen.

Die Verfechter der These, dass es in der deutschen Geschichte Kontinuitäten gibt, ohne die sich die Auflösung der Weimarer Republik und die Machtübertragung an Hitler nicht zureichend erklären lassen, argumentieren längst nicht mehr in allen Punkten so wie in den siebziger und achtziger Jahren. Viel seltener als damals ist heute noch von einer «Verjunkerung» oder «Feudalisierung des deutschen Bürgertums» in der Zeit nach 1871 die Rede. Was liberale Zeitgenossen der Wilhelminischen Ära so nannten, war eher ein spezifisch ostelbisches als ein gesamtdeutsches Phänomen. Die obrigkeitsstaatlichen Züge des Kaiserreichs werden nach wie vor betont, die fortschrittlichen aber sehr viel stärker gewürdigt. Die Kritik, die die Historiker Thomas Nipperdey und Hans-Günter Zmarzlik schon einige Jahre vor Eley und Blackbourn an Wehlers «Kaiserreich» geübt haben, wirkt nach. Die Jahre von 1871 bis 1914 gehören zur Vorgeschichte nicht nur der Weimarer Republik und der Zeit des Nationalsozialismus, sondern auch der Bundesrepublik und des wiedervereinigten Deutschland: Über diese Feststellung gibt es in der deutschen Geschichtswissenschaft keinen Streit mehr.

Als besonders folgenreich gilt mittlerweile die Ungleichzeitigkeit des Demokratisierungsprozesses im 1871 gegründeten Deutschen Reich. Es kannte seit seiner Gründung das allgemeine gleiche Wahlrecht für Männer. Eine parlamentarisch verantwortliche Regierung aber erhielt das kaiserliche Deutschland erst im Zeichen der Niederlage im Ersten Weltkrieg im Oktober 1918: eine Reform, die weithin nur auf dem Papier stand und eben darum die Revolution von 1918/19 nicht mehr verhindern konnte. Nichts hat die Republik von Weimar so sehr belastet wie dieser «Geburtsfehler». Die Demokratie galt ihren Verächtern von rechts, darunter vielen Angehörigen des Besitz- und des Bildungsbürgertums und des Adels, fortan als die Staatsform der westlichen Siegermächte, mithin als undeutsch.

Als die parlamentarische Demokratie 1930 scheiterte und einem halbautoritärem Präsidialregime Platz machte, schlug die Stunde der antiparlamentarischen Parteien von rechts und links. Zum größten posthumen Nutznießer der ungleichzeitigen Demokratisierung des Kaiserreichs entwickelte sich Adolf Hitler. Er konnte nunmehr an beides appellieren: an die verbreiteten Ressentiments gegenüber der jungen Demokratie von Weimar *und* an den seit Bismarcks Zeiten verbrieften Teilhabeanspruch des Volkes in Gestalt des allgemeinen Wahlrechts, das von den Präsidialregierungen weithin um seine Wirkung gebracht wurde.

An die Macht kam Hitler aber nicht durch einen triumphalen Wahlerfolg, sondern im Gefolge schwerer Stimmenverluste der Nationalsozialisten bei gleichzeitigen Stimmengewinnen der Kommunisten in der zweiten Reichstagswahl des Jahres 1932 am 6. November, und das auch nur, weil es alten, wilhelminisch geprägten Eliten, darunter den Vertretern des hochverschuldeten ostelbischen Rittergutsbesitzes, Teilen der rheinisch-westfälischen Schwerindustrie und Politikern der traditionellen Rechten, gelang, den greisen Reichspräsidenten, den ehemaligen Generalfeldmarschall von Hindenburg, von der Zweckdienlichkeit einer gemeinsamen Regierung von Konservativen und Nationalsozialisten unter Hitlers Führung zu überzeugen.

Unter den Historikern, die die These vom deutschen Sonderweg pauschal verwerfen, befindet sich kaum einer, der sich intensiver mit der Geschichte der Weimarer Republik und ihrer Auflösung befasst hat. Das ist kein Zufall. Wie anders als mit Unkenntnis lässt es sich erklären, wenn Hedwig Richter urteilt, der Nationalsozialismus sei aus der Demokratie und alten demokratischen Traditionen entstanden, das Fortwirken spezifisch deutscher Vorurteile gegenüber der Demokratie aber ebenso unerwähnt lässt wie den vor allem in der Spätphase der Weimarer Republik zutage tretenden gewaltigen politischen Einfluss des ostelbischen Rittergutsbesitzes und seinen Immediatzugang zum Machtzentrum in Gestalt des Reichspräsidenten. Was Hans Rosenberg, der dem Begriff «deutscher Sonderweg» skeptisch gegenüberstand, und die von ihm angeregte Schule zur Machtkonservierung und «Pseudodemokratisierung» der preußischen Rittergutsbesitzerklasse publiziert haben, hat zwar Blackbourn und Eley beeindruckt, wird von denen, die in ihre Fußstapfen getreten sind, aber meist schlicht ignoriert.

Apropos Begriff «deutscher Sonderweg»: Dass es in der Geschichte keine Normalwege gibt und alle Geschichte eine Geschichte von Sonderwegen ist, dürfte keiner der Historiker bestreiten, die die Besonderheiten des Verlaufes der deutschen Geschichte hervorheben. Im Hinblick auf den Charakter von Hitlers Herrschaftssystem und die Einzigartigkeit der nationalsozialistischen Schreckensbilanz stellt sich jedoch nach wie vor die Frage, ob nicht einige der nationalen Sonderwege, darunter der deutsche, «besonderer» waren als die anderen. Großbritannien und die USA waren von der Weltwirtschaftskrise ähnlich hart betroffen wie Deutschland. Sie behielten aber ihre Demokratien bei und reformierten sie. Bei den beiden Reichstagswahlen des Jahres 1932 gab es in Deutschland eine heterogene absolute Mehrheit *gegen* die Demokratie in Form der Stimmen für die beiden totalitären Parteien, die NSDAP und die KPD (wenn man die deutschnationalen Stimmen mitzählt, sogar eine satte Mehrheit). Von solchen Zuständen waren die beiden angelsächsischen Demokratien weit entfernt. Offenbar hing und hängt letztlich doch vieles, wenn nicht alles von der gesellschaftlichen Verankerung der Demokratie und von der politischen Kultur des jeweiligen Landes ab.

Deutschland war, so lesen wir bei Hedwig Richter, stets ein Teil des Westens. Wie wahr – oder besser: wie teilwahr. Deutschland gehörte zum alten Okzident, dem lateinischen Europa, dem Europa der Westkirche. Es hatte teil an der Urform der politischen Gewaltenteilung, der Ausdifferenzierung von geistlicher und weltlicher Gewalt im hohen Mittelalter. Es kannte den Dualismus von fürstlichen und ständischen Gewalten. Es war das Mutterland der Reformation, die in ihrem theologischen Gehalt einer deutschen, in ihrer gesellschaftlichen und politischen Langzeitwirkung einer angelsächsischen Revolution gleichkam.

Deutschland war eines der europäischen Länder, die die Aufklärung hervorbrachten, aber was die politischen Konsequenzen der Aufklärung angeht, blieb es hinter England, den Vereinigten Staaten und Frankreich zurück. Aus dem Aufgeklärten Absolutismus erwuchs in Deutschland die Tradition der Revolution von oben. Aus ihr ging ein Rechtsstaat hervor, aber nicht eine repräsentative Demokratie, die sich auf das Prinzip der Volkssouveränität gründete, und auch nicht eine Festlegung auf allgemeine, universell gültige, unveräußerliche Menschenrechte: ein Sachverhalt, auf den als erster deutscher Historiker nach dem Zweiten Weltkrieg 1946/48 Rudolf Stadelmann, einer der Väter der These von der fehlenden bürgerlichen Revolution als Grundtatsache der deutschen Geschichte, hingewiesen hat. Die Ideen des *modernen* Westens, des Westens der atlantischen Revolutionen des späten 18. Jahrhunderts, hatten zwar auch in Deutschland ihre Anhänger, aber sie setzten sich vor 1918 nicht durch, und danach nur höchst unvollkommen. Erst nach dem zweiten, dem totalen Zusammenbruch Deutschlands im 20. Jahrhundert vollzog sich auf breiter Front eine Hinwendung zur politischen Kultur und zum normativen Projekt des transatlantischen Westens, aber das über vier Jahrzehnte lang auch nur im Westen des geteilten Landes.

Später auch als die meisten westeuropäischen Länder wurde Deutschland zum Nationalstaat. Das lag an den mittelalterlichen Grundlagen des modernen Deutschland, die der britische Historiker Geoffrey Barraclough nach 1945 zum Gegenstand eindringlicher Analysen machte. Das mittelalterliche Reich war ein übernationales Gebilde; die Staatsbildung vollzog sich im territorialen, landesherrlichen Rahmen. Deutschland wurde, wie Dieter Langewiesche es genannt hat, zu einer «föderativen Nation». Helmuth Plessners Begriff der «verspäteten Nation» ist dagegen anfechtbar. «Verspäten kann sich nur, wer seinen Fahrplan nicht einhält», hat Reinhart Koselleck mit Recht eingewandt. «Aber wer befindet über den Fahrplan, der gar von einer ‹Nation› eingehalten werden soll?» Auf einem anderen Blatt steht das Nachwirken des Reichsmythos, der sich nach 1933 als die tragfähigste Brücke zwischen dem gebildeten Bürgertum und Hitler erwies. Der damit verbundene deutsche Anspruch, mehr zu sein als ein «normaler» Nationalstaat, nämlich die europäische Ordnungsmacht schlechthin, hat mit in die deutsche Katastrophe geführt.

Von einem langen Weg Deutschlands in den modernen Westen zu sprechen gibt es mithin mehr als einen Grund. Ob man diesen Weg einen Sonderweg nennt, ist unerheblich. Die Besonderheiten der deutschen Entwicklung *nicht* zu sehen führt aber in die Irre und, was das Jahr 1933 und seine Folgen angeht, zur vermutlich ungewollten Wiederbelebung der nationalapologetischen Legende von Hitler als dem «Betriebsunfall» der deutschen Geschichte. In den 1950er Jahren war diese Sichtweise in der «alten» Bundesrepublik noch vorherrschend, und oft ging sie einher mit einem populären «whataboutism» nach dem Motto «Die anderen waren auch nicht besser» und Schuldzuweisungen an die Alliierten («Ohne Versailles kein Hitler»).

Die neuesten Kritiker von «Sonderwegserzählungen» scheinen von der Entwicklung des Diskurses über die historischen Gründe der deutschen Katastrophe keine Notiz genommen zu haben. Sie befassen sich mit einer Fassung der Sonderwegsthese, die sie der leichteren Widerlegbarkeit halber zuvor verballhornt haben. Oliver Haardt dürfte für seinen Versuch, Aversionen gegen den Föderalismus als wichtige Ursache des Erfolgs der Nationalsozialisten darzustellen, nicht viel Zustimmung erhalten. Soweit sich Hedwig Richter überhaupt darum bemüht, den Nationalsozialismus (sie spricht lieber, der ihr sonst fremden marxistischen Diktion folgend, generalisierend von «Faschismus») historisch zu erklären, deutet sie ihn vor allem als Reaktion auf das Erstarken der Frauenbewegung. Demzufolge müssten Bewegungen wie die von Mussolini und Hitler eigentlich dort an die Macht gekommen sein, wo die Frauenbewegung viel militanter auftrat als in Deutschland oder Italien, nämlich in Großbritannien und den USA. Bekanntlich verlief die Geschichte anders.

Die Frage, warum überkommene Vorbehalte gegenüber den normativen Errungenschaften des Westens in der ersten Hälfte des 20. Jahrhunderts gerade in Deutschland eine Wucht entfalteten, die zur Herrschaft des Nationalsozialismus, der Entfesselung des Zweiten Weltkriegs und der Ermordung von Millionen europäischer Juden führte, ist die Frage nach dem Warum der größten Katastrophe der deutschen Geschichte und zugleich der größten Menschheitsverbrechen des 20. Jahrhunderts. Von Haardt und Richter wird diese Frage nicht nur nicht beantwortet, sondern sie wird erst gar nicht gestellt. Solange es bei dieser Frageverweigerung bleibt, wird die Behauptung, die Sonderwegsthese sei widerlegt, nicht dadurch glaubwürdiger, dass sie häufig wiederholt wird.

ANHANG

ERNEST MANDELS OFFENER BRIEF AN HEINRICH AUGUST WINKLER

«Berliner Stimme», 1. April 1972

Redaktionelle Vorbemerkung:
Der «Fall Mandel» hat über die aktuellen hochschul- und verfassungspolitischen Fragen hinaus zu einer grundsätzlichen Diskussion über das Rätesystem geführt. In unserer Ausgabe vom 11. März hatte sich Prof. Dr. Heinrich August Winkler dieses Themas angenommen und dabei die Ansichten Mandels einer sehr kritischen Würdigung unterzogen.

Diese Darstellung Winklers erregte den Widerspruch Ernest Mandels; in der vergangenen Woche erhielten wir einen mehrere Seiten umfassenden «Offenen Brief» an Prof. Winkler, den wir hier wiedergeben. Die aus redaktionellen Gründen erfolgten Kürzungen fanden das Einverständnis des Autors.

In unserer nächsten Ausgabe wird Prof. Winkler auf den Beitrag Mandels selbst antworten.

Die von Ihnen in der *Berliner Stimme* vom 11. März 1972 veröffentlichte Darstellung meiner Ansichten wimmelt von Entstellungen. Ich möchte mich hier mit vier Richtigstellungen begnügen.

Sie werfen mir Unaufrichtigkeit vor, wenn ich mich für ein Vielparteiensystem äußere. Sie behaupten, mein Anliegen reduziere sich auf eine «Mehrzahl von Fraktionen» einer einzigen Partei. Sie beweisen damit nur, daß Sie die Diskussion unter Marxisten seit der bürokratischen Entartung der russischen Revolution entweder nicht kennen oder wissentlich übergehen.

Die historische Erfahrung hat bewiesen, daß die innere Diskussions-, Tendenz- und Fraktionsfreiheit in einer einzigen Partei entscheidend beschränkt bzw. unterdrückt wird, wenn sich das Prinzip des Einparteiensystems durchsetzt. Aber ohne freie Diskussion ist eine wissenschaftliche Erkenntnis der objektiven Wirklichkeit unmöglich, und ohne eine solche wissenschaftliche Erkenntnis gibt es kein wirksames revolutionäres Handeln.

Seit Jahrzehnten sind deshalb revolutionäre Marxisten zum Schluß gekommen, daß das Einparteiensystem (oder, was dasselbe ist, das System eines «Blocks» verschiedener Parteien, die jedoch immer dieselbe politische Linie vertreten) mit den Interessen der sozialistischen Umgestaltung der Gesellschaft unvereinbar sei. Deshalb befürworten wir nicht nur ein Vielparteiensystem, sondern auch die Notwendigkeit tatsächlicher Oppositionsparteien.

Es ist eine wissentliche Entstellung meines Interviews im *Spiegel*, zu behaupten – wie Sie es tun –, ich hätte mich gegen politische oder demokratische «Freiheit für den Klassenfeind» geäußert. Ich habe genau das Umgekehrte gesagt. Keine Gruppe von Bürgern, keine politische Partei oder Vereinigung dürfte wegen ihrer Überzeugung oder deren öffentlicher Verteidigung verfolgt werden. Es ist Ihnen gewiß unangenehm, dies feststellen zu müssen: Aber ich fordere nichts für mich, was ich nicht meinen Gegnern zuzugestehen bereit bin.

Eine demokratische Räterepublik ist nur möglich mit der aktiven Unterstützung der großen Mehrheit der Bevölkerung. Daß sie die Ansichten, Idee und Theorien des Bürgertums nicht zu fürchten hat, wenn dieses seine Wirtschaftsmacht verloren hat, scheint mir offensichtlich. Ich bin zu sehr von der geistigen und moralischen Überlegenheit der sozialistischen Theorie überzeugt, um anzunehmen, man müsse sie mit Zensur und Verboten gegen die Konkurrenz bürgerlicher Ideologien «schützen».

Um die Behauptung zu fundieren, ich würde das Prinzip der «Parteiendiktatur» in Wirklichkeit auch gegen die Rätedemokratie verteidigen, weichen Sie sogar nicht von einer Fälschung zurück. Sie zitieren aus meiner Schrift «Lenin und das Problem des proletarischen Klassenbewußtseins» eine Stelle, in der ich festhalte, daß es innerhalb einer Rätedemokratie eine revolutionäre Vorhutorganisation geben dürfe und müsse. Sie unterschlagen aber das Ende desselben Absatzes, in dem ich betone, daß eine solche Vorhutorganisation nur Sinn hat im Rahmen des Rätesystems, wenn sie die Selbsttätigkeit breitester Massen fördert und nicht erstickt, d. h. wenn sie begleitet ist von freier Diskussion und freier politischer Differenzierung der Massen.

Da Sie sich mit meinen Schriften beschäftigt haben, müßten Sie wissen, daß ich viele Male unterstrich, die revolutionäre Vorhutorganisation müsse wohl innerhalb der Räte politisch für ihre Ansichten kämpfen, habe aber nicht das Recht, sich über Mehrheitsbeschlüsse der Räte hinwegzusetzen und schon gar nicht sich an die Stelle der Räte zum exekutiven Machtorgan emporzuschwingen.

Sie haben sich große Mühe gegeben, um zu beweisen, ein Rätesystem ließe die Verwirklichung der Grundprinzipien der freiheitlich-demokratischen Ordnung, wie sie durch das Bundesverfassungsgericht dargelegt wurden, nicht zu. Ich bestreite dies aufs Entschiedenste. Das Beispiel der Unabhängigkeit der Gerichte, das Sie hervorheben, ist wohl das unglücklichste, das Sie hätten wählen können.

Im bürgerlichen Staat werden die Richter von der Exekutive ernannt und durch sie versetzt; dies ist in Ihren Augen durchaus mit Gewaltenteilung und Unabhängigkeit der Richter vereinbar. Aber wenn Richter durch die Bevölkerung frei und demokratisch gewählt werden, dann wären plötzlich die Gewaltenteilung und die Unabhängigkeit der Gerichte dahin!

Worum es sich in der Frage der Gewaltenteilung und der Unabhängigkeit der Gerichte in Wirklichkeit handelt, besteht darin, Machtkonzentration und Willkür, die die Rechte des Einzelnen bedrohen, zu verhindern. Es waren Waffen des jungen aufsteigenden Bürgertums gegen die Willkür der absolutistischen Monarchie. Das Rätesystem, weit davon entfernt, eine solche Machtkonzentration oder Willkür zu fördern, macht diese ja noch viel schwieriger als in einer parlamentarischen Demokratie bürgerlicher Spielart.

Der entscheidende Unterschied zwischen dem bürgerlichen Staat und einer Rätedemokratie besteht darin, daß die tatsächliche Machtkonzentration, die die formale Gewaltenteilung ununterbrochen aushöhlt und oft in eine Fiktion verwandelt, nämlich die Konzentration an Wirtschaftsmacht, endlich verschwindet und dieselben Prinzipien der freiheitlich-demokratischen Ordnung auch auf die Ebene der Wirtschafts- und Gesellschaftsorganisation, d. h. auf mehr als 95 Prozent der Lebenstätigkeit der Bürger – wo sie heute nicht gelten – ausgedehnt werden.

Vor kurzem wurde bekannt, daß die amerikanische Regierung einen Prozeß wegen Verletzung der Antitrustgesetze gegen den Milliardenkonzern I. T. T. deshalb eingestellt hat, weil dieser 400 000 Dollar für die Finanzierung des künftigen Parteitags der Republikanischen Partei zu spenden versprach. Da haben Sie die Realität der «Gewaltenteilung» bei bestehender kapitalistischer Konzentration an Wirtschaftsmacht! Da haben Sie, nebenbei gesagt, auch ein schönes Beispiel der «Unabhängigkeit der Gerichte».

Der Zwischenfall der I. T. T. hat noch einen anderen Aspekt. Der amerikanische Justizminister Mitchell, der für diese skandalöse Korruptionsgeschichte verantwortlich ist, ist derselbe, der mir die Einreise in die USA verboten hat (wahrscheinlich, um das Prinzip der «Unabhängigkeit der Gerichte» gegen mich in Schutz zu nehmen). Als amerikanische Richter immerhin genügend Unabhängigkeit aufbrachten, um dieses Einreiseverbot als verfassungsfeindlich aufzuheben (eine Tatsache, die der West-Berliner Senat dem Publikum wohlweislich verschwiegen hat), nahm Herr Mitchell ihr Urteil nicht an, sondern verzögerte den Abschluß der Materie, indem er sich vor den Obersten Gerichtshof der USA brachte. Der West-Berliner Senat und Herr Innenminister Genscher – unter Ihrem Applaus, Herr Professor Winkler – stützen sich jedoch auf die Autorität dieses sauberen Verteidigers der Gewaltenteilung, des Herrn Mitchell, um zu beweisen, sie stünden nicht allein mit ihrer polizeilichen Unterdrückung meiner Ideen. Herzliche Glückwünsche für Ihren Kronzeugen, meine Herren Neubauer, Genscher und Winkler!

Nachdem Sie sich vergebens bemüht haben zu beweisen, die Verteidigung der Idee der Rätedemokratie sei verfassungsfeindlich, schwenken Sie am Ende Ihres Aufsatzes plötzlich über zu einem entgegengesetzten Argument: die Idee sei utopisch, lebensfremd, unverwirklichbar. Daß man Utopien und lebensfremde Ansichten mit Lehr- und Polizeiverboten bekämpfen müsse, ist nicht gerade selbstverständlich.

Aber Ihr Argument mit dem Laboratorium der Geschichte, in dem sich das Räteprinzip noch nicht bewährt hätte, erfordert eine Antwort. Gewiß hat es bisher eine optimale, reibungslos funktionierende Form der Rätedemokratie, die ich vertrete – trotz positiver Ansätze in den ersten Jahren der russischen Revolution und sehr partiellen, viel bescheideneren und widerspruchsvollen Ansätzen in Jugoslawien und während des Prager Frühlings –, noch nicht gegeben. Aber was beweist das? Doch nur, daß die ersten Ansätze eines großen revolutionären Gedankens – das revolutionärste Experiment aus der Geschichte der Menschheit! – ein halbes Jahrhundert lang unreif blieben.

Hier drängt sich geradezu eine Analogie aus dem Ihnen so teuren Laboratorium der Geschichte auf. Der erste Versuch, ein Parlament mit allgemeinem, gleichem Wahlrecht wählen zu lassen, war die Wahl des Konvents während der Französischen Revolution. Der Versuch mißlang: Es kam bald zum 9. Thermidor, zum weißen Terror, zur Aufhebung des gleichen Wahlrechts, zu Bonaparte und zum Kaiserreich. Alle «Politologen» der damaligen Zeit triumphierten: allgemeines gleiches Wahlrecht sei eine «reaktionäre Utopie»; sie führe unvermeidlich zu Korruption und Tyrannei.

Es dauerte ein halbes Jahrhundert, bis es zu einem zweiten Experiment kam, in den USA, und zu einem dritten im Jahre 1848. Auch diese Experimente schienen die bösen Warnungen der Gegner zu bestätigen. In Frankreich dauerte es keine drei Jahre, da hatte das allgemeine gleiche Wahlrecht ein zweites Mal zur Tyrannei geführt. Wie lagen die Verhältnisse jedoch 75 Jahre nach dem Konvent? Genügten etwa diese ersten unreifen und mißlungenen Experimente, um die Sache des allgemeinen gleichen Wahlrechts an und für sich zu verdammen und für «utopisch» zu erklären?

Ich habe bestimmt nicht die Arroganz zu behaupten, ich hätte die endgültige Antwort auf alle durch diesen Meinungsstreit aufgeworfenen Fragen gefunden. Eine Diskussion zu diesen Problemen, die, ob man es will oder nicht, das Schicksal der westlichen «Industriegesellschaft» weitgehend bestimmen werden, wäre bestimmt fruchtbar. Ich könnte mir eine solche Diskussion sogar an der Berliner FU vorstellen. Sie, Herr Prof. Winkler, sind damit einverstanden, daß man eine solche Diskussion dadurch unmöglich macht, daß man mir den Zugang zur FU, ja sogar das Betreten des Territoriums der BRD untersagt. Im Namen der Verteidigung der Meinungsfreiheit und der «Freiheit von Lehre und Forschung», wohlverstanden!

DANK

Es bleibt mir zu danken: der Humboldt-Universität zu Berlin, die mir seit Beginn meines Ruhestandes einen technisch gut ausgestatteten Raum zur Verfügung gestellt hat, in dem ich meine Forschungen fortsetzen kann; dem Deutschen Sparkassen- und Giroverband, dem Stifterverband für die Deutsche Wissenschaft, der Hans Ringier Stiftung, der Alfred Herrhausen Gesellschaft und dem Bankhaus Metzler für die Förderung meiner wissenschaftlichen Arbeiten; Frau Friederike Fleschenberg M. A. für die ausgezeichnete Zusammenarbeit bei Recherchen und Textredaktion; Frau Nina Kremer für die administrative Betreuung meiner Projekte seitens des Instituts für Geschichtswissenschaften der Humboldt-Universität zu Berlin; Herrn Dr. Detlef Felken, Frau Janna Rösch und Herrn Alexander Goller vom C.H.Beck Verlag für die wie immer exzellente Kooperation während der Arbeit an diesem Band.

Den wesentlichen Anteil, den meine Frau an der Entstehung vieler der hier abgedruckten Texte hat, vermag nur ich realistisch einzuschätzen. Ihr ist deshalb auch dieses Buch gewidmet.

Berlin, im Juni 2021 Heinrich August Winkler

ABKÜRZUNGSVERZEICHNIS

ARD	Arbeitsgemeinschaft der öffentlich-rechtlichen Rundfunkanstalten der Bundesrepublik Deutschland
BRD	Bundesrepublik Deutschland
CDU	Christlich Demokratische Union
CSU	Christlich Soziale Union
DAG	Deutsche Adelsgenossenschaft
DDR	Deutsche Demokratische Republik
EDDA	Eisernes Buch Deutschen Adels Deutscher Art
EU	Europäische Union
FAZ	Frankfurter Allgemeine Zeitung
FDJ	Freie Deutsche Jugend
FU	Freie Universität
KGB	Komitee für Staatssicherheit
KPD	Kommunistische Partei Deutschlands
KPdSU	Kommunistische Partei der Sowjetunion
KPO	Kommunistische Partei-Opposition
NATO	North Atlantic Treaty Organization
NS	Nationalsozialismus
NSDAP	Nationalsozialistische Deutsche Arbeiterpartei
PASOK	Panellinio Sosialistiko Kinima
PDS	Partei des Demokratischen Sozialismus
SA	Sturmabteilung
SDS	Sozialistischer Deutscher Studentenbund
SED	Sozialistische Einheitspartei Deutschlands
SPD	Sozialdemokratische Partei Deutschlands
SS	Schutzstaffel
USA	United States of America
ZK	Zentralkomitee

ANMERKUNGEN

Die Anmerkungen beschränken sich auf durch Kursivschrift hervorgehobene Nachweise des Erstveröffentlichungsortes sowie auf die wichtigsten bibliografischen Angaben.

I.
Deutschland vor 1918

1. Wandlungen des deutschen Nationalismus

Merkur. Deutsche Zeitschrift für europäisches Denken 33 (1979), Heft 10 (377), S. 963–973.

Zur Vorgeschichte meines Vortrags an der Polnischen Akademie der Wissenschaften vom 3. Juni 1979 siehe den Aufsatz «In Polen entscheidet sich das Schicksal Europas», auf Seite 232–241.

Die in dem Vortrag zitierten Analysen des Nationalismus von Daniel Katz und Robert A. Berdahl, in: Heinrich August Winkler (Hg.), Nationalismus. Neue Wissenschaftliche Bibliothek, Bd. 100, Königstein/Taunus 1978, S. 67–84, 138–154. Zu Rostows Thesen: Walt W. Rostow, Stadien des wirtschaftlichen Wachstums (engl. Orig.: Cambridge 1971^{2}), Göttingen 1967^{2}. Die wichtigsten Quellenzitate aus den 1860er und 1870er Jahren, in: Heinrich August Winkler, Der lange Weg nach Westen, Bd. 1: Vom Ende des Alten Reichs bis zum Untergang der Weimarer Republik, München 2000^{1}, S. 175 ff., 236 ff. Hitlers Zitat von 1924: Adolf Hitler, Warum musste ein 8. November kommen?, in: ders., Sämtliche Aufzeichnungen 1904–1924. Hg. v. Eberhard Jäckel und Axel Kuhn, Stuttgart 1980, S. 216–1227 (1226). Zu Allemann: Fritz René Allemann, Bonn ist nicht Weimar, Köln 1956, bes. S. 124.

2. Der deutsche Sonderweg: Eine Nachlese

Merkur. Deutsche Zeitschrift für europäisches Denken 35 (1981), Heft 8 (399), S. 793–804.

Die besprochenen Bücher sind: David Blackbourn/Geoff Eley, Mythen deutscher Geschichtsschreibung. Die gescheiterte bürgerliche Revolution von 1948 (The Peculiarities of German History: Bourgeois Society and Politics in Nineteenth-Century Germany, Oxford 1984), Frankfurt 1980; David Calleo, Legende und Wirklichkeit der deutschen Gefahr (The German Problem Reconsidered: Germany in the World System, Cambridge 1978), Bonn 1980; Andreas Hillgruber,

Die gescheiterte Großmacht. Eine Skizze des Deutschen Reiches 1871–1945, Düsseldorf 1980; Bernd Faulenbach, Ideologie des deutschen Weges. Die deutsche Geschichte in der Historiographie zwischen Kaiserreich und Nationalsozialismus, München 1980. Der Originaltext im «Merkur» enthält auch bibliografische Hinweise auf die in dem Beitrag genannten anderen Rezensionen der hier besprochenen Bücher.

3. Eine Revolution von oben. Der «deutsche Krieg» von 1866 als historische Zäsur

Gekürzt in «Cicero», Magazin für politische Kultur, Heft 7, Juli 2016, S. 105–113.

Redaktioneller Titel: Eine deutsche Revolution. Vor 150 Jahren siegte Preußen in der Schlacht von Königgrätz.

Die meisten zeitgenössischen Zitate sind belegt bei Heinrich August Winkler, Der lange Weg nach Westen. Bd. I: Vom Ende des Alten Reichs bis zum Untergang der Weimarer Republik, München 2000[1], S. 178 ff. Das Zitat von Müller-Armack, Alfred Müller-Armack, Genealogie der Wirtschaftsstile. Die geistesgeschichtlichen Ursprünge der Staats- und Wirtschaftsformen bis zum Ausgang des 18. Jahrhunderts, Stuttgart 1941, S. 147. Zum Begriff des dilatorischen Formelkompromisses: Carl Schmitt, Verfassungslehre, Berlin 1928 1, S. 31 f.

4. Und erlöse uns von der Kriegsschuld. Die deutsche Begeisterung für Christopher Clarks «Schlafwandler» lässt tief blicken

Die Zeit, Nr. 32, 31. 7. 2014.

Die wichtigsten in dem Aufsatz genannten Bücher sind: Christopher Clark, Die Schlafwandler, Wie Europa in den Ersten Weltkrieg zog (engl. Orig.: London 2012), München 2013; Jörg Leonhard, Die Büchse der Pandora. Geschichte des Ersten Weltkriegs, München 2014; Herfried Münkler, Der Große Krieg. Die Welt 1914–1918, Berlin 2013; Jörg Friedrich, 14/18. Der Weg nach Versailles, Berlin 2014; Fritz Fischer, Griff nach der Weltmacht. Die Kriegszielpolitik des kaiserlichen Deutschland 1914/1918, Düsseldorf 1961[1]; ders., Krieg der Illusionen. Die deutsche Politik 1911 bis 1914, Düsseldorf 1969. Der Artikel von Dominik Geppert, Sönke Neitzel, Cora Stephan, Thomas Weber, Der Beginn vieler Schrecken, in: Die Welt, 3. 1. 2014. Das Interview von Herfried Münkler, in: Süddeutsche Zeitung, 4. 1. 2014; das Interview mit Jörg Friedrich, 100 Jahre Erster Weltkrieg 1914, in: Cicero, Nr. 5 (Mai) 2014, S. 115–118. Das Zitat von Sönke Neitzel in dessen Rezension von Ian Kershaw, Das Ende. Kampf bis in den Untergang. NS-Deutschland 1944/45 (engl. Orig.: London 2011), München 2017, in: Historische Zeitschrift 296/2 (April 2013), S. 560–562. Clarks Antwort an seine deutschen Kritiker: ders., Von Nationalsozialisten, Revisionisten und Schlafwandlern, in: ders., Gefangene der Zeit. Geschichte und Zeitlichkeit von Nebukadnezar bis Donald Trump, München 2020[1], S. 287–304.

II.
Zwischen den Weltkriegen

1. Die Mär von der guten Revolution. Stefan Heyms «Radek»: Ein Dienst am Mythos.

Süddeutsche Zeitung 26. 4. 1995
Besprechung von: Stefan Heym, Radek. München 1995.

2. «Zwischen allen Stühlen». Victor Klemperers Tagebücher aus der Zeit der Weimarer Republik werfen ein Schlaglicht auf die oft gar nicht so «goldenen» zwanziger Jahre

Die Zeit, Nr. 41, 4. 10. 1996.
Besprechung von: Victor Klemperer, Leben sammeln, nicht fragen wozu und warum. Tagebücher 1918–1932, Berlin 1996.

3. Unfolgsame Proletarier. Erich Fromms verschollene Pionierstudie über Arbeiter und Angestellte am Vorabend des «Dritten Reiches»

Die Zeit, Nr. 47, 14. 11. 1980.
Redaktioneller Titel: Bismarck neben Marx.
Besprechung von: Erich Fromm, Arbeiter und Angestellte am Vorabend des Dritten Reiches, Stuttgart 1980.

4. Diktator mit Scheuklappen. Welche Rolle spielte Stalin beim Aufstieg Hitlers?

Die Zeit, Nr. 49, 4. 12. 1970.
Besprechung von: Thomas Weingartner, Stalin und der Aufstieg Hitlers. Die Deutschlandpolitik der Sowjetunion und der Kommunistischen Internationale 1929–1934, Berlin 1970.

5. Die Ehre der deutschen Republik. Die SPD, die erste deutsche Demokratie und Hitlers Ermächtigungsgesetz

Rede vor der sozialdemokratischen Bundestagsfraktion, 20. 3. 2013, in: Friedrich-Ebert-Stiftung, Gesprächskreis Geschichte, Heft 100, Bonn 2013, Seite 10–26.
Auch abgedruckt in: *Frankfurter Allgemeine Zeitung*, 25. 3. 2013.
Der Vortrag beruht auf meiner dreibändigen Geschichte der deutschen Arbeiterbewegung in der Weimarer Republik (Bonn 1983–1987) und besonders auf dem dritten Band: Der Weg in die Katastrophe, Arbeiter und Arbeiterbewegung in der Weimarer Republik 1930 bis 1933, Bonn 1990[2]. Dort werden auch die zeitgenössischen Zitate belegt und interpretiert. Zur Rede von Otto Wels gegen das Ermächtigungsgesetz siehe besonders S. 901 ff.

6. Warum die Bauern Hitler wählten. Eine wahlsoziologische Pionierstudie über Schleswig-Holstein

Die Zeit, Nr. 50, 13. 12. 1963.

Besprechung von Rudolf Heberle, Landbevölkerung und Nationalsozialismus. Eine soziologische Untersuchung der politischen Entwicklung in Schleswig-Holstein 1918–1932, Schriftenreihe der Vierteljahreshefte für Zeitgeschichte, Nr. 6, Stuttgart 1963.

7. Aufstand des schlechten Gewissens. Eine neue Studie zeigt, in welchem Maß der preußische Adel sich Hitler zugewandt hat

Die Zeit, Nr. 39, 18. 9. 2003.

Besprechung von: Stephan Malinowski, Vom König zum Führer. Sozialer Niedergang und politische Radikalisierung im deutschen Adel zwischen Kaierreich und NS-Staat, Berlin 2003.

8. Vom Drachentöter zur Droge. Neue Erkenntnisse über die Entwicklung der Volksmeinung im nationalsozialistischen Deutschland

Die Zeit, Nr. 16, 22. 4. 1981.

Besprechung von: Ian Kershaw, Der Hitler-Mythos. Volksmeinung und Propaganda im «Dritten Reich», München 1986; Gerhard Hirschfeld/Lothar Kettenacker (Hg.), Der Führerstaat, Mythos und Realität, Stuttgart 1981.

9. Aus der Angst entstanden. Ernst Noltes Werk über den Faschismus in seiner Epoche

Vorwärts, 18. 3. 1964.

Besprechung von: Ernst Nolte, Der Faschismus in seiner Epoche: Action française. Italienischer Faschismus. Nationalsozialismus, München 1964.

Die Worte «in Rußland» im zweiten Satz des 1. Absatzes auf S. 115 sind nachträglich zur Verdeutlichung eingefügt worden.

10. Ein europäischer Bürger namens Hitler. Ernst Nolte scheitert mit seinem Versuch, den Nationalsozialismus aus dem Bolschewismus abzuleiten

Die Zeit, Nr. 50, 4. 12. 1987.

Besprechung von: Ernst Nolte, Der europäische Bürgerkrieg 1917–1945, Nationalsozialismus und Bolschewismus, Berlin 1987.

11. Mehr Agitation als Analyse. Sebastian Haffners «Germany: Jekyll & Hyde» liegt nach gut 50 Jahren auf deutsch vor

Berliner Morgenpost, 20. 7. 1997.

Redaktioneller Titel: Eine Art Aufklärungsflugzeug. Nach gut 50 Jahren auf deutsch: Sebastian Haffners Buch «Germany: Jekyll & Hyde».

Besprechung von: Sebastian Haffner, Germany: Jekyll & Hyde. 1939 – Deutschland von innen betrachtet, Berlin 1996.

III. Das geteilte Deutschland

1. Von den Faschisten lernen? Neues über die Nachkriegsplanungen der KPD

Die Zeit, Nr. 24, 9. 6. 1995.

Besprechung von: Peter Erler, Horst Laude und Manfred Wilke (Hg.), Nach Hitler kommen wir. Dokumente zur Programmatik der Moskauer KPD-Führung 1944/45 für das Nachkriegsdeutschland, Berlin 1994.

2. Wollte Adenauer die Wiedervereinigung?

Die Zeit, Nr. 41, 7. 10. 1988.

Besprechung von: Joseph Foschepoth (Hg.), Adenauer und die Deutsche Frage, Göttingen 1988.

3. War Kurt Schumacher ein Nationalist? Peter Merseburger porträtiert den ersten Nachkriegsvorsitzenden der SPD

Die Zeit, Nr. 42, 13. 10. 1995.

Besprechung von: Peter Merseburger, Der schwierige Deutsche. Kurt Schumacher. Eine Biographie, Stuttgart 1995.

4. Historiker in ihrer Gegenwart. Anmerkungen zu einem wissenschaftlichen Kongress

FU-Spiegel, Berlin, Nr. 40, 11. 1964.

Das in dem Beitrag erwähnte Grußwort des Regierenden Bürgermeisters Willy Brandt ist abgedruckt in: Willy Brandt, Berliner Ausgabe, Bd. 3: Berlin bleibt frei. Politik in und für Berlin 1947–1966. Bearb. v. Siegfried Heimann, Bonn 2004, S. 469–473.

5. Requiem für eine Reform. Eine Berliner Fallstudie zur studentischen Revolte von 1968

Süddeutsche Zeitung, 13. 8. 1971.

Die im Manuskript enthaltenen Worte «eine Parteihochschule auf der» im letzten Satz des 2. Absatzes auf S. 159 fehlen im Abdruck der SZ.

6. Die Lebenslüge des Rätesystems. Eine Auseinandersetzung mit Ernest Mandel, dem Generalsekretär der trotzkistischen Vierten Internationale

Berliner Stimme, 11. 3. 1972.

7. Der Realitätsgehalt entscheidet. Antwort an Ernest Mandel

Berliner Stimme, 8. 4. 1972.

8. Wider die Verharmlosung Hitlers von links. Eine Kritik von Theorien der Neuen Linken

Die Zeit, Nr. 27, 30. 6. 1978.

Redaktioneller Titel: Ist unser Land faschistisch? Eine Kritik linker Theorien.

Der Beitrag beruht auf meinem Aufsatz: Die «neue Linke» und der Faschismus: Zur Kritik neomarxistischer Theorien über den Nationalsozialismus, in: Heinrich August Winkler, Revolution, Staat, Faschismus. Zur Revision des Historischen Materialismus, Göttingen 1978, S. 65–117.

9. Die Mär vom Sozi Hitler. Eine Kritik der jüngsten Umdeutung der deutschen Zeitgeschichte durch Franz Josef Strauß und Edmund Stoiber

Die Zeit, Nr. 45, 2. 11. 1979.

IV.
Nach dem Mauerfall

1. Mehr als ein Zusammenbruch. Ein Historiker erlebt und analysiert die friedliche Revolution von 1989 in Leipzig

Die Zeit, Nr. 32, 6. 8. 1993.

Besprechung von: Hartmut Zwahr, Ende einer Selbstzerstörung. Leipzig und die Revolution in der DDR, Göttingen 1993.

2. Ein Streit um Weimar.
Mit einem «Dialog über die Vergangenheit»
möchte die PDS einen Keil in die Sozialdemokratie treiben

Die Zeit, Nr. 46, 11. 11. 1994.

Auf die Rolle der Weimarer Republik im Geschichtsbild von SED und PDS gehe ich ausführlicher ein: Kein Bruch mit Lenin. Die Weimarer Republik im Geschichtsbild von SED und PDS, in: Rainer Eckert u. Bernd Faulenbach (Hg.), Halbherziger Revisionismus. Zum postkommunistischen Geschichtsbild, München 1996, S. 11–24, wieder abgedruckt in: Heinrich August Winkler, Streitfragen der deutschen Geschichte. Essays zum 19. und 20. Jahrhundert, München 1997, S. 107–122.

3. «Der Kronprinz war ein reaktionärer Opportunist.» Ein Interview
zum Streit um die Besitzansprüche des Hauses Hohenzollern

Die Zeit, Nr. 52, 12. 12. 2019.

Die in dem Interview erwähnte Hindenburg-Biographie von Wolfram Pyta ist 2007 unter dem Titel «Hindenburg. Herrschaft zwischen Hohenzollern und Hitler» in München erschienen. Wie Wolfram Pyta und Rainer Orth inzwischen dargelegt haben, stammen einige der in dem Interview erwähnten, bisher dem Ritter von Hörauf zugeschriebenen Geheimberichte an den Kronprinzen von einem anderen Vertrauensmann Wilhelms, dem Münchner Bankier Heinrich Martin. Wolfram Pyta und Rainer Orth, Nicht alternativlos. Wie ein Reichskanzler Hitler hätte verhindert werden können, in: Historische Zeitschrift 312 (2021), Heft 2, S. 400–444 (bes. S. 428).

4. Gewalt von rechts, Gewalt von links.
Der Streit um das «Schwarzbuch des Kommunismus»

Frankfurter Allgemeine Zeitung, 19. 6. 1998.

Redaktioneller Titel: Schlagt nach bei Marx. Eine Rede, die geschrieben, aber fast nicht gehalten werden konnte.

Das Schwarzbuch erschien zunächst auf französisch: Le Livre noir du communisme, Paris 1997. Die deutsche Ausgabe: Stéphane Courtois u. a., Das Schwarzbuch des Kommunismus. Unterdrückung, Verbrechen und Terror. Mit dem Kapitel «Die Aufarbeitung des Sozialismus in der DDR» von Joachim Gauck und Ehrhart Neubert, München 1998.

Auf den ideologischen Konflikt zwischen Lenin und Kautsky gehe ich näher ein in: Die Zeit der Weltkriege 1914–1945. Geschichte des Westens, Bd. 3, München 2011[1], S. 32 ff., 75 f., sowie in: Demokratie oder Bürgerkrieg. Die russische Oktoberrevolution als Problem der deutschen Sozialdemokraten und der französischen Sozialisten, in: Vierteljahrshefte für Zeitgeschichte 47 (1999), S. 1–23.

5. Griff nach der Deutungsmacht. Zum Tod des Historikers Fritz Fischer

Berliner Zeitung, 4. 12. 1999.

Die wichtigsten Bücher von Fritz Fischer zur deutschen Geschichte des 20. Jahrhunderts sind: Griff nach der Weltmacht. Die Kriegszielpolitik des kaiserlichen Deutschland 1914/1918, Düsseldorf 1961; Krieg der Illusionen. Die deutsche Politik von 1911 bis 1914, Düsseldorf 1969; Bündnis der Eliten. Zur Kontinuität der Machtstrukturen in Deutschland 1871–1945, Düsseldorf 1979; Juli 1914: Wir sind nicht hineingeschlittert. Das Staatsgeheimnis um die Riezler-Tagebücher. Eine Streitschrift, Hamburg 1983; Hitler war kein Betriebsunfall. Aufsätze, München 1992.

6. Ein Denker des Jahrhunderts der Extreme. Am 15. April 2008 wäre Richard Löwenthal 100 Jahre alt geworden

Die Welt, 15. 4. 2008.

Die wichtigsten monographischen Schriften von Richard Löwenthal sind: Paul Sering (= Richard Löwenthal), Jenseits des Kapitalismus. Ein Beitrag zur sozialistischen Neuorientierung, Lauf bei Nürnberg 1946 (Neudruck: Bonn 1977); Chruschtschow und der Weltkommunismus, Stuttgart 1963; Der romantische Rückfall. Wege und Irrwege einer rückwärtsgewandten Revolution, Stuttgart 1970; Vom Kalten Krieg zur Ostpolitik, Stuttgart 1974 (auch in: ders., Hans-Peter Schwarz [Hg.], Die zweite deutsche Republik. Bilanz eines Vierteljahrhunderts, Stuttgart 1974, S. 604–699); Sozialismus und aktive Demokratie. Essays zu ihren Voraussetzungen in Deutschland, Frankfurt 1974; Gesellschaftswandel und Kulturkrise, Frankfurt 1979; Weltpolitische Betrachtungen. Essays aus zwei Jahrzehnten. Hg. von Heinrich August Winkler, Göttingen 1983; Faschismus – Bolschewismus – Totalitarismus. Schriften zur Weltanschauungsdiktatur im 20. Jahrhundert. Hg. u. eingeleitet von Mike Schmeitzner, Göttingen 2009 (mit intellektueller Biographie Richard Löwenthals in der Einleitung, S. 9–61).

7. Hellas statt Holocaust? Jürgen Habermas, Egon Flaig und der «Historikerstreit» von 1986

Die Zeit, Nr. 30, 21. 7. 2011.

Die meisten Beiträge zum Historikerstreit von 1986 sind abgedruckt in dem Band: «Historikerstreit». Die Dokumentation der Kontroverse um die Einzigartigkeit der nationalsozialistischen Judenvernichtung, München 1987, darunter auch mein zunächst in der *Frankfurter Rundschau* vom 19. 11. 1986 erschienener Aufsatz «Auf ewig in Hitlers Schatten? Zum Streit über das Geschichtsbild der Deutschen». Dieser Aufsatz sowie meine rückblickende Betrachtung «Kehrseitenbesichtigung. Zehn Jahre danach: Rückblick auf den Historikerstreit» (*Frankfurter Rundschau,*

29. 10. 1996) sind wieder abgedruckt in meinem Aufsatzband Auf ewig in Hitlers Schatten. Über die Deutschen und ihre Geschichte, München 2007[1], S. 137–153.

Zum Zitat über Perikles: Thukydides, Der Peleponnesische Krieg. Hg. u. übersetzt von Georg Peter Landmann, Düsseldorf 2002, S. 111 f. Zur korrekten Übersetzung und Interpretation des Zitats: Gustav Adolf Lehmann, Perikles. Staatsmann und Stratege im klassischen Athen, München 2008, S. 19 f.

8. «In Polen entscheidet sich das Schicksal Europas». Was Deutschland dem Wirken von Bronisław Geremek und Jerzy Holzer verdankt

Mein Polen – Meine Polen. Zugänge und Sichtweisen, hg. v. Dieter Bingen, Marek Halub und Matthias Weber, Wiesbaden 2016, S. 307–317.

Mein in dem Aufsatz erwähnter Vortrag vor der Polnischen Akademie der Wissenschaften in Warschau vom 7. Juni 1979 ist oben Seite 16–29 abgedruckt. Zu Geremek siehe auch die Biografie von Reinhold Vetter, Bronislaw Geremek. Der Stratege der polnischen Revolution, Berlin 2014.

9. Gab es ihn doch, den deutschen Sonderweg? Anmerkungen zu einer Kontroverse

Merkur 75 (2021), Nr. 865 (Juni), S. 17–28.

Die in dem Aufsatz genannten Bücher (in der Reihenfolge ihrer Erwähnung): David Blackbourn/Geoff Eley, Mythen deutscher Geschichtsschreibung. Die gescheiterte bürgerliche Revolution von 1848, Berlin 1980; Oliver F. R. Haardt, Bismarcks ewiger Bund. Eine neue Geschichte des Deutschen Kaiserreichs, Darmstadt 2020; Hedwig Richter, Moderne Wahlen. Eine Geschichte der Demokratie in Preußen und den USA im 19. Jahrhundert, Hamburg 2017; dies., Demokratie. Eine deutsche Affäre. Vom 18. Jahrhundert bis zur Gegenwart, München 2020; Hans-Ulrich Wehler, Das deutsche Kaiserreich 1871–1918, Göttingen 1973; Thorstein Veblen, Imperial Germany and the Industrial Revolution, New York 1915; (Arthur) Moeller van den Bruck, Das dritte Reich, hg. v. Hans Schwarz, Hamburg 1931[3] (1923[1]); Friedrich Meinecke, Die deutsche Katastrophe. Betrachtungen und Erinnerungen [1946[1]], Wiesbaden 1947[3]; Leonard Krieger, The German Idea of Freedom, History of a Political Tradition, Boston 1957; Thomas Mann, Deutschland und die Deutschen, in: ders., Gesammelte Werke in dreizehn Bänden, Bd. II, Frankfurt 1990, S. 1126–1148; Ralf Dahrendorf, Gesellschaft und Demokratie in Deutschland, München 1965; Rudolf Stadelmann, Deutschland und die europäischen Revolutionen, in: ders., Deutschland und Westeuropa, Laupheim 1948, S. 11–33; Geoffrey Barraclough, The Origins of Modern Germany, Oxford 1957; auf deutsch erschienen unter dem Titel: Die mittelalterlichen Grundlagen des modernen Deutschland, Weimar 1953; ders., Tatsachen der deutschen Geschichte, Berlin 1948[2] (im engl. Original: Factors in German History, Oxford 1946); Dieter Langewiesche, Vom vielstaatlichen Reich zum föderativen

Bundesstaat. Eine andere deutsche Geschichte, Stuttgart 2020; Helmuth Plessner, Die verspätete Nation. Über die politische Verführbarkeit bürgerlichen Geistes, Stuttgart 1959 (erste Auflage unter dem Titel: Das Schicksal deutschen Geistes im Ausgang seiner bürgerlichen Epoche, Zürich 1935).

Die zitierten Aufsätze: Oliver F. R. Haardt, Für den Zweifel, in: Süddeutsche Zeitung, 3. 2. 2021; Thomas Nipperdey, Wehlers «Kaiserreich». Eine kritische Auseinandersetzung, in: Geschichte und Gesellschaft 1 (1975), S. 539–560; Hans-Günter Zmarzlik, Das Kaiserreich in neuer Sicht, in: Historische Zeitschrift 222 (1976), S. 105–126; Reinhart Koselleck, Deutschland «eine verspätete Nation»? [1998], in: ders., Zeitschichten. Studien zur Historik, Frankfurt 2000, S. 359–379 (362). Zur Rechtfertigung des «deutschen Weges» nach 1918: Bernd Faulenbach, Ideologie des deutschen Weges. Die deutsche Geschichte in der Historiographie zwischen Kaiserreich und Nationalsozialismus. München 1980. Zur politischen Rolle der ostelbischen Rittergutsbesitzer: Hans Rosenberg, Die Pseudodemokratisierung der Rittergutsbesitzerklasse (1958[1]), in: ders., Probleme der deutschen Sozialgeschichte, Frankfurt 1969, S. 7–49; Hans-Jürgen Puhle, Agrarische Interessenpolitik und preußischer Konservatismus im Wilhelminischen Reich 1893–1914 (1966[1]), Bonn-Bad Godesberg 1975[2]. Zur neueren Diskussion über den deutschen Sonderweg: Jürgen Kocka, Looking back on the Sonderweg, in: Central European History, 51 (2018): Special Commemorative Issue: Central European History at Fifty (1968–2018), S. 137–142. Zur Rolle des Sonderwegstheorems im Nürnberger Kriegsverbrecherprozess und zu dessen Bedeutung für die weitere Debatte: Kim Christian Priemel, Cunning Passages: Historiography's Ways in and out of the Nuremberg Courtroom, ebd. 53 (2020), S. 785–810. Zur Debatte über das Buch von Hedwig Richter u. a.: Eckhart Conze, Wilhelms Reich in neuem Glanz, in: Die Zeit, Nr. 2, 7. 1. 2001; Heinrich August Winkler, War Hitler doch ein Betriebsunfall?, ebd., Nr. 6, 4. 2. 2021; Christian Jansen, Rezension zu: Hedwig Richter: Demokratie. Eine deutsche Affäre, in: H-Soz-Kult, 9. 2. 2021; Andreas Wirsching, Hedwig Richter: Demokratie. Eine deutsche Affäre, in: Demokratie, in: Sehepunkte 21 (2021), Nr. 3. Von Richter selbst zuletzt: Aufbruch in die Moderne. Reform und Massenpolitisierung im Kaiserreich, Berlin 2021; dies. und Bernd Ulrich, Die Angst vor dem Volk, in: Die Zeit, Nr. 15, 8. 4. 2021. Mein Beitrag zur Diskussion über die Thesen von Blackbourn und Eley: Der deutsche Sonderweg, Eine Nachlese, in: Merkur 35 (1981), Heft 8 (399), S. 793–804, oben S. 16–29.

Der Text ist eine geringfügig ergänzte Fassung des Erstdrucks vom Juni 2021.

PERSONENREGISTER